香港の反乱2019

抵抗運動と中国のゆくえ

HONG KONG IN REVOLT

區龍宇【著】
寺本勉【訳】

柘植書房新社

Hong Kong in Revolt
The Protest Movement and the Future of China
by Au Loong Yu

This book is first published by Pluto Press, 2020.

Japanese translation published
by arrangement with Pluto Press

『香港の反乱２０１９　抵抗運動と中国のゆくえ』　もくじ

日本語版への序文

區龍宇

香港の自治権は死んだ。北京は香港人による二〇一九年の大義の反乱に報復するため、二〇二〇年に「国家安全維持法」を公布し、香港の政治的自由を一気に奪った。一大粛清が進行中である。民衆の反乱も継続はしている。二〇二一年の六・四天安門事件の追悼イベントは禁止されたが、数千人の市民が〔追悼集会の会場となってきた〕ビクトリア・パークの周囲や他の地区に集まって追悼行動をおこなった。民主派を支援する店舗であるとして当局の嫌がらせがおこなわれたショップには、翌日には多くの消費者が支援のために殺到する。当局によって廃刊に追い込まれた蘋果日報（アップルデイリー）紙は最終日一〇〇万部を発行し、あっという間に売り切れとなった[1]。しかし短期的に民主化運動が再起することは容易ではないだろう。北京がこの三十年間のあいだに蓄積してきた公然・非公然の巨大な力が、政府組織内部から地域のコミュニティにいたる香港の隅々にまで大きな影響をもっていることは、さまざまな痕跡からも明らかであり、短期的にはそれが香港の情勢を左右することになるからである。

荒ぶる大海に没した小舟

香港にはこれまで民主主義はなかったが、政治的自由は存在していた。しかし、その限定的な自由ですら、北京は中国国内の人民を覚醒させるのではないかとますます恐れるようになった。一九九〇年代から二〇〇〇年代にかけて、香港のいくつものグループが中国国内の労働者の動きを支援してきた。しかし二〇一四年の雨傘運動の後、これらのグループの中国国内での活動は圧力を受けて萎縮していき、二〇二一年現在ではその多くが活動を停止している。その他の課題にとりくむアクティビスト（環境保護、フェミニズム、人権弁護士など）も同様である。北京は、香港からの影響を受けた社会運動や抵抗運動が中国国内に出現することを極度に恐れている。

しかし、北京による香港自治権の剥奪には、もう一つの理由がある。それは国際的要因である。中国と欧米の友好的な協力により、香港は半世紀以上にわたる繁栄と漸進的な自由化を享受してきた。冷戦時代においても、香港ではすでにある種の中国と外国の共同管理がおこなわれていた。イギリスは北京の機嫌を過度に損なえば、香港統治の基盤が揺らぐことを理解していた。こうして香港に対するイギリスの重大政策は、常に北京に配慮したものとなり、ときには譲歩することになった。道理で、一九七九年に中英の友好関係が再度回復したとき、イギリスがそれまで緩和していた中国批判に関する態度を改めて、その年に香港の左翼による四・五天安門事件〔第一次天安門事件〕[2]追悼集会を禁止し、デモ参加者（後年「ロングヘアー」のあだ名で呼ばれるようになる梁國雄を含む）を逮捕して実刑判決を言い渡したわけだ。米中関係においては、それ以上の緊密化がみられた。こうして中国政府は、一九八四年の中英共同声明と一九九〇年の香港基本法を前後して発表し、外国勢力が香港において合法的に存在することを全面的に承認したのである。これらの法律文書によれば、香港統治については、中国が主、英国が従という位置に入れ替わったという主従の違いはあったとしても、実質的には依然として中国と外国の共同統治だったのである。とはいえ、香港では依然として中国の法体系ではなく、英国の法体系を適用するとされた。まさに中国と欧米のこうした長期的相互利益に沿うことによって、香港は引き続きその大買弁（外国に奉仕する中国人）としての歴史的役割を発揮して、中国と欧米の両方から利益を得ることができた。こうしてまず香港が台頭し、それに続いて中国が台頭した。しかし、中国の台頭は一切を変えることになった。この巨大な変化の中で、北京の独裁制度だけは変わることなく、むしろ習近平という無冠の皇帝を生みだすほどにより強化されることになった。それが功を奏するために、「アメリカへの対抗」が格好の口実となった。こうして中国と欧米との長期的な協力関係は、突如として終わりを告げ、基本法は紙クズ同然となり、大買弁という香港の役割も一気に縮小して普通の小買弁に成り下がることになった。戦後育ちの世代にとって、香港の繁栄は永遠に続くと思われた。だが実際には、香港の幸運は、特定の時期の、特定の国際情勢のせめぎ合いの産物に過ぎなかったのである。そしてそのような時期はすでに過去のものとなり、香港の享受した太平の世（香港盛世）は儚い春の夢と消えたのである。香港は一九四九年以来、広東の庶民が災難から逃れ、身を落ち着け、心の拠り所となる「荒ぶる大海の小舟」的な役割を担ってきた。この歴史的役割もまた、いま終わりを迎えたのである。

膝を屈して生き続けるのか、立ったまま死ぬのか

北京の独裁と香港の相対的自由の長期的共存はそもそも困難であった。いったん北京が態度を豹変すれば、あまりに小さい香港が自衛することはできなかった。そうならば、そもそも勝利できないとすれば、そもそも二〇一九年の反乱は間違いだったのだろうか？　いや、そうではない。二〇一九年の反乱運動があったからこそ、一国二制度という荘厳なペテンはその化けの皮を剥がされたのである。それは、〔『吶喊』の自序で〕魯迅が言うところの「窓のない鉄の小屋」の中で香港人と真実に迫りくる緩慢な死に比べれば、ずっとよいことである。(3)二〇一九年の反乱運動はブレーキのないスポーツカーのようである、と活気に満ちた比喩をした人もいる。とはいえ、長年にわたって騙され抑圧されてきた香港人にやり過ぎがあったとしても、その反乱の大義を否定することはできない。さらに言えば、青年には誤りを犯す権利があるのだ。ベテラン連中にはそのような権利はない。誤りを正そうともしない暴政に至っては、恥じ入ることすら知らないのである。

二〇一九年反乱と一九八九年民主化運動には多くの類似点がある。それぞれに予行演習があった。一九八六年の学生運動と二〇一四年の雨傘運動である。ゆえに広義の八九年民主化運動と一九年反乱は、八六年学生運動と一四年雨傘運動を含むものである。両者はともに当初は学生による民主化の訴えであり、要求のレベルはまったく限定的なものだった。支配者が意味のある対話を拒否し、暴力的・高圧的な態度をとったことで、義憤にかられた一般大衆が街頭で学生を支

持することにつながったのである。その後、どちらの運動でも、後期において新しい労働運動の誕生を促した。北京はもっとも恐れていた労働運動の兆しを見たとたんに、中国と香港の奴隷たちが果敢に復讐に立ち上がり、［中華人民］共和国憲法が賦与する権利の実現を迫るのを見たとたんに、歯ぎしりを立てて無慈悲な弾圧をおこなったのである。中国と香港の人民の二度にわたる民主化運動はどちらも敗北した。しかし暴政に抗うその感動的な姿は、再び中国と香港の人民が民主化のために共に奮闘する精神的支柱となったのである。こう言ってよければ、香港の反乱は八九年の民主化運動以上に新しい歴史の一里塚となった。八九年の民主化運動は、その当初において一部の学生が果敢な勇気を見せたが、その片方では、人民大会堂の入り口に跪いて当局に報道の自由を請うといったあまりに卑下した行為も見られた。これは支配者の植え付けた奴隷根性が人心の奥深くにまで浸透していることを反映したものともいえる。真の民主派は、何があっても支配者の前に膝を屈することなどない！　これこそ一九年の香港反乱の精神である。

民主化運動の三十年がかちとったもの、失ったもの

三十年余りの香港民主化運動を振り返ると、一つの特徴がある。普遍化はしたが、水準はそれほど高まっていないということである。普遍化とは、民主主義の意識とそのエネルギーが徐々に拡大したということである。二〇〇三年に基本法二三条に記載されている公安条例の法制化に反対する五〇万人のデモがあったが、二〇一九年には二〇〇万人が街頭に飛び出すまでに拡大し

た。しかも今回は、伝統的な泛民路線〔既存の民主派の合法路線〕を意識的に放棄し、九七世代〔一九九七年返還前後に生まれた世代、第二章参照〕の急進路線に付き従った。大きなデモがあるたびに、フルマスク姿の勇武派が登場して警察と対峙するのを見たデモ参加者らが拍手喝采を送った光景だけを見ても、そのことは明らかである。労働者市民と青年たちはすばらしい手本となりながら覚醒していった。そして危機の真只中において、指導者なき状況で自発的に反乱する姿は、昏睡状態にあった無数の香港人らの感動を呼び起こし、人々の尊敬を一手に集めたのである。

一方、その水準が高まりを見せなかったというのは、香港の民主化運動の政治水準が顕著なレベルアップを見せず、幻想と願望に留まり続けたことを指している。泛民の政党や言論界では、北京の基本法の枠内に自制的に留まりさえすれば、普通選挙と〔高度な〕自治という約束を実現してくれると考えていた。しかし彼らは、北京の約束は紙切れに過ぎないことを理解していなかった。むしろ香港人が「命運自主」（自ら運命を切り開く：雨傘運動のスローガン）を貫いていれば、仮に一時的な敗北を喫したとしても混乱を避けることができたであろう。だが彼らは目標すらはっきりとしなかったのである。その結果、三〇年間の民主化運動は選挙運動の一点に陥り、長期的展望と胆力を備えた指導者は言うに及ばず、十分な数の社会運動の活動家を鍛え上げることもできなかったのである。既存の団体の活動の多くは専従者によって支えられており、非専従の活動家カードルはきわめて少なかった。そして労働者市民が〔一国二制度の〕夢から覚めた時、反乱はすでに時機を逸してしまっていたのである。

もちろん北京は絶対に香港人の自己決定権を認めない。では普通選挙は認めるのだろうか？

もちろん認めない。だが、真の民主派がどのような綱領を提起するのかは、支配者の寛容度によって決まるのではなく、民主主義の価値と無数の労働者大衆の歴史的利益によって決まるのである。だが、より大きな過ちは、いわゆる〔香港のシステムは返還後も〕「五十年不変」という約束を真に受けてしまったことである。そのときの世代にだけ有効で、次の世代にとっては期限切れとなる約束を受け入れることで、どうして次の世代に正面から向き合うことができるだろうか？私より上の世代のある老活動家が、基本法草案について、資本主義の「制度と生活様式」を〔五十年間〕保持するだけにとどまらず、「これまでの」制度と様式をも保持する内容であることを批判していたことを思いだす。まさにこれこそが罠なのである！　もし香港人が今後、過度な投機マネーを規制したり、福祉の拡大を目指そうとしたりするのであれば、「これまでの」制度に反することになる。「命運自主」など話にさえならない。つまり「五十年不変」とは自らに制限を課することに他ならない。ゆえにこの老活動家は「五十年不変」の方針に反対するとともに、変革の必要性を決めるのは香港人自身であると主張したのである（原注）。泛民は当然にもこのような主張を無視した。

香港政界と言論界における不見識は、八九年民主化運動における言論界のそれと類似している。当時多くの知識人は労働者大衆への喚起を意図的に拒否し、自らの役割を抗議参加者と当局との調停役に限定した。一九年の香港の反乱の状況は八九年民主化運動よりもいくらかはましだった。というのも上の世代の泛民の多くは、一九年の反乱の最後の決定的瞬間において、乱れた隊列を整えて九七世代の反乱の支持に回ったからである。現在、多くの〔泛民の〕リーダーもそのために下獄し、収監の苦難に耐えながら初心を貫いている。これも大いに称賛されるべきである。[4]

記憶を活性化させ、将来に備えよう

中国と香港の言論界の限界は偶然ではない。突き詰めて分析すると、これは、思索を始めた人間にまず自分の思想検閲をおこなわせるという七十年間におよぶ中国共産党支配が、民主主義精神と真の民主派を踏みにじってきた結果なのである。知識人らの被害はとりわけ深刻である。一九七九年に復活した鄧小平は、きわめて意識的に「北京の春」の影響、とりわけ民主主義的左翼の影響を排除したのちに、「改革開放」なるものを大々的に進めた。[5]のちの香港についても、それをそっくりそのまま模倣した。香港では、表面的には言論の自由はあったが、真の公共討論のスペース、すなわち理性的な議論によって導かれる結果がいかに破壊的であろうと真実をめぐって議論するという科学的良心と知的勇気は、一貫して欠如してきた。つまり、今後の情勢がどのように展開するかにかかわらず、新しい局面においては、一九一九年に陳独秀が掲げた「民主」と「科学」こそ、今後の中国と香港の青年世代にとっての最大の課題となるだろう。[6]

北京は三十年間をかけても、八九年民主化運動とそれを残酷に弾圧した六・四天安門事件の記憶を消し去ることはできなかった。香港が存在したからである。八九年の記憶を消し去るためには、まず香港を消し去る必要があった。いま、香港もまた陥落し、前途は危ぶまれる。だがわれわれは悲観的になってはならない。香港の国際的地位は中国国内のいかなる都市とも比較にならないほど大きい。北京は香港のあらゆるハードウェアを消し去ることができるかもしれない。だがソフトウェア、つまり香港人の思索の過程、とりわけ二〇一九年の大反乱の記憶はそう簡単に消し去ることはできない。闘争は依然としてわれわれの未来にある。今後、中国と香港における民主派の歴史的任務の一つは、まさにこの記憶を不断に活性化させ、それを通じて闘うエネルギーを喚起し続けることである。

人類の記憶から消し去られるのか、はたまた活性化させるのかという歴史的闘争において、本書がその小さな記録としての一役を担えるのであれば、私の願いは叶ったと言える。

二〇二一年六月二四日

「蘋果日報」廃刊の日に

原注　《不是怪論——反對基本法保証五十年不變》（奇論にあらず——基本法による「五十年不変」の保証に反対する）、向青、一九八八年八月五日、『新苗雙月刊』第八期（一九八八年八月号）掲載

https://bit.ly/3h7GPSC

〔訳注：ここで向青は草案を次のように批判している。「草案の第四条では、社会主義『体制』が実施されないとしているだけでなく、社会主義的『改革』も実施しないとされており、資本主義『体制・生活様式』が維持されるだけでなく、『これまでの』資本主義の『体制・生活様式』が維持されると記されているのだ。もし社会保険制度の充実、最低賃金の設定、市場投機の規制強化などを法制化すれば、基本法第四条の違反に問われることは想像に難くない。」〕

本文の訳出にあたっては、人名の場合は中国語の繁体字（香港・台湾で使用）をそのまま用いたが、団体名・スローガンなど日本語の漢字で表記したほうが理解しやすい場合はそのようにした。中国語の簡体字（中国本土で使用）は、読者が理解しやすいようにできるかぎり日本の漢字表記に変えた。

また、香港の人名については、初出のときのみ広東語読みのアルファベット表記（英語名を含めて）を（　）内に記載した。香港の地名についても、同様に初出の際に広東語読みのアルファベット表記を（　）内に記載したが、日本の読者になじみがあると思われる一部の地名はカタカナ表記にしている。

本文中の（　）は著者による補足だが、〔　〕は訳者による簡潔な補足である。詳しい訳注は、ページ数の関係で柘植書房新社にアップしているので、そちらを参照していただきたい。（「柘植書房新社　香港の反乱２０１９」で検索。）訳注番号は本文横に（数字）で表記している。

謝辞

原稿全体を読み、貴重なアドバイスをしてくれたレイチェル・ペイジに深く感謝したい。また、原稿の一部を読み、改善に協力してくれたプロミス・リー、黄漢彤、「C．N．」にも感謝したい。最後に、香港民衆のために立ち上がって、民衆が本来持っているものを取り戻そうとする感性と勇気を持った「一九九七年世代」に感謝したい。

序文

本書が校正の最終段階に入ったとき、中国政府は、香港に自らの意思を押し付けようとする香港国家安全維持法の草案を〔全国人民代表大会に〕上程して、香港に対してまたしても攻撃をかけてきた。これは、香港の自治の死を宣言する声明に他ならない。この行動は、すでに始まっている中国・アメリカ間の世界的抗争を新たなレベルに引き上げた。編集者の助言を得て、最終章にこの問題に関する記述を追加した。それを書いているさなかに、警察に殺害されたジョージ・フロイドに連帯する大規模な抗議行動の波がアメリカ全土に急速に拡大していた。その問題は、香港と中国本土の双方で大いに議論されている。こうした新たな出来事が次々と起きていて、好むと好まざるとにかかわらず、世界は今までと同じままというわけにはいかないだろう。

區龍宇

二〇二〇年六月五日　香港

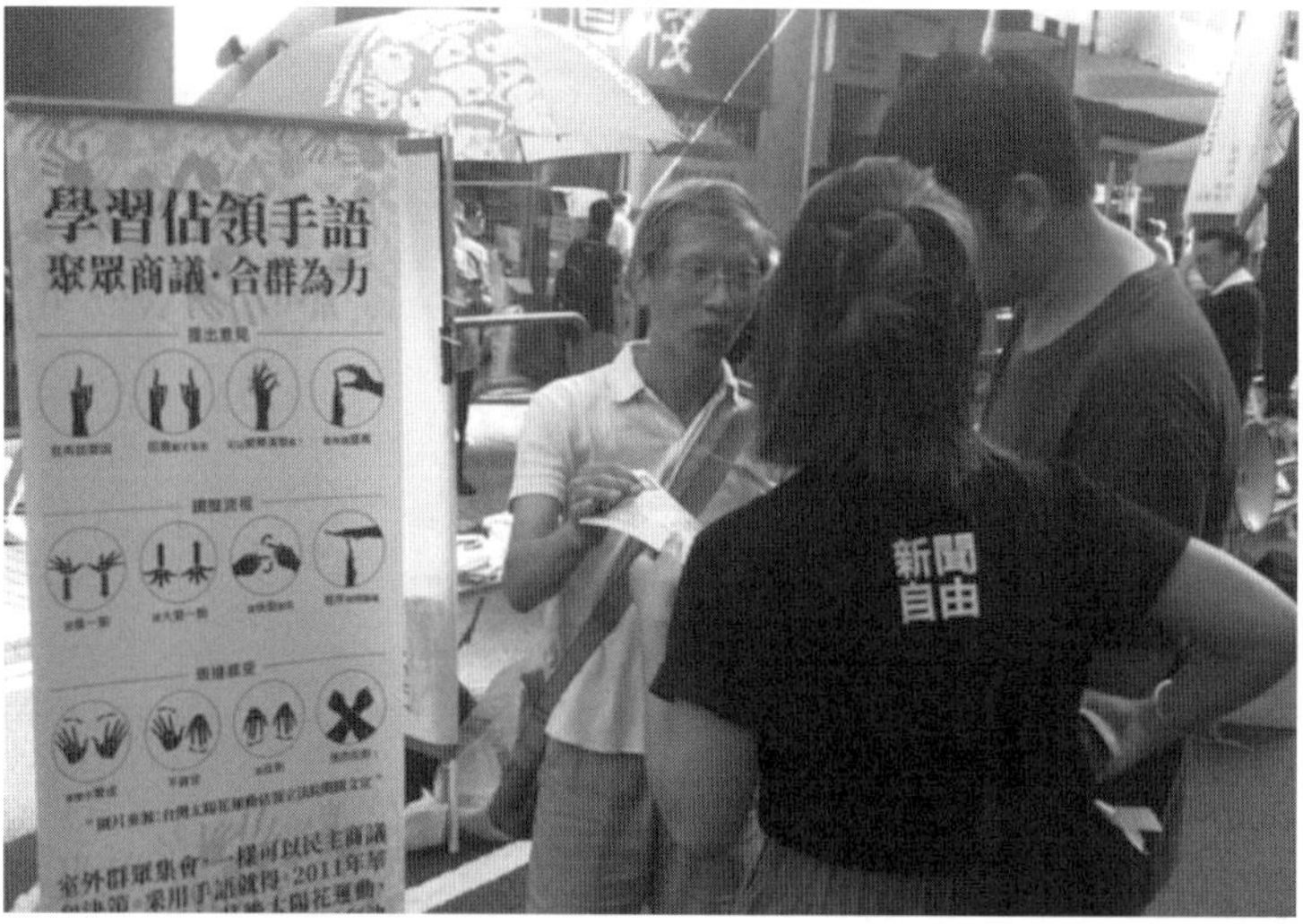

2019年7月1日のデモで宣伝活動をおこなっている著者

序章

この原稿を書いているとき、北京の中国政府は香港の自治に対する新たな攻撃を開始した。二〇二〇年四月一七日、中国政府の駐香港連絡弁公室と香港マカオ事務弁公室[1]は、香港基本法[2]〔香港の最高法規〕の解釈を変更して、香港の諸問題に対して〔中国政府が主体的に〕監督をおこなう権利があると主張した。香港基本法二二条[3]〔香港が主体的に国家安全保障に関する法律を制定することを明記している〕には、それとは逆のことが書かれているのだが。これは単なる言論戦ではない。連絡弁公室がこのような発言をしたのは、中国国歌への侮辱行為を禁じる「国歌条例」案の上程を妨害した容疑で、泛民〔基本法の枠内での漸進的民主化を支持する勢力〕立法会議員である郭榮鏗（Dennis Kwok）に対して、すでに力ずくの攻撃を始めていたからである。郭榮鏗は、中国政府に「それについては二二条が拘束力を持つ」ことを思い起こさせた。両弁公室は「いや、われわれは二二条に拘束されない」と公然と答えた[4]。これに加えて、二〇二〇年四月一八日にもっとも有名な泛民の政治家一五人を「違法集会」容疑で逮捕したときには[5]、香港政府は北京からの指示にもとづいて行動したと広く信じられている。泛民諸政党が二〇一九年の香港反乱を主導したわけではない―主導した政党はなかった―のだが、抗議活動に共感していたことにもとづいて、北京は依然としてそうした政党を元凶と見なしている。一般的に言って、これらはこの反乱―香港で過去最大のもの―への報復行為である。二〇〇万人のデモ隊が街頭に進出し、大規模な政治ゼネストがおこなわれた。マスクを着用した行動参加者は、何度も、徹底的に警察と闘った。結局、香港政府と北京政府は、嫌悪の対象となっていた逃亡犯中国送還条例の撤回を余儀なくされるという屈辱を受けた（第一章参照）。

私が本書をどう書こうかと真剣に考え始めた二〇一九年一〇月、運動は正念場を迎えていた。二回目、三回目のゼネストの呼びかけが労働者を動員することに失敗していたからである。中国政府とキャセイパシフィック航空は、ストライキ参加者のもっとも戦闘的な部門である航空業界の労働者を何十人も解雇することで労働者への報復をおこなっていた。当時、私は次のストライキが成功する可能性は低く、膠着状態が続いた後に運動が衰退に転じるかもしれないと書いた。私は、ストライキをさらに続けて成功させられなかったことが勇敢な若い世代によって克服されるとは予想していなかった。若者たちは、さらに集中的な街頭闘争で政府に立ち向かった。それは、香港の二つの主要大学の占拠をもたらし、大学を占拠した若者と機動隊との激しい衝突へと続いていった。若者たちは「五大要求」のうち、まだ一つしか達成できていないことの痛みに耐えられなかったため、闘い続けたのである（「逃亡犯中国送還条例案の撤回」「デモの暴動規定の撤回」「警察の暴力を調査する独立委員会の設置」「逮捕者の釈放と不起訴」「普通選挙の実施」の五つの要求のうち、条例案の撤回だけが一九年九月に実現〕。若者たちは最終的には敗北した。しかし、この挫折は、その後におこなわれた区議会選挙で反対派が圧勝したことによって再び克服された〔第一章四四頁参照〕。さらに続けて、二〇二〇年元日のデモ行進では、一〇〇万人の人々が街頭に進出した。中国政府が自由と市民権の破壊を目的とする法案を上程しようとして、それを香港人が阻止するのに成功したのはこれで二回目だった。一回目は、二〇〇三年の抗議行動が国家安全条例案の上程を阻止したことだった。香港はもはや単なる「金の卵を産むガチョウ」ではない〔日本の慣用句ではアヒルだが中国ではガチョウが用いられる〕。香港民衆は、ガチョウとしてではなく、あるいは抗議行動参加者自らが冗談で「港猪」(「香港のブタ」)、つまりお金を稼ぐことに一生懸命で、政治的問題に参加することには関心を示さない人のこと)と呼んでいたものとしてでもなく、自由を熱望する、生気あふれた何百万人もの人間として、初めて全世界に声を届けたのである。

香港民衆は、自分たちの抗議行動を「反送中運動」(逃亡犯中国送還条例反対運動)と呼んだ。この運動は実際には反中国的であり、反中国人的でさえあると考える人もいた一方で、単に反中国共産党なのだと考える人もいた。しかし、普通選挙権の要求を含む五大要求が、この大反乱において何百万人もの人々を統一したものであったことを忘れないでおこう。だからと言って、運動の中に反中国共産党や反中国という要素がなかったということではない。本書で私が目指しているのは、七ヶ月間続いたこの運動の、非常に多様で多面的な性格をできるだけ映し出すことである。私は中立的な観察者ではない。二〇一四年の雨傘運動のときと同様に、私は運動に参加して、スローガンを叫んだり、市民的不服従に加わったりした。しかし、私は自分の立場とは関係なく、さまざまなグループや潮流を理解しようとしてきた。というのは、このようにしてはじめて運動の真の力学を把握し、運動について正しい疑問を発することができるからである。

武漢で新型コロナウイルスのパンデミックが発生し、香港にも波及したことで、本書の執筆はより困難になった。私は、掃除や物資の備蓄に多くの時間を割かなければならなかった。間もなく世界の半分が同じような状況になるとは考えてもいなかった。この感染勃発で、中国政府あるいは中国人に対する怒り、またはその両方に対する怒りがさらに強くなり、すぐに香港という都市の境界を超えてしまった。香港の自治に対する北京の攻撃および新型コロナウイルスのパンデミックに対する政権の対応の両方とも、その背後には一つのよく似た論理がある。それはまず、政権が自ら作った法律を無視したことに現れた。第一のケースでは、香港基本法を事実上無視した。第二のケースでは、武漢当局は伝染病予防治療法を無視しただけだったが、それが病気を拡散させる一因となったのだった。この二つの重要な出来事の背後には、中国官僚機構による同一の論理があることが確認できる。中国官僚機構は、他のすべての階級の上に立って、国家の強圧的な権力と資本の力を自らの手の中で結びつけている。この官僚機構は、本気で工業化にとりくむ一方で、前近代的な絶対主義の要素を強く保持している。それは行政機関に関しては西洋の官僚制度から多くを学んだが、前近代的な政治文化、つまり中華帝国の文化の残滓が浸透している官僚機構でもある。習近平主席が第一九回党大会への報告において、中国の軍事力を強化するために大きな努力を払う上で「われわれの赤い遺伝子を受け継ぐ」ことを強調したのは偶然ではない。

　こうした特徴は中国共産党に信じられないほどの権力を与えているが、このことによって必然的に（中国的な性格を持つ）あらゆる官僚主義的害悪がもたらされている。つまり、はびこっている腐敗、傲慢さ、官僚的な形式主義、機能不全、徒党の形成、派閥間の内部抗争などである。これらはすべて、公的富を略奪し、堕落を制度化し、不必要に敵を作り、問題を解決する代わりに問題を拡大し、まったく役に立たない仕事で役人に過重な負担をかけ、部下の役人に非生産的な方法で行動させるといったような傾向を助長している。反乱もパンデミックも、この完全に統制された党独裁国家の必然的な産物だった。この二つが証明したことは、この半ば前近代的だが全能の官僚機構が中国を電光石火のスピードで工業化を可能にした一方で、高度に統合されたグローバル資本主義の課題は言うまでもなく、官僚機構が生み出した現代化の課題に立ち向かうことがますます困難になっているということだった。この問題について手短に議論することで、一見一枚岩のように見えるこの機構の本質を見抜き、その内部的分裂と矛盾、その強みと弱みを明確にすることができる。

　こうした観点を考慮すると、二〇一九年の反乱はより一層重要な意味を持つものである。中国政府は、自らの統治下では、香港が政治的に反抗的であり続けている唯一の都市であるという事実に、常に強い不満を抱いてきた。反乱がどんな弱点を露呈したとしても、それにもかかわらず、その反乱は偉大な民主化運動だった。その運動の中では一般民衆が英雄だった。誰がかつての「港猪」に民主主義の価値を教えたのだろうか？　それは中国政府それ自身に他ならない。パンデミックにともなって、中国政府は自らの人民に透明性と民主主義の価値をも教えている。医師で内部告発者の李文亮の死後、何十万人もの人々がネット上で彼を追悼し、彼への追悼のことばを投稿した(6)〔李文亮は政府に先駆けて新型ウィルスの疑いを告発したことをデマの拡散だと警察から訓告を受け、その後コロナに感染して死亡した〕。ある武漢の住民は、勇気を奮って次のように語ったのである。

今回の危機が去った後、私はこの呪われた土地に存在していないかもしれない。しかしそれでも、本当に必要なのはどのような政府なのか、それは一人一人の根本的な利益を真に守ることができる政府だということを人々が理解することを期待している。この根本的な利益とは、財産だけにとどまらず、命に関する事でもあるのだ！　もしわたしが幸いにも生き残ることができたなら、民族の偉大な復興がどうしたなどというデタラメに二度と関心を持つこともないだろう！　帯や路〔一帯一路の政策のこと〕がどうしたこうしたというデタラメにも関心など持たないだろう！　さらにはちっぽけな台湾が独立するのか、あるいは統一されるのかについても関心を持たないだろう！　わたしはただ危機の時に衣食が足り、家族の面倒や病気の治療をケアする人さえいればそれだけで十分だ！　今日からもう、ああいった大言壮語のデタラメなど聞きたくもない！　わたしはまず何よりも人間、生きた人間でありたいのだ！　申し訳ないが、危機の際にわれわれに自助自滅を強いる政府と国家など、わたしは愛することなどできないのだ！(原注1)

本書の概要

第一章では、まず逃亡犯中国送還条例について説明し、続いて二〇一九年の出来事の力学を理解するために、四つの主要な段階に分けてその概要について述べる。そしてさらに、運動の三つの主要な構成要素および政治的傾向という点での運動の多様性を検討する。

第二章では、反乱を引き起こす手助けをした、あるいは運動の内部で実際に活動していた主要な「当事者」を示し、それぞれの方法でどのように抗議活動に貢献したかを明らかにしようとする。この章では、入手可能な調査と分析を通じて、私が「一九九七年世代」と呼んだものの台頭をたどる。「一九九七年世代」が反乱の根幹を構成していたからである。

第三章では、現場で何が起こったのか、抗議行動参加者が何を言い、何をしたのか、どのように汗をかき、血を流し、叫び、闘ったのかを読者が垣間見ることができるように、もっとも重要な抗議活動やストライキといった出来事をより詳細に述べる。

第四章では、私がもっとも重要だと考える運動に関する諸問題を論じている。自由を求める運動だと見なす人々がいる一方で、右翼・レイシストだと見なす人々や外国の帝国主義者に操られた愚かな人々の運動と見なす人々もいる。たとえば、多くの人々は、アメリカ国旗が振られたり、「オルタナ右翼」(7)の象徴である「カエルのぺぺ」(8)〔アニメのキャラクター〕が投稿されたりしていることを、控えめに言っても不愉快に感じている。しかし、何十万人にも及ぶ抗議行動参加者自らは、運動のこうした側面をどのように解釈したのだろうか？

最終章では、それまでの章のテーマをまとめている。香港人は何十年間もあまりに穏健すぎた。香港人は、ロンドンや北京が自分たちを放し飼いにして、檻に入れずに待遇してくれる限り、普通選挙権がなくても、金の卵を産むガチョウとしての役割を暗黙のうちに受け入れていた。しかし、一つのことに固執する北京のドラゴンは、ガチョウが制御できなくなることを非常に恐れていたので、ガチョウに繰り返し嫌がらせを始め、ついにはガチョウが抵抗するように追い込んだ。北京の恐怖心はどこから来るのだろうか？　なぜ北京はこのような行動をとったのか？二〇一二年以降、北京はなぜ香港に対する政策を変える必要性を感じたのか？　中国共産党の官僚機構が、反乱と武漢でのパンデミック発生に対してどのように対応したかを研究することは、上記の疑問への手がかりを与えてくれるだけでなく、この強大な党独裁国家の弱点をも明らかにしてくれる。

（原注1）「武漢封城，面臨人道災難」Radio France Internationale (Chinese edition), 25 January 2020.

第一章　反乱のアウトライン

前段階としての二〇一四年の雨傘運動

二〇一四年の雨傘運動は、二〇一九年の反乱の前段階だったと言えるかもしれない。(原注1) 雨傘運動が先に起きたからというだけではなく、雨傘運動の要素の大部分が二〇一九年の反乱の中で全面的に開花したという事実があるからである。したがって、雨傘運動の大まかなイメージを持つことは、二〇一九年の反乱を理解するために不可欠である。

一つの国家、二つの資本主義システム

香港はかつて中国の「金の卵を産むガチョウ」と言われていた。鄧小平は、香港の中国への主権移譲条件の要点が書かれた「中英共同宣言」に署名するため、一九八四年にマーガレット・サッチャーと会談したとき、「香港の資本主義システムは五〇年間保持されるだろう」と述べた。というのは、香港の助けを借りて「中国は、その期限内に、先進国の経済レベルに到達することを望んだ」からだった。(原注2)

共同宣言はまず何よりも、両国間の妥協の産物だった。イギリスが香港を中国に手放す代わりに、イギリス(および欧米全般)は、香港が中国とは切り離された関税徴収地域の扱いを引

き続き受けること、および「一国二制度」の原則の下、香港における欧米の経済的権益をも完全に保護することを主張したのである。他方では、北京の思惑は、当面は妥協するが、のちに反撃するというものだった。

北京は常に中国本土は「社会主義」のままであり、香港だけが「資本主義」であると主張してきた。だが、本質的には、両者とも資本主義である。しかし、そのやり方はお互いにかなり異なっている。中国本土は一種の国家資本主義であり、香港は一種の自由放任的資本主義である。二つの資本主義は、しばらくの間、お互いを称賛していた。つまり、国家資本主義が侵略的なグローバル資本主義から中国を守った一方で、香港の自由貿易港としての地位によって、中国資本主義は「両足で歩く[1]」ことができるようになり、北京はグローバル市場への「窓」を手に入れたのである。北京は香港(と台湾)の助けを借りて、中国に興隆をもたらす上で大きな成功を収めてきた。しかし、双方の規模があまりに違いすぎるがゆえに、香港は「大中華圏」の中に徐々に統合されていくことが決定づけられていた。二一世紀に入る頃からずっと、中国支持者は、北京にとって香港の重要性が低下してきていると言ってきた。これは一見すると事実であるかのようだ。一九八三年には香港のGDPは中国の一三・一%を占めていたが、二〇一三年には三%にまで落ち込んだからである。[原注3] この点を考慮して、中国支持者は、香港が中国にとって役に立つ時期は終わっており、「香港のガチョウ」は行儀よく振る舞うべきだと結論づけた。北京は次第に、香港により一層強硬な政策を押し付け始めた。北京は、香港の資本主義は維持したいが、香港の自治と政治的自由をそのままにしておきたくないのだ。

それが、一九九〇年に北京が基本法を制定した際に、国家安全保障に関する二三条を盛り込んだ理由である。二三条は香港の政治的自由を制限することを目的とするもので、香港特別行政区政府が二三条の規定に応じて香港の法令を制定することを求めている。[2] 二〇〇三年には、北京は二三条にもとづく法案（その目的は「中央人民政府に対する反逆、分離独立、扇動、政府転覆のいかなる行為をも禁止し、香港の団体が外国の政治団体と関係を結ぶことを禁止する」こと）を無理に押し通そうとしたが、五〇万人の人々が街頭に出た大規模な抗議行動によって敗れ去った。基本法は、普通選挙権が一九九七年以降に段階的に導入されるというあいまいな約束をしていたが、明確な期限は定められていなかった。さらに、基本法では、主権移譲後最初の一〇年間で、行政長官選挙と立法会選挙の規定を作るとだけ定められていた。[3] したがって、北京は二〇〇七年以降に、行政長官と立法会の「選挙」規定を新たに公布しなければならなかったのである。

香港のリベラル派（実業家階級の政党である自由党[4]と混同しないこと）は、「泛民」としても知られているが、実はこの限定的直接選挙から利益を得てきた。泛民のアジェンダは常に、基本法の枠内で直接選挙の拡大を達成するためにとりくむことだった。習近平が中国で権力の座に就いた二〇一二年以降、リベラル派の計画がどのようにして粉々に砕け散っていったのかを見てみよう。

香港では、二〇一四年雨傘運動の一〇年前にはすでにそれまでの世代と比べると社会的・政治的にまったく異なる視点と期待を持つ新世代の兆候が存在していた。雨傘運動を引き起こしたのは、北京の政策と香港の新世代との間の衝突だったのである。

一般的に言って、香港人は若者を含めて、政治に無関心で保守的な傾向を持っていた。一九九七〜八年のアジア経済危機は新たな時代の始まりを刻印した。そのとき、民営化に抗議して何千人もの公務員が街頭に出てきたのである。二〇〇五年に香港で開催された世界貿易機構（WTO）閣僚会議に合わせておこなわれた抗議行動、とりわけ韓国農民グループによる急進的な行動は、多くの若者を奮い立たせた。それ以来、若者の絶え間ない急進化が目撃されるようになった。二〇〇六年の社会民主連線（LSD）[5]の結成は、若い香港人の一部から支持を受けた。これに続いて、二〇〇七年に文化的環境を守ろうとする人々の運動である「皇后埠頭（クイーンズピア）防衛」キャンペーンが展開され、何百人もの若い活動家を引き寄せた[6]。二〇〇九年、香港政府は広東と香港の統合をさらに緊密にするために、動感號（ヴィブラント・エクスプレス）高速鉄道プロジェクトを承認した[7]。さらに、香港の教育において「愛国主義」を促進するために制定された道徳・国民教育プロジェクトが続いた。こうした事案は、最初は二〇一〇年に、続いて二〇一二年に香港の若者たちからの抵抗にただちに直面することとなった。二〇一二年の抗議行動は、市民的不服従がより一層大きく広がったため、さらに大きな成功を収めた[8]。これは、若くて急進的な世代がついに闘いの場面に登場し、新たな段階の闘争に向けて泛民からリーダーシップを引き継ぐ準備ができたことを示すものだった。

そうこうしている間に、北京は香港の文化と言語を標的にし始めた。それまで香港人は自らの母語を問題にしたことがなかった。二〇〇八年を皮切りにして、香港政府は香港の教育で用いられる言語について、広東語から普通語〔中国の標準語〕への切り替えを推進し始めた。これは香港の人々を怒らせた。というのは、特に近隣の中国・広州市の市民に何が起こったかを目の当たりにしていたからである。二〇年以上前から、中国共産党は広州市において、学校だけでなく、ラジオやテレビの放送でも「推広普通話和廃除広東話」（普通語普及・広東語廃止）というキャンペーンを展開してきており、その結果として若い世代はもはや自分たちの母語である広東語を話せなくなってしまった。結局は、このことが、広州市における「広東語擁護運動」と二〇一〇年七月二五日の抗議行動の引き金を引いたのだった。(9)(原注4) その運動は、二〇一二年以降、弾圧が強まるにつれて収束させられた。香港の人々はこの事件に自分たちの未来を見た。それゆえに、広東語を普通語に置き換えるという政策に抵抗したのである。言語をめぐる強制的な同化は、常に植民地化の兆候である。しかし、イギリス植民地政府でさえ、メディアは言うに及ばず、学校から広東語を排除しようとしたことは一度もなかった。

オキュパイ・セントラル（佔領中環）

二〇一四年、北京は来たるべき二〇一七年の行政長官選挙に向けた一連の改革を展開し始めた。その選挙で普通選挙権を与えるのと引き換えに、北京は〔行政長官選挙の立候補資格を厳しくして〕候補者の指名に対する完全な支配を保持しようとした。これは穏健なリベラル派でさえ立候補できなくなるほどのものだった。〔二〇一四年八月三一日に公表された〕このいわゆる「八三一決定」は、香港では広範な不満に直面し、泛民政党でさえ反感を抱くほどだった。(10) しかし、この決定は何よりもまず若者を怒らせた。北京と若い世代の香港人との対立の舞台が作られたのである。二〇一四年九月の「雨傘運動」の引き金となる大胆な行動をとったのは、香港專上學生聯會(11)（ＨＫＦＳ）と学民思潮(12)という二つの主要な学生団体だった。

雨傘運動には前日譚があった。二〇一三年三月、二人の著名な学者である戴耀廷（Benny Tai）と陳健民（Dr Chan Kin-man）、そして牧師の朱耀明（Chu Tiu-ming）（三人まとめて「オキュパイ・トリオ」と呼ぼう）が、「愛と平和のオキュパイ・セントラル」（ＯＣＬＰ）運動を提案したのである。(13)その主な目的は、真の普通選挙を要求するために、翌年に市民不服従行動を実行することだった。

最初に占拠アピールを出したのは、泛民ではなく、オキュパイ・トリオだった。そのことは、泛民が社会変革勢力としては、ますます重要でなくなっていることを示すものだった。香港の限定的直接選挙に長年参加してきたことで、泛民はますます保守的になっていた。泛民は、通常、直接選挙で五五〜六〇％の票を獲得することで、〔重要法案を否決できる〕立法会の三分の一の議席を獲得していた。(14)しかしながら、このことによって泛民が組織的な強さを持っていたと考えるべきではない（しかし、政党側のこの弱さは市民社会全般、たとえば労働組合にも共通している）。バラバラに分断されているために、最大政党である民主党でさえ党員数はわずか七〇〇人で、活動的な党員はさらに少ないと言われていた。(原注5)リベラル派は、普通選挙という北京の約束をあまりにも長い間信じていたので、それが希望的観測であったことを認識するのが一番遅かったのである。

しかし、オキュパイ・トリオへの信頼は、占拠計画をなかなか進めようとしないために、急速に低下していった。このため、二〇一四年七月二日、香港專上學生聯會は、香港島中心街の中環（セントラル）地区を占拠（オキュパイ）する独自の計画を進めざるを得なくなった。この日、五一一人の参加者が逮捕されたが、訴追はされなかった。オキュパイ・トリオと泛民はこの行動への参加を拒否し、その結果として信用を大きく失墜させた。北京の八三一決定に憤慨したオキュパイ・トリオは後になって、一〇月一日の国慶節（中華人民共和国建国記念日）から三日間の占拠を計画した。(原注6) しかし、学生たちは彼らの行動呼びかけに懐疑的だった。もう一度、イニシアチブをとって、九月二二日から一週間の授業ボイコットを始めたのは香港專上學生聯會だった。運動は勢いを増し始めた。

授業ボイコットの期間中、香港專上學生聯會と学民思潮は、九月二六日に香港政府政庁がある公民広場の外で集会を開くことを決めていた。ところが、夜中に突然、両組織は約一〇〇人の支持者とともにその広場をオキュパイしてしまった。参加者は翌日には逮捕されたが、そのニュースが広がると、五万人以上の市民が逮捕に抗議するために現場に駆けつけた。彼らは催涙ガスを浴びせられたが、警察に街頭を明け渡すことを拒否した。このときの抗議行動参加者が催涙ガス弾から身を守るために傘をさしていたことから、それは「雨傘運動」と名付けられた。九月二八日、何十万人もの行動参加者が再び戻ってきた。多くの人が初めて参加した。というのは、人々は学生の逮捕や前日午後の催涙ガス弾発射に腹を立てていたからである。この時点で、運動は学生の枠を超え、中産階級や下層階級の運動へと発展したのである。オキュパイは、香港專上學生聯會の想像をはるかに超えたものとなっていた。旺角（モンコク）や銅鑼湾（コーズウェイベイ）でも同様のオキュパイがおこなわれた。

失敗したストライキ

九月二二日の授業ボイコットの日に、二五の労働組合と市民社会グループが共同声明を発表し、既存の政治体制が「草の根労働者の要求を抑圧し、人々の生活を改善する可能性をより困難にしている」と非難した。その声明は、普通選挙権だけではなく、標準労働時間と一律給付年金の実施も要求した。(原注7) その後、九月二八日のあとで、香港職工會聯盟(15)（工盟：ＨＫＣＴＵ）はゼネストを呼びかけた（社会福祉労働者は九月初めにすでにストライキをおこなっていた）。その結果、太古飲料（香港）職工總會(16)と香港教育專業人員協會(17)（ＨＫＰＴＵ）という一つと半分の組合だけが呼びかけに応じた（ここで「半分」というのは、ＨＫＰＴＵがゼネストを支持するという点で及び腰だったという意味である）。残念なことに、多くの労働者が登場してオキュパイに参加したにもかかわらず、大多数はストライキに参加する準備ができていなかったのだ。

排外主義的「香港本土派」

雨傘運動が始まってすぐに、一部の「香港本土派」がいわゆる「クソ左翼」（排外主義的本土派が左派にリベラル派に対して投げかける罵倒的呼称〕への攻撃にとりかかり始めた。結局のところ、香港本土派が雨傘運動の主な受益者として登場することになった。

欧米のメディアは、香港本土派を、中国政府に反対する民主主義の闘士として肯定的に見る傾向がある。しかし、状況ははるかに複雑である。本土主義へと向かう新しい傾向は、二一世紀に入った頃から、中国語の「本土主義」ということばが社会運動家や学者の間で使われるようになる以前に、古い建築物や街並みの保存に主な関心を向ける景観保護運動の台頭とともにすでに存在していた。結局、これは上述した二〇〇七年のクイーンズピア防衛キャンペーンに発展した。このキャンペーンは敗北したにもかかわらず、本土主義という考え方を大きく発展させた。本土主義という考え方には、少なくとも二つの異なる言説が反映されていた。つまり、(1)政府の再開発計画に抵抗すること(それは香港の文化や集団的記憶を破壊すると見なされていた)、(2)香港の自治を守るために、中国本土を含む国境を越えたインフラプロジェクトに抵抗すること(たとえば二〇〇九年から一〇年にかけての高速鉄道プロジェクトに対する抗議行動)の二つである。しかし、これらが混ざり合った香港本土派の言説の中で、最終的に大きくなったのは右翼だった。「香港本土派」という用語は、香港的価値観を強調する香港社会における幅広い潮流を指す。その一方で、「右翼本土派」(nativist)や「排外主義的本土派」〔ここでの排外主義とは、嫌中ヘイトのこと〕といった用語も、明らかに右翼的で反移民的な香港本土派の特定のグループを表現するために使われた。彼らのスポークスパーソンは、黄毓民(Raymond Wong Yuk-man)と学者の陳雲根(Chin Wan-kan)〔陳雲(Chin Wan)ともいう〕であった。黄毓民の弟子である黄洋達(Wong

Yeung-tat）とともに、彼らは「ヘイト・トリオ」を構成し、「双黄一陳（二人の黄と一人の陳）」という愛称で呼ばれていた。しかし、それぞれが独自の組織を持っていた。彼らの追随者のオキュパイされた地域での行動は、以下のようなものだった。

—他の民主主義者の声を抑え込む
—自らの目標達成のために大衆を扇動する
—暴力や暴力を使うという脅しを利用する
—中国人に対する人種差別発言をおこなう、中国人を「蝗蟲」（バッタ）（「何でもむさぼり食う連中」という意味で使われる）と呼んで、追放すべきだと主張する
—香港にいる中国本土からの移民を攻撃する、政府から福祉を盗み取っていると移民を非難する

　右翼本土派は「勿信左膠　揼防散水」（左翼のクソ野郎を信用するな、オキュパイ中止のいかなる呼びかけに対しても警戒せよ）と書かれたステッカーを張り出した。これは香港專上學生聯會とオキュパイに参加した著名な活動家を標的にしたものだった。右翼本土派によれば、こうした人々はオキュパイの解除を秘密裏に望みながら、無駄話をするという罪を犯していたというのだ。しかし、攻撃自体はナンセンスなものだった。右翼本土派の誹謗中傷は、こうした人々が北京と何らかの形で関係しているとほのめかすことで、運動内の民主的勢力の信用を落とすことを目的としていた。

右翼本土派はまた、旗を掲げた組織や街頭での公開フォーラムを主催した組織を攻撃した。さらに続けて、こうした組織の座り込み参加者に嫌がらせをした。一〇月一二日には、陳雲の呼びかけで、右翼本土派は香港專上學生聯會の街頭フォーラムを妨害するために旺角に出かけていった。[18]

民主的勢力に反対するヘイト・トリオのアジテーションは、自分たちが民主的勢力よりも急進的であるという点で見栄えはいいものだった。彼らのスローガンは「香港專上學生聯會はわれわれを代表していない」であった。彼らの論法は「香港政府はわれわれを代表していないのだから、香港專上學生聯會も他の誰もわれわれを代表していない」というものだった。それにしたがって、彼らはステージ、旗、演説者、集会、投票など、指導部や政治的代表を示すあらゆる表示やシンボルに反対した。それは「拆大台」（ステージを解体せよ）というスローガンに要約されていた。[19]彼らは、香港專上學生聯會がステージのある討論会を開催するたびに、これを実行に移した。彼らの香港專上學生聯會に対する非難は、間違いなくナンセンスなものだった。香港專上學生聯會がすべての人を代表していると主張したことは一度もなかったし、學生聯會が主催したフォーラムは多元主義を否定していなかったからである。

ヘイト・トリオは、最盛期でも一〇〇人以上を動員することができなかった。その一方で、泛民諸政党や社会運動団体の方がはるかに多くの人数を動員していた。ヘイト・トリオが成功したのは、民主的勢力がまったく準備できていなかったからだけだったのである。

三つの大通りの占拠（そのうち一つは香港政府政庁に隣接していた）は七九日間にわたって続

いたが、運動は最終的には敗北し、そのあと反動の時期がやってきた。しかし、雨傘運動はまだ記憶に残っている。というのは、それが（1）香港民主化運動三〇年の中で最初の市民的不服従の急進的運動、（2）香港のリベラル派が要求してきた以上の、そして北京が与える準備ができていた以上の政治的権利を要求した中国政府に対する勇気ある決起、（3）香港で始まり、大衆的支持を得た民主化運動という三つの側面を同時に持っていたからである。

反動の五年間

香港は、雨傘運動の結果、深く分断された都市となった。この分断には、二つの主要な陣営が含まれる。つまり、雨傘運動を支持する黄色陣営、および反対する青色陣営である[20]。

これに加えて、北京は香港政府を通じて、香港の自治と反対派政党に次のような正面攻撃を仕掛けてきた。

―香港専上學生聯會の学生指導者とオキュパイ・トリオを起訴する
―泛民や香港本土派の議員八名の議員資格を剥奪する[21]
―香港のあらゆるレベルの選挙、とりわけ行政長官選挙に直接介入する
―中国に関する書籍、とりわけ習近平の私生活に関する書籍を出した香港に本拠を置く出版関係者を拉致する（「銅鑼湾書店失踪」事件[22]）

事態をさらに悪化させたのは、そのときでも右翼本土派が北京に対してではなく、香港專上學生聯會に対して攻撃を続けていたことであった。さまざまな大学にいる排外主義香港本土派学生の小グループはただちに、学生投票を通じて「退聯」、つまりそれぞれの大学の学生会が香港專上學生聯會から脱退するよう要求するキャンペーンを開始した。彼らは自らの攻撃を正当化するために、雨傘運動失敗の責任をすべて香港專上學生聯會に押し付けた。最終的には、もっとも重要な四つの学生会が脱退し、香港專上學生聯會に大きな打撃を与えた。かつての情熱的な若者はいまや消極的になっていった。したがって、もし北京が逃亡犯中国送還条例案を上程しようとしなければ、二〇一九年の反乱は起こらなかったかもしれない。

誰もが標的になる法案

二〇一八年初め、香港在住の若者、陳同佳（Chang Tong-kai）が旅行先の台湾で恋人の潘暁穎（Poon Hiu-wing）を殺害して香港に逃げ戻ってきた。香港と台湾の間には犯罪者引き渡し協定がなく、親北京派政党は「潘に正義をもたらす」ために、二〇一九年初めに犯罪者引き渡し法の改正を強く求めた。これには当初から説得力がなかった。香港の法律専門家は、陳の台湾への引き渡しには、中国本土との犯罪者引き渡し協定を含む条例は必要ないと繰り返し強調してきたからである。

　二〇一九年二月一二日、香港政府は「逃亡犯罪者及び刑事事件法における相互法的支援（改正）法案二〇一九」―通称「逃亡犯中国送還条例」―を上程した。[23] 香港はイギリスやアメリカを含む二〇カ国と犯罪者引き渡し協定を結んでいるが、中国本土とは結んでいない。香港内外の親北京派陣営は、香港は欧米と引き渡し協定を結んでいるのだから、なぜ中国本土と協定を結べないのかと主張した。だが、問題は中国の法制度にあるのだ。中国は基本的な法の適正手続を軽視しているだけでなく、司法の独立性も軽視している。中国の裁判システムでは、有罪判決率は一〇〇％に近いが、二〇一七年の香港の有罪判決率は裁判法院〔刑事裁判所〕で五三・四％、區域法院〔地方裁判所〕で六九・二％、高等法院原訴法廷〔高等裁判所で行われる第一審〕で六五・三％となっている。[原注8] このことは、中国司法の非独立性を反映している。最初に逃亡犯中国送還条例案が上程されたとき、親北京派陣営は猛烈にそれを擁護した。これに対して、反対派陣営は冗談半分で「引き渡される者が、イギリス慣習法のもとで香港の裁判所で裁かれるか、中国の法律のもとで本土の裁判所で裁かれるか、どちらか選べる法案にしたらどうだ」と提案した。愛国的な言辞を述べている親北京派であっても、中国の裁判所で裁かれることを選ばないだろうというのだ。中国の法制度に対するこの不信感については、北京も暗黙のうちに了解していたので、基本法第八条に「香港の現行法は・・・そのまま保持される」と成文化したのである。[24] このことは、香港が中国の法制度から切り離されるという意味である。この切り離しがなければ、香港の自治や「一国二制度」のようなものはあり得ない。もし中国の法制度が大幅に改善されれば、中国との引き渡し協定を協議することも可能になるだろう。しかし、実際には中国の法制度はますます悪くなっている。

中国の内外には、この条例案の唯一の目的は、汚職で指名手配されている本土の富裕な中国人を本土に送り返して訴追することにあると主張する人がいる。もしそうであるならば、法案は本土の中国人だけを対象とすべきであった（私はそのことに賛成はしないが）。条例案の文言は、腐敗した中国本土の金持ちだけでなく、香港にいる「誰でも」が引き渡しの対象となるというものだったため、この条例は香港市民と外国人の両方を同じように対象にできることを意味していた。すべての人を対象にできる条例であることが、香港内外で大きな反感を買った理由である。実際に、香港のある親北京派新聞（『大公報』を指す）は、ある本土当局者——一般には韓正副首相だと信じられている——の解釈を報じたが、それによると、条例の標的となっているグループとして「香港住民」と「外国人」が明確に含まれているとのことである。(原注9)「この条例はたまたま香港に滞在中の外国人旅行者も対象にするのか」と香港立法会議員によって質問されたとき、李家超(John Lee Ka-chiu)香港保安局局長はその質問への回答を避けただけだった。(原注10)妥当な仮説として考えられるのは、北京の行動には、アメリカがカナダに華為（ファーウェイ）最高財務責任者（CFO）の孟万州を逮捕するよう圧力をかけたことに対する報復の意味があったということである。アメリカ国務省は六月一〇日に、欧州議会は七月一八日にそれぞれ条例案を批判する声明を発表した。ドイツはすでに、この条例案は香港に投資しているドイツの経済界にとって憂慮すべきものであり、これによって、ドイツがドイツ・香港間の引き渡し協定を無効にするきっかけになるかもしれないと警告していた。(原注11)

その問題のもっとも皮肉な側面は、北京に裏切られたと感じたのが香港の実業家階級だったという点である。『明報』によると、実業家階級は泛民と同じくらい条例案について憂慮していたとのことだ。というのは、彼らに中国本土で最初に巨額の利益をもたらした昔の取引の多くが「怪しげな取引」であり、中国の検察官が容易に標的にできるものだったからである。(原注12) 実業家階級の政治的代表〔自由党などのこと〕は、条例案を緩和するよう北京に働きかけ、九つの商業犯罪を引き渡し対象から除外することに成功した。これは実業家階級にとってはあまり満足のいくものではなかった。北京にとっては、他の口実を使えば、誰であっても引き渡し可能だったからである。実業界を代弁する政党はあえてこれ以上先には進もうとはしなかったが、すぐに若者を急進的翼とする民主主義陣営が一〇〇万人以上の人々を街頭に結集し始めた。いまや大反乱のための舞台が整った。田北俊（James Tien）自由党元主席がそれに勇気づけられて、法案の棚上げを支持するよう自らの党に呼びかけたのはまさにこの時だった。

運動の四つの段階

普通選挙権を要求したがゆえに雨傘運動は攻勢的な運動だったが、二〇一九年の反乱は、政府に逃亡犯中国送還条例案の撤回を要求するという防衛的な目的で開始された。実のところ、その運動は最初のうち「反送中運動」（逃亡犯中国送還条例反対運動）と呼ばれていた。この運動は大まかに四つの段階に分けることができるが、この段階分けを通して、どのようにして運動が当初の目標をはるかに超えて発展し、大きな反乱になったのかを見ていこう。

一、前段階（二月から五月まで）

二月一二日、林鄭月娥（Carrie Lam）行政長官率いる香港政府は、逃亡犯中国送還条例案を初めて提案した。泛民の立法会議員はすぐに反対の声を上げた。三月三一日、民間人権陣線[25]（市民団体や労働組合など五〇以上の組織で構成される）が最初の集会を開催し、主催者発表で一万二千人が参加した。一カ月間の教育と宣伝を経て、四月二八日に開催された次の集会は、その規模を一〇倍に拡大した。この準備がなければ、黄色陣営や若い世代を目覚めさせることはできなかっただろう。こうした人々は二〇一四年の敗北の後、いまだに大きな士気阻喪の中にあったからである。これは、法案に反対するために登場した民主派と民間人権陣線の功績であるが、彼らは闘いについて明らかに楽観的ではなかった。

二、離陸期（六月と七月）

六月六日、二千人以上の弁護士と法律専門家が条例案に反対して、街頭で無言の抗議をおこなった。その三日後の六月九日に、民間人権陣線の呼びかけに応えて一〇〇万人の人々が街頭に出てくることになるとは、この人々は夢にも思わなかったのである。それと同じくらい重要なのは、この日の行動が若者を呼び戻したことだった。参加者数は、一九八九年に中国の民主化闘争に連帯して立ち上がった運動のときに近づいてきた。傳播與民意調査中心（ＣＣＰＯＳ：コミュニケーション・世論調査センター）によれば、六月九日の抗議行動では二九歳未満の参加者が全体の四二・八％を占めていた。(原注13) 若者の参加者が全体として戻ってきていたのである。予期せぬ動員数はあらゆる人を勇気づけたが、何よりもまず若者たちに勇気を与えた。若者たちは六月一二日に再び闘いの舞台に戻ってきて、（そのときすでに、立法会議長が会議を延期させていたにもかかわらず）条例案の上程を阻止するために立法会ビルを包囲した。今度は、若者たちが主役だった。同じＣＣＰＯＳの調査によると、包囲行動参加者の六八・四％が二九歳未満だった。若者たちは警察のバリケードを突破しようとしたが、催涙ガスとゴム弾で追い返された。そして、ゴム弾の一つがある教員の片目を直撃した。通常の場合、黄色陣営は警察との物理的衝突を支持したことはなかった。おそらく林鄭月娥はこれを当てにしていたのだろう。しかし、翌日には、大衆が抗議行動参加者の側にいることは明らかとなった。多くの人々は、警察の暴力に腹をたてるだけでなく、「六・一二」行動を「暴動」と決めつけたことにも怒っていた。このときに、運動が第二の要求、つまり抗議行動参加者を「暴徒」とレッテル貼りするのをやめろという要求を掲げ始めたのだった。

林鄭月娥は激怒した大衆の熱気を感じ、六月一五日に逃亡犯中国送還条例の法案審査を一時中断すると発表して敗北を認めた。翌日、二〇〇万人の人々が街頭に出て、自分たちは条例案の完全撤回を求めていること、そして急進的若者による低強度の暴力を容認する用意があることを自らの行動を通じて林鄭月娥に伝えたのである。人々の論拠は以下のようなものだった。すなわち、いまや林鄭月娥と彼女の警察部隊が北京の操り人形となり、民衆を暴力的に取り締まってきたのだから、自分たちに代わって若者が反撃するのは論理的であり、支持するに値するのではないか、というのである。この強い共感が再び現れたのは、七月一日に急進的若者が立法会ビルに侵入し、林鄭月娥が抗議行動に参加する人々との対話を拒否し続けた直後のことだった。七月二一日の「元朗（Yuen Long）事件[26]」では、組織犯罪シンジケートのメンバーが警察の暗黙の了解のもとに、彼らが抗議行動参加者だと信じ込んだ列車乗客を襲撃したため、政府に対する急進的行動への黄色陣営の支持は強固なものとなった。いまや人々は若者たちがまさに最初から正しかったのだと考えていた。若者たちは、最初から香港が死にかけていること、抜本的な対策を取らなければならないことを繰り返し警告していたからである。

七月二一日の夜、急進的な若者たちが連絡弁公室に対してデモをかけ、その壁にスプレーで落書きしたが、その中には中国人を表す差別用語である「支那」ということばを書いた者もいた。北京は運動全体を反中国的だと描くためにそのことを利用した。

林鄭月娥は香港でもっとも嫌われる人物となったが、民衆の意識は、もはや泛民による林鄭月娥辞任要求には満足しないレベルにまで高まっていた。普通選挙権の要求は、雨傘運動敗北の後で沈静化していたが、徐々に再高揚していった。そのとき以後、運動は防衛的なものからより攻勢的なものへと発展した。七月末には、運動は六月初旬の二項目要求をはるかに超えて発展し、さらに三項目の要求を加えて、以下のように「五大要求」となった。

—逃亡犯中国送還条例案を撤回せよ
—抗議行動参加者を「暴徒」と呼ぶのをやめろ
—抗議行動参加者への告発を取り下げよ
—警察の行動についての独立した調査をおこなえ
—立法会選挙と行政長官選挙の両方で、真の普通選挙を実行せよ

何百万人もの人々を団結させたのは、まさにこの五大要求だった。北京が主張したような独立の呼びかけではなかったのである。実際のところ、二〇一九年一〇月に無作為に行われた電話調査では、中国からの独立に賛成しているのはわずか一一％にとどまり、反対が八三％を占めた。(原注14)対照的に、五大要求は二〇一九年末までに香港市民の圧倒的多数の支持を獲得していた。(原注15)

運動の進展にともなって、林鄭月娥が六月一八日に「誠実な謝罪」をおこない、七月二日にはさらに進んで「法案は死んだ」と発表したことでさえも、もはや抗議行動参加者を満足させることはできなかった。

三、クライマックス（八月と九月）

この二ヶ月は、大規模な抗議行動が一番多くおこなわれた時期だった。香港世論調査研究所の

報告によると、一万人以上の人々が参加した抗議行動は六月に四件、七月には七件だけだったのに対し、八月に二二件、九月には九件にのぼった。一〇〇人から一万人規模の抗議行動は、六月と七月には一桁台だったが、八月は一九件、九月は四六件だった（原注16）（報告書には一〇月二二日までのデータしか記録されていないが、他の情報源から判断すると、一〇月から一二月にかけての抗議行動の数が八月と九月を上回ることはなさそうだ）。

こうした統計に加えて、この時期を特徴づける一つの出来事があった。それは政治ストライキだった。六月中旬には、若者たちはすでに「三罷」（三つのセクターの罷業）〔ゼネストのニュアンスに近い〕―労働者のストライキ、学生の授業ボイコット、商店の同盟休業―を呼びかけていた。しかし、これは成功しなかった。

八月五日、数十年間で初めての政治ゼネストが成功した。香港職工会聯盟（工盟）の推定によれば、三五万人の労働者がストライキに参加した。七つの地区で大衆集会が開催された。香港経済のあるセクターがこのストライキ運動を決定づけた。それは空港・航空業界の労働者だった。香港の国際便が半ば麻痺したのである。八月一二日には、空港の大規模な占拠行動がおこなわれた。

八月の最後の週は、九月二日の授業ボイコットとゼネストの準備で忙しく過ぎていった。八月三一日の土曜日、九龍ではいつものように抗議行動がおこなわれ、一部の人々は香港ＭＴＲの太子（プリンスエドワード）駅に向かった。警察がその後を追い、何の容疑かも告げないまま駅の中にいた乗客を襲撃した。多くの人々が重傷を負った。警察が人を殺したという流説が広まり始めた。警察が自らの襲撃の後で太子駅を封鎖したという事実やMTR社がすべての映像記録の公開を拒否したという事実によって、多くの人々がこの話が真実であると信じた。このことは黄色陣営のさらなる怒りをかきたてることになり、分岐点の一つとなった。その一方で、それによって八月最終日にさらなる急進化が促されることになった。抗議行動参加者は九月になると、「三罷」の次の段階に向けて扇動をおこなった。

空港は九月一日に再び占拠され、麻痺状態に陥った。翌日から学校が再開されたが、大学生・高校生は授業ボイコットで新学期を迎えることを決めた。一〇校の大学すべてと二〇〇校以上の高校で、学生が街頭に出ていた。運動が一向に収まる気配がないのを見て、林鄭月娥はついに九月四日、条例案を撤回することを発表した。それは遅すぎた。これによって抗議者を鎮めることはできなかった。その代わりに抗議行動参加者は、五大要求を「五大訴求　缺一不可（五つの要求は、一つとして欠かせない）」に修正し始めた。そのとき以降、運動は「反送中運動」から「捍衛香港自主權的偉大抗爭」（香港の自治を守る偉大な闘い）へと発展していった。

しかし、九月二日と三日のストライキの呼びかけは、労働者と労働組合が北京からの報復を恐れたため、あまり成功しなかった。北京は八月五日のストライキの後、すでに反撃に転じていた。まずキャセイパシフィック航空の最高経営責任者の辞任を強要し、続いてジョン・スローサー会長も辞任に追い込んだ。新経営陣はすぐに子会社である港龍航空の客室乗務員労働組合（港龍航空公司空勤人員協會）の委員長と二〇人以上の労働者を解雇した。学生も労働組合も、ストライキ参加者を不当解雇から守ることができなかった。また、警察がデモを禁止していたため、いわゆる「浅黄」の人々〔非暴力・遵法主義の民主派〕が多数で街頭に出てくる機会も少なくなっていた。これは、ある程度までは、学生運動の高揚によって補われた。学生運動は、何十万人という「深黄」〔実力行使も厭わない民主派〕の支持者によって完全に支持されていた。（この二つの用語は運動が始まったときから使われていた。抗議行動参加者のうち、「浅黄」の人々は非暴力的である可能性が高いが、「深黄」の人々は警察の暴力に対する物理的抵抗に寛容であるか、あるいはそれを実践しているかのどちらか、だった）。

九月のストライキがあまり成功しなかったとしても、少なくとも当分の間は、二つの新たな展開がストライキ参加者の好ましくない状況を埋め合わせていた。まず九月初旬の授業ボイコットは非常にうまくいった。大学生に加えて、高校生までもが団結して、授業ボイコットをおこなった。高校生はそれまでの数ヶ月間は街頭に出ていたのだが、夏休みのために組織化が不可能になっていた。九月に学校が再開されたとき、それがやっと可能になった。それ以来、高校生は運動のもっとも重要な構成要素の一つとなった。

二つ目の新たな展開は、運動が社区（コミュニティ）レベルにまで拡大したことである。第一段階でも社区での行動はおこなわれていたが、その中心的活動は「レノン・ウォール」（連儂牆(27)）―初めに考案されたのは雨傘運動の期間中だった（おそらくはプラハでの「ジョン・レノン・ウォール」にヒントを得たのだろう）―を作ることだった。人々は色とりどりのメモを掲示して、民主的変革への熱望を表現した。七月には、これが野火のように広がった。大規模なストライキの後で、青色陣営と黄色陣営の間の二極化は極めて激しい段階に達していた。警察を標的にしたポスターが警官によって引き裂かれただけでなく、青色陣営もまた黄色陣営と対峙して、ときにはあちこちの地区でレノン・ウォールの周辺で黄色陣営の人々への攻撃をおこなった。対立がこのようにエスカレートしたことで、運動の社区レベルへの拡大がもたらされた。黄色支持の住民たちが若者を守るために警備に立つようになったからである。大学生の活動家である「C・N・」によると、黄色支持の住民が情報交換するために香港の一八区すべてに区ごとのテレグラム・チャンネル(28)〔スマホ用のインスタントメッセージアプリ〕があったという。天水圍（Tin Shui Wai）と黄大仙（Wong Tai Sin）のチャンネルに集まってきたグループがもっとも強力だった。「もし誰でも若者が警察から嫌がらせを受けていれば、五分以内に二百人の住民が助けに街頭に飛び出してくるだろう」(原注17)。

第二の問題は、九月以降、警察が人通りの多い場所でのデモをますます許可しなくなったことである。その結果、地域レベルの行動がさらに多くおこなわれるようになった。警察が来てデモ隊に催涙ガス弾を撃つと、その近隣地域にも同じように影響が出るので、怒った住民が出てきて警察と対決することもあった。警察が令状なしに住宅に侵入しようとすると、住民たちがそれを止めようとして駆けつけた。多くの「浅青」の人々〔どちらかと言うと、政府や警察を支持する人々〕が中立へと変わったり、「浅黄」へと進化したりしたのは、このことが理由だったのである。

四、膠着状況（一〇月から一二月）

一〇月以降、運動は第四段階に入った。私はそれを膠着状況と述べることにしよう。一方では、政府は抗議行動を抑え込めたが、運動全体を抑え込むことはできなかった。他方では、もう一度労働者ストライキを動員することは困難だったので、運動は行き詰まり状態にあった。そして、政府が引き続きデモの禁止に完全に頼っていたため、一〇月二〇日の大規模な非合法デモのあと、運動の側がそれと同じ数のデモ参加者をもう一度集めることは困難になっていた。にもかかわらず、合法的なデモの機会があったときにはいつも、大衆の熱意は依然として高いものだった。そのことは、一二月八日には八〇万人が街頭に出たことによって示された。

一一月一一日にもストライキの呼びかけがあったが、再び不成功に終わった。しかし、授業ボイコットはさらなる成功を収めた。これは一一月一一日から一四日にかけての香港中文大学での学生と警察の闘いへと発展し、何千人もの若者がそれに引き寄せられて、大学キャンパスとその周辺の幹線道路や鉄道を占拠した。他大学の学生や多くの一般市民が支援のために中文大学に集結し、一一月一二日夜の警察の攻撃に対して抵抗したのである。

しかし、占拠行動の内部には組織や調整機関がなかったため、香港中文大学の学生とキャンパス外から来た人々との間で、戦術についての食い違いが深刻化していった。香港中文大学の学生は、一部の他大学生による粗暴な行動（施設破壊）に腹を立てていた。最終的に、大学管理者は一一月一五日にキャンパス全体を閉鎖し、占拠は終了した。しかし、香港中文大学での大きな戦闘が終わったまさにそのときに、香港理工大学の学生たちがキャンパスを占拠したのである。一一月一六日には、大学近くにある香港島と九龍を結ぶトンネル内の交通を実質的にすべて停止させた。警察はその後一二日間にわたってキャンパスを包囲し、ほとんどの占拠行動参加者は逃げ出すか、逮捕されるか、降伏するかした。

大学での二つの大規模な行動の間に、三回目のストライキの呼びかけがあったが、それもあまり成功しなかった。多くの人が仕事に行けなかったのは事実だが、これはストライキに入ったからではなく、学生たちがキャンパスや周辺の主要道路・鉄道を占拠することで、香港のもっとも交通量の多い地域を半ば実質的に麻痺させたからだった。しかし、こうした行動には、仕事を持つ一般庶民は参加できなかったか、あるいは参加する準備ができていなかった。そのため、急進的行動の大衆的基盤が狭まるという危険性がますます高まっていた。

急進的な若者たちはまだ民衆の支持を得ていたが、黄色陣営のほとんどはストライキをおこなったり、警察と正面から衝突したりすることには依然として消極的だった。もしそんなことがおこなわれたとすれば、革命的状況が始まっていいかもしれない。しかし、こうしたことは起きていないのがますます明らかになった。一般の抗議行動参加者を勇気がなかったと責めるべきではない。香港と中国国家とではあまりに力の違いが大きすぎるため、思慮深い人なら誰でも一つの都市内部での革命という考え方を考え直すだろうからである。中国本土でも大激変の準備ができているときにだけ、香港は勝利することができるだろう。しかし、これは起こりそうにもなかった。

もう一方では、運動の五大要求に対する支持が広がっている兆しもあった。二つの大学での占拠の敗北は、一一月二四日の区議会選挙での反対派の地滑り的勝利ですぐに埋め合わされることとなった。民衆の声は、北京の強硬政策に対する明確で声高な「ノー」だった。

通例、北京に対する香港の反対派政党（泛民・「香港本土派」・「急進的民主派」で構成される）

は、立法会選挙では五五〜六〇％の支持を得ていた。しかし、これまでの区議会選挙では、反対派への支持は四〇％にまで落ち込んでいた。しかしながら、二〇一九年の選挙では、親北京派政党の四一％に対し、反対派は五七％（一六七万票）を獲得した。これは間違いなく大きな勝利だった。議席数では、さらに大きな勝利を収めた。反対派は二六三議席増の三八八議席を獲得したが、親北京派政党は二四〇議席を失い、五九議席を確保できただけだったのである。黄色陣営が暴力的行動をとっていたにもかかわらず、選挙前に実施された一一月の世論調査では、黄色陣営に広範な支持が集まっていることはすでに明らかとなっていた。すなわち、住民の八三％が暴力の責任は政府にあるとしており、抗議行動参加者にも責任があると考える人は四〇％にとどまった（二つの質問は別々におこなわれたものであり、お互いに重なっている部分もある）(原注18)。運動の主な要求三項目に関しては、九月下旬の調査では、調査対象者の八割の支持を得ていることが明らかとなった(原注19)。六月から一二月にかけては支持率の変動があったが、さまざまな調査によれば、運動の主要な要求は調査対象者の七〜八割の支持を得ていた。対照的に、雨傘運動の終了後には、占拠を支持していたのは、調査対象者のうち三三・九％にすぎなかった(原注20)。大衆的基盤という点では、二〇一九年の反乱は大きな前進を画したのである。

区議会選挙は二回目の大勝利となった。この勝利は、林鄭月娥が逃亡犯中国送還条例案を撤回したときの一回目の勝利に続くものだった。これによって、たとえ部分的な勝利にとどまったとしても、その大反乱は民衆にとっての大きな成果として歴史に名を残すことになるだろう。長期にわたる士気阻喪をもたらした二〇一四年の雨傘運動敗北とは対照的に、二〇一九年の反乱は、浮き沈みは間違いなくあるとしても、積極的行動を励まし続けるものとなるのは確実だろう。

一方で、労働者の闘いの重要性を認識し、組合への加入や新たな組合結成を呼びかける若い活動家がますます増えてきた。八月五日のストライキを支援した工盟の功績は認めなければならない。このストライキがなければ、香港人にストライキの妥当性を証明し、新世代の労働運動支持者を引き付けることはできなかっただろう。しかし、このことは伝統的労働組合がこうした混乱期に対応が遅れていることへの反応でもあった。〔二〇一九年〕一二月末時点では、四〇組合が新たに結成された(29)。

そのリストのトップには、医管局員工陣線(30)（ＨＡＥＡ）があり、ＨＡＥＡは香港病院局の全従業員の四分の一を組織したと主張している。このように、二〇一九年の反乱はきわめて自然発生的に始まったが、終わりに近づくと、参加者はますます積極的に組合を組織するようになった。本当に何という大きな変化であることか。

一二月までには、政府と民衆との間のこの大闘争では、どちらの側も決定的な勝利を収めることはできないことが明らかになった。七千人以上が逮捕され、若者の前衛である「勇武派」（後述および第二章参照）は大打撃を受けた。そのため、急進的行動の激しさは大幅に低下した。活動家の間では、五大要求のための闘争は長期的なものになるというコンセンサスが高まっていた。また、注目に値することは、社会的対立の激化とともに、「香港人、加油！（香港人よ、がんばれ）」という運動当初のスローガンが、一〇月四日に林鄭月娥がマスク禁止条例を導入してすぐに「香港人、反抗！（香港人よ、抵抗せよ）」というスローガンへと発展し、さらに（一一月八日に抗議行動中に高所から謎の落下事故を起こした）学生の周梓樂（Chow Tsz-lok）の死を受けて、「香港人、報仇！（香港人よ、報復せよ）」へエスカレートしていったことである。二〇一九年が終わりを迎え、急進的な行動が大幅に減少しても、ある調査によれば、二〇二〇年元日の平和的な抗議行動に参加した八〇万人のうち五五・六％の人が、来たるべき時期に自分たちの行動がさらにエスカレートしていくと依然として予想していた。その理由はこの怒りの感情によって説明することができる。(原注21) また、一二月初めに向けて、一部の急進的な抗議行動参加者が爆弾を作ったり、海外から銃を購入したりしているという風評が多く聞かれた。彼らの中には映画製作業界のダイナマイトを入手できる者もいるという話も出ていた。数週間もたたないうちに、警察はこうした「テロリスト」を何人も逮捕した。

二〇一九年末頃には、以前からあった「黄色経済圏」(31)という考え方が勢いを増し始めた。これは本質的には一つの消費者キャンペーンであり、「黄色陣営」の支持者に「黄色の」店から購入することを促すとともに、中国資本と（主に香港政府が所有する）ＭＴＲのボイコットを継続するというものだった。

北京は大きく面目を失ったと感じて、自らの無能な官僚に怒りをぶつけ始めた。二〇二〇年一月四日から二月一三日までの間に、王志民・中央人民政府連絡弁公室主任と張暁明・国務院香港マカオ事務弁公室主任が降格させられた。これは中国指導部内の権力闘争の表れと考えられた。二〇一九年が終わりを迎えるとともに、二〇二〇年元日のデモが二〇一九年の大きなドラマのフィナーレになったと言えるかもしれない。二〇二〇年一月以降に新型コロナウイルスのパンデミックが始まり、医管局員工陣線が七千人の組合員を動員して五日間のストライキをおこない、麻痺状態にあった政府に行動を促す圧力をかけたとき、二〇一九年の新たな労働組合運動はその力量を証明したのである。

運動についての最初の評価

黄色陣営内の三つの層

六月一六日、二〇〇万人が香港島でデモをおこなった。この数字は、黄色陣営の大まかな規模について手がかりを与えてくれる。しかし、黄色陣営の中には少なくとも二つのカテゴリーがあった。もし「浅黄色の人々」をより遵法精神を持つ穏健派と定義すれば、この人々は反対派に投票したり、平和的なデモに参加したりすると考えるのが妥当である。「深黄色の人々」は熱烈な民主主義支持者であり、私が定義するところでは、禁止されたデモや非暴力的な市民的不服従に参加する用意があり、抗議行動参加者からの一定レベルの暴力にもより寛容な人々、あるいは暴力をも支持する人々のことである。最初の非合法的なデモは、七月二七日に元朗区で発生した。一週間前の元朗事件への怒りの表現として二八万人が街頭に出た。禁止されたデモ行進は、警察の攻撃を受けたあとで再び街頭闘争へと発展した。それ以来、これが常態化した。一〇月二〇日に尖沙咀でおこなわれた非合法デモには三五万人が集まった。このデモは最初の非合法デモよりもリスクの高いものだった。それ以降の非合法デモで、これと匹敵する規模のものはなかった。こうした禁止されたデモにあえて参加した人々は、「深黄色」であると考えることができよう。そのデモの参加者数は、このグループの規模を大まかに見積もるための基礎として用いることができる。

もう一つの分類方法は、抗議行動参加者が用いる手段に関係したもので、「勇武派」と「和理非」(非暴力潮流)という分け方である。「勇武派」はレンガや後には火炎瓶を使って、あえて警察と闘う人々だった。「和理非」は「泛民支持者」と同じ意味であると見られることが多い。「勇武派」は、力の行使を提唱し、レンガから火炎瓶までを投げるなどして実際に実力行動をおこなう人々で構成されている。「和理非」はそうした行動を控えている。「勇武派」が最初に知られるようになったのは、「勇武派」を自称したある秘密グループが、二〇一四年一二月九日に立法会ビルの外で起きた小さな爆発事件に関係しているとされたときだった。二〇一九年の「勇武派」が、必ずしも二〇一四年の「勇武派」と組織的な継続性を持っていたわけではない。では、「勇武派」はどのくらいの規模だったのだろうか? その秘密主義的特質のため、確かなことは誰にもわからない。しかし、「勇武派」は「深黄色」潮流からメンバーを募ってはいたが、「深黄色」よりもはるかに小規模だった。彼らの規模を五千人から一万人の間、あるいはそれよりもう少しだけ多いと推定した者もいる(詳細は第二章の「一九九七年世代」の項を参照)。

〈図1〉抗議行動参加者の内訳

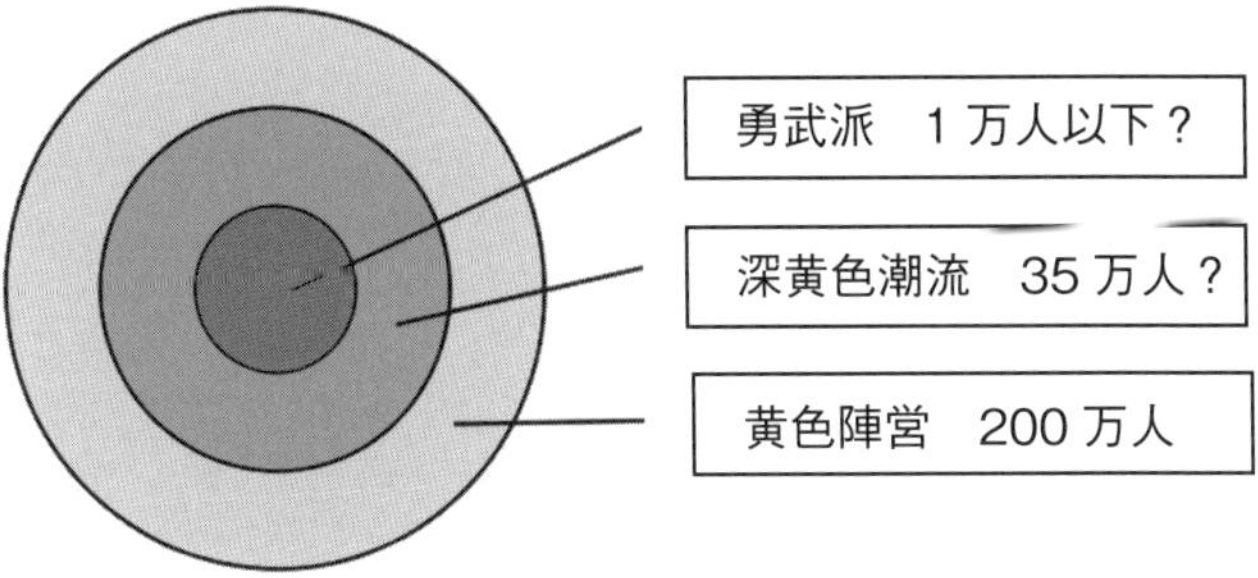

抗議行動参加者の政治的傾向

黄色陣営自体は競いあっている政治的傾向によって区分けされている。傳播與民意調査中心は、二〇一九年一〇月におこなった（親北京派政党を含んだ）全面的な調査において、政治的傾向を七つのカテゴリーに区別している。黄色陣営に関するわれわれの議論のために、そのうちの四つを以下のように選び出した。(原注22)

〈表 1-1〉抗議行動参加者の政治的傾向（%）（2014 ～ 2019 年）

	2014 年 9 月	2019 年 10 月
穏健民主派	37.9	40.0
急進民主派	3.9	6.2
香港本土派	n/a	14.1
中立・政治的立場がない	48.6	33.5

二〇一四年には、香港本土派についての調査はなかった。それは新たな現象だったからである。二〇一九年以前の香港本土派の大衆的基盤がどれくらいかを理解するためには、別の調査を参照することができる。それによると、二〇一六年三月までに、香港本土派は政治的傾向の全カテゴリーの中で八・四%を占めていたという。(原注23)

上記の調査では、香港本土派の力や二〇一四年と比べて二〇一九年には中立的な人々が減少したことが明らかになっている。また、「急進的民主派」も大幅な増加を経験したが、「泛民」の増加はほとんど印象に残らない

〈表1-2〉参加者の政治的傾向（%）（2019年6～7月）

	6/9*	6/12	6/16*	6/21	6/27*
穏健民主派	43.2	29.5	41.1	29.8	34.9
急進民主派	3.2	2.1	3.4	7.8	8.5
香港本土派	27	25.4	18.0	28.6	37.4
中立・政治的立場がない	21.1	38.9	21.3	21.1	8.9

＊のついた二つの抗議行動は最大規模のものだった。残りの二つはより小規模だったが、より急進的なものだった。

ものだった。

別の調査では、さまざまな抗議行動での参加者の政治的傾向が明らかにされた。（原注24）

〈表1-2〉の抗議行動における調査では、〈表1-1〉の香港全体の調査よりも「香港本土派」の割合が高かったことがわかる。われわれは、［それぞれの政治傾向に］対応する政党が二つの調査に示されるほど強い（あるいは弱い）と考えるべきではない。第一に、こうした政治的分類によって実際にどの程度のことがわかるのかについては議論の余地がある。「泛民」という用語は明確な意味―基本法の枠内で活動し、一般的には法を遵守し、それゆえ非暴力的な人々のこと―を持っていたが、「香港本土派」という用語はかなり紛らわしい。「香港本土派」といっても、単に「香港を愛している」だけという人や香港人のアイデンティティは尊重されなければならないと考えている人から、中国本土の人々に対するあからさまな憎悪を持つ人にまで及んでいる（後者については第二章を参照のこと)。何千人もの初めて活動に参加した人々がこのことばをどのように解釈したのかは明確ではなかった。「急進的民主派」という用語もまたよくわからないものだ。こうした明確さの欠如は、香港において一般的に政党政治の発展が遅れていることの反映であり、植民地主義の遺産の反映でもあると論じることも可能である。

第二に、香港の政党すべての未発達さと組織的弱さについて手短に論じなければならない。それゆえに、人々がいずれかの「潮流」に属していると自認しても、このことは必ずしも特定の政党に所属していることを意味するものではなかった。六月一六日に二〇〇万人の人々が街頭に進出したとき、その圧倒的多数はいかなる政党にも所属していなかった。また、「中立・政治的立場がない」と答えた人の割合が高かったことは、政治的傾向が流動的で、比較的容易に変化する可能性のある人々の割合を示唆するものかもしれない。何千人もの初めて活動に参加した人々にとって、抗議行動に参加したり、旗を振ったり、警察と衝突したりしたのは、これが最初か二度目だったのである。

戦術

政治的な目的という点では、雨傘運動と二〇一九年の反乱の間には、どちらも普通選挙権を追求していたという点で連続性がある。林鄭月娥が逃亡犯中国送還条例案の撤回を発表した後でさえ、二〇一九年の反乱が動員を継続することができたのは、部分的にはこのためであった。もう一方で、戦術という点では、二〇一四年の運動は二〇一九年の反乱とは大きく異なっていた。前者が香港島や九龍の主要幹線道路を占拠することを主な戦術としていたのに対し、後者は最初から意識的にこの戦術を避けていた。六月九日のデモによって民衆の熱意がいったん証明されると、ネット上の扇動では代わりに「水になれ」という戦術が採用された。これは機動力のある方法で、デモをしたり、警察と対抗したりすることを意味していた。このことばは、カンフーの達人ブルース・リーの以下のセリフを引用したネット上での議論に由来する。

心を空にせよ。輪郭のない、無定形になれ。水のように。水をコップに注げば、コップの形になる。ビンに注げば、ビンの形になる。ポットに注げば、ポットの形となる。水は自在に動き、破壊することもできる。水になれ、友よ。

事前に許可を得た抗議デモは、通常、出発地点と解散地点があったので、「水になる」可能性は低かった。「非合法」の抗議行動は、とりわけ警察がさらに凶暴になった後半期には、逮捕を避けるために「水にならなければならなかった。この時期には、合法的なデモであっても、ほとんどの場合、結局は「水になる」可能性が高かった。というのは、警察があらゆる口実を使って、デモ行進を解散させようとして、参加者を無理やり四方八方に分散させたため、予定の解散地点まで行進することができなかったからである。

興味深いことは、一一月における二大闘争、すなわち香港中文大学と香港理工大学の占拠が「水になる」戦術とは正反対のものであったということである。それは「機動戦」というよりはむしろ「陣地戦」だったのである。

（原注1）本項は、「ヨーロッパの国境なき連帯」（ESSF）のための二〇一四年「雨傘運動」に関する著者の小論から抜粋したものである。原文は以下のサイトで見ることができる。www.europe-solidaire.org/spip.php?article53314

（原注2）「鄧小平：香港五十年不變助華現代化」明報加東網、二〇一四年一二月三一日。www.mingpaocanada.com/tor/htm/News/20141231/HK-gaa1h_r.htm

（原注3）'GDP (current US$)', The World Bank, http://data.worldbank.org/indicator/NY.GDP.MKTP.CD

（原注4）「二〇一〇年広州万人上街撐粵語」蘋果日報、二〇一四年七月二五日。

（原注5）民主党元主席が、二〇一五年の香港・台湾交流会議でこの数字を述べた。

（原注6）「陳健民自辯憶述晤林鄭劉江華：民間「公投」報告 官員留梳化」明報、二〇一八年一一月三〇日。

（原注7）「反對人大粗暴落閘、既要真普選也要改善民生」獨立媒體、二〇一四年九月二四日。www.inmediahk.net/20140923b

（原注8）'Prosecutions Hong Kong 2017', Hong Kong Department of Justice, www.doj.gov.hk/eng/public/pdf/pd2017/statistics.pdf

（原注9）「相信特區政府努力工作和社會各界理性討論、一定能消除疑慮、達成共識」大公報、二〇一九

年五月二三日。

（原注10）「符條例限制　過境客可移交　涵蓋「任何在港者」」明報、二〇一九年六月二日。

（原注11）'Germany Looking at Current Extradition Law with HK', RTHK.hk, https://news.rthk.hk/rthk/en/component/k2/1462720-20190613.htm

（原注12）「商界怕移交　李家超跑商會急解畫」明報、二〇一九年三月七日。

（原注13）'Onsite Survey Findings in Hong Kong's Anti-Extradition Bill Protests: Research Report', Centre for Communication and Public Opinion Survey, The Chinese University of Hong Kong, August 2019, www.com.cuhk.edu.hk/ccpos/en/pdf/ENG_antielab%20survey%20public%20report%20vf.pdf

（原注14）'Civic Society Sponsorship Scheme: Survey Report', Hong Kong Public Opinion Program of Hong Kong Public Opinion Research Institute, 29 October 2019, https://static1.squarespace.com/static/5cfd1ba6a7117c000170d7aa/t/5db991cae7e33d565bee670a/1572442590417/sp_rpt_special_poll_2019oct29_v4_final.pdf

（原注15）「從民調數字　看不同政見和年輕人的心聲」明報、二〇一九年九月二七日。

（原注16）'Anti-Extradition Bill Movement People's Public Sentiment: Report (First Edition)', Hong Kong Public Opinion Research Institute and Project Citizens Foundation, 13 December 2019, https://tinyurl.com/ycntj3ll

（原注17）著者によるインタビュー（二〇二〇年一月二九日）

（原注18）'Survey on "We HongKongers"', Hong Kong Public Opinion Institute and Project Citizens Foundation, December 2019, https://tinyurl.com/y9rzl5lr

（原注19）「從民調數字　看不同政見和年輕人的心聲」。その調査に含まれている三つの主な要求は、（一）逃亡犯送還条例を撤回すること、（二）警察の暴力について独立した調査を実施すること、（三）普通選挙を実施すること。

（原注20）'Public Opinion & Political Development in Hong Kong: Survey Results, Centre for Communication and Public Opinion Survey, The Chinese University of Hong Kong, 18 December 2014, www.com.cuhk.edu.hk/ccpos/images/news/TaskForce_PressRelease_141218_English.pdf

（原注21）「明報民調：逾半遊行者冀行動升級　一成稱會「裝修」「私了」　學者：局勢轉靜仍存隱憂」明報、二〇二〇年一月二日。

（原注22）「香港政治群體的取向異同和板塊漂移蘇鑰機」明報、二〇一九年一〇月三一日。この調査では、他に三つのカテゴリーを設けていた。その「親ビジネス」「親政府」「親北京」を全部合わせても、六・一%だった。

（原注23）「抗爭運動如何改變香港人的政治傾向」立場新聞、二〇一九年一〇月二七日。　https://tinyurl.com/y7zuoc7u

（原注24）'Onsite Survey Findings in Hong Kong's Anti Extradition Bill Protests: Research Report'.

9 月 15 日のデモの参加者 (訳者撮影)

9月15日のデモ（湾仔の歩道橋から訳者撮影）

第二章　反乱の当事者たち

雨傘運動は強い自然発生的な要素を含んでいたが、それでもオキュパイ・トリオや香港專上學生聯會のように広く認められた指導者がいた。対照的に、二〇一九年の反乱はほとんどが自然発生的なものだった。また、若者が運動の実際の指導者だったことは明らかだったが、彼らは組織や指導者よりも本能や直感に従っていた。この意味では、その反乱はリーダーのいない運動だったと言えるかもしれない。しかし、そうだからと言って、その反乱が当事者のいない運動だったというわけではない。「雨傘運動」に関する前章で述べたのと同じように、「当事者（アクター）」ということばには、運動に直接関与した人々だけでなく、北京や香港の抑圧的政府も含まれている。

北京とその香港での傀儡《かいらい》

雨傘運動の期間中および運動のあと、新しい現象が目撃された。北京が香港のビジネス協力者を標的にし始めたのである。北京は、香港でもっとも著名な実力者の李嘉誠（Li Ka-shing）への攻撃を繰り返したのだ。さらに注目すべき変化は、行政長官選挙をめぐるものだった。基本法では、行政長官は一二〇〇人からなる選挙委員会によって「選出される」（北京が最終決定権を持っているので、「選ばれる」というべきか）と規定されている。選挙委員会それ自身は、多くの（経済的・社会的・専門的利益団体を代表する）「職能別選挙区」によって「選出」されるが、その「選挙区」は主に実業界の代表で構成されている。[1] 実際には、連絡弁公室が公然と介入し、親北京派政党が確実に投票指示に従うようにしている。二〇一二年には、それがさらに醜悪なものになった。

香港の大物たちは常に、政府高官のポスト、とりわけ行政長官という役職の候補者としては、自分たちが適任だと考えてきた。かつての自由党指導者で、父親が江沢民やその側近と緊密な関係を持っていた唐英年（Henry Tang）が、二〇一二年の行政長官就任について江沢民の支持を受けていたと広く信じられていた。しかし、彼は思いがけず、香港実業界のリーダーとは考えられていなかった梁振英（C.Y.Leung）からの挑戦を受けた。選挙戦が始まる直前になって、唐英年が自宅を改装した際に違法な増築をおこなったとのリーク報道がメディアを突然にぎわせた。これが彼の運命を決めた。二〇一二年の選挙で唐英年は予想外の敗北を喫し、梁振英が行政長官に就任することになった。[2] 梁振英の背後にいた後援者については矛盾した噂が流れていた。胡錦濤前主席だという話もあれば、中国共産党中央港澳工作協調小組[3]［香港・マカオ中央調整グループ］の張徳江前部長という話もあった。そうした噂が本当かどうかはともかく、それ以来、自由党は北京を応援するのにかつてほど熱心ではなくなった。

二〇一二年に起こった諸事件が示したのは、北京が行政長官選挙そのものに対する支配を行使することだけでなく、党内の派閥抗争の舞台としてその選挙を利用することにも力を入れていたということだった。このことは二〇一七年の行政長官選挙でさらに明確になった。梁振英は選挙のかなり前から二期目を目指す意向を表明していた。二〇一六年八月、親北京派新聞『成報』[4]（Sing Pao）が突然、梁振英に対する猛烈な攻撃を開始した。梁振英と連絡弁公室を中心とした中国本土のある権力グループが、自らの権力強化を正当化するために、香港独立運動を操っているとして非難したのだ。九月になると、『成報』は、右翼本土派組織の「青年新政」(5)を中国の工作員であると非難し、「青年新政」は自らの主張に反して雨傘運動には参加していなかった、さらに「青年新政」メンバーには有名な親北京派政治家である劉迺強（Lau Nai-keung）が率いる「香港社區網絡(6)（香港コミュニティネットワーク）」出身者も含まれていると主張した。この記事では、劉迺強もまた連絡弁公室の支援を受けており、抗議活動の期間中ずっと、梁振英と結託していたことが示唆されていた。(原注1)その後、攻撃はさらにエスカレートし、ついに張徳江―当時、政治局常務委員会の七人のメンバーの一人で、中国共産党中央港澳工作協調小組の責任者―を、連絡弁公室の権力グループの頭目として標的にした。『成報』は、香港での権力掌握を果たすために独立運動を捏造した責任をその三人全員に負わせた。(原注2)『成報』は最終的に、中国の元指導者であり、習近平のライバルでもある江沢民を梁振英・連絡弁公室派の究極の後援者として名指ししたのである。

『成報』は、香港で長い歴史を持つ日刊紙で、以前は香港の〔何文法〕一族が所有していたが、中国の実業家である谷卓恒に売却された。谷卓恒が攻撃を開始した後、彼への反撃が他からあったが、それは非常に弱いものだった。梁振英はこの悪質な個人攻撃に対して完全に沈黙していた。証明はできないが、広く信じられていたのは、谷卓恒が習近平派に従って行動しているということだった。それが本当であるかはともかく、梁振英は結局のところ再出馬しないと表明した。このことが明らかにしたのは、『成報』による攻撃が何がしかの影響力を持っていたのかもしれないということだった。

結局、二〇一七年の行政長官選挙は、林鄭月娥と曾俊華（John Tsang）という、香港で長い間官僚トップだった二人の候補者の間で争われることになった。親北京派陣営の中で多くの人々が示唆していたように、それぞれの候補者は中国共産党内に自分の後援者を持っていたのだろう。選挙自体は前段の話題と比べると、ずっと退屈なものだった。唯一の例外は、泛民は曾俊華が選ばれると信じ込まされ、彼の支持に回ったのだが、争いに勝ったのは林鄭月娥だったことである。(原注3) 彼女は、これまで香港人が見たこともないほどの最強硬派の行政長官になっていった。

当初から、真剣に考える人なら誰も、逃亡犯中国送還条例という考えが林鄭月娥の発案であり、北京は支持する役割を果たしただけだという北京の物語を信じてはいなかった。八月下旬から九月上旬にかけての出来事が、大衆の疑念を裏付けるのに役立った。まずロイターの報道があり、それに続いて林鄭月娥の会話の録音が流出し、最後にその件に関しての彼女自身の記者会見がおこなわれた。これらの断片を組み合わせることで、以下のような全体像が明らかになった。北京は林鄭月娥に条例案を提出するように指示した。それが大規模な抗議行動を引き起こすと、林鄭月娥は北京に条例案を撤回させてくれるよう嘆願したが、北京はそれを拒否した。その後、彼女は辞任しようとしたが、辞任は拒否された。彼女は実業家たちのグループに「自分の手が縛られている」と認めた。(原注4) 記者から彼女が直面している制約について何度も質問され、香港の自治は終わったのかと尋ねられても、彼女は質問を避けるだけだった。(原注5) そのときから、香港政府は香港の管轄権を事実上失ったのである。

林鄭月娥は、運動の絶頂期に、親北京派政党への非公開の告白の中で、自分に残されたのは法と秩序を維持する三万人の香港警察だけだと述べていた。香港警察のイギリス人元警官によれば、警察は常に一種の「準軍事的国内治安モード」のもとで機能していたとのことである。裕福で洗練された国際都市にとっては、「地域警備モデル」の方がより適していると彼は考えていたのだが、そのようには機能していなかったのである。(原注6) 北京と林鄭月娥は、この「準軍事的国内治安モード」を含め、植民地支配の抑圧的側面をすべて喜んで継承していたのだ。

植民地支配が終わった後の香港の警察活動に継続性があったとすれば、綻びもあった。植民地政府のもとでは、警察を指揮するために、イギリス政府が香港に自分たちの警官を派遣していた。一九九七年から基本法が施行されたことで、北京はそれと同じことができなかった。それでも、二〇一九年の反乱が始まって以来、本土の警察が香港の警察の中に混ざっているという噂が流れていた。フランスの日刊紙『フィガロ』は、香港バプテスト大学教授のジャン＝ピエール・カベスタンの「北京政府はひそかに中国本土の警官二千人を香港警察に加えた」という発言を引用した。(原注7) 二〇二〇年三月にロイターが配信した別の記事は、外国の高級外交官の話として、四千人の人民武装警察が抗議活動を監視するために最前線で香港警察に合流したと報じた。(原注8) 香港警察はこの主張を否定した。

北京はまた、本土のメディアやインターネットへの支配を強化して、抗議行動参加者が反中国的であるとして信用失墜させようとした。八月には、中国本土の宣伝部門の内部ガイドラインが匿名でネット上に流された。それは引用しておく価値があるものだ。

香港市民による民主主義と自由に関する要求を肯定的に報道することは厳禁する。それに従って、その事件は以下の「三つの争い」として見なすこととする。
―愛国者と独立を求める者との争い
―平和と暴力との争い
―法の支配と暴動との争い（原注9）

九月までには、この強硬姿勢によって、より多くの香港人や世界中の人々が北京の条例案に反対するようになっただけということが明らかになった。また、北京は公務員の中でも不満が出ているとがわかっていた（後述）。九月四日、林鄭月娥は条例案を撤回したが、そのときにはすでに遅すぎた。

北京が香港人を中国本土の人々から分断することに成功したのは、香港の右翼本土派が本土の中国人に烙印を押したおかげでもあった。そのことが明らかになったのは、彼らが七月二一日に連絡弁公室に対する攻撃をおこなう際に、「中国」ということばを使わずに、「支那（Zi-naa）」――（中国人に対して非常に侮蔑的な意味を持つ）日本語の「シナ」の広東語版――ということばを使ったときだった。(7) それ以降、本土からの訪問者の多くは、ある特定の香港人からの敵意を感じたかもしれない。本土の中国人の中には、香港の抗議行動を支持する人もいたが、そうでない人が多いことも明らかだった。公平に言えば、中国本土の「世論」を形成する上では、中国国家機関による強力な検閲とプロパガンダが決定的な役割を果たしていたのである。香港の右翼本土派は脇役を務めていたに過ぎない。それにもかかわらず、北京が「香港人が中国人を差別している」ことを示す写真やビデオを必要とする重要な瞬間にはいつでも、香港の右翼本土派が北京に手を貸していたのだった。

しかし、二〇一九年が終わろうとしている中、北京は自らの誤算によって、まず逃亡犯中国送還条例案をめぐって敗北を喫し、続いて区議会選挙でまたもや敗北してしまった。北京はアメリカとの貿易戦争で形勢が不利になった後、すでに好ましくない状況に陥っていたが、こうした挫折は政権の最高レベルでのさらなる派閥抗争を引き起こすのだろうか？　中国国家はブラックホールのようなもので、部外者には見えない。しかし、周囲の物体がどのようにブラックホールに引き寄せられ、どのように放射線を放出しているかを観察することで、このブラックホールの内部の状況を推測することができる。「逃亡犯中国送還条例案が北京によって提案されたものならば、どの部署や指導者に責任があるのか？」という疑問をさらに検証することがそのことに役立つかもしれない。

ロイターの報道によれば、この条例案の発案者は中国共産党中央規律検査委員会(8)であり、香港問題の担当者に圧力をかけて、林鄭月娥に法案を提出させたが、彼女はこれを否定しているとのことである。(原注10)

このロイターの報道が事実だったとしても、中央規律検査委員会がこの条例案に責任がある唯一の中国の部署であるという結論を導くべきではない。中央規律検査委員会の現在の責任者は趙楽際で、彼は政治局常務委員でもある。趙楽際とともにいるのは同じく政治局常務委員である韓正である。彼は香港・マカオ問題を統括する最高機関である中国共産党中央港澳工作協調小組責任者である。趙楽際と中央規律検査委員会が、まず韓正の承認を求めずに林鄭月娥に条例案を提出させることはできそうにない。また、広く知られていることだが、香港が条例案をめぐって激しく揺れ動いていた間に、韓正は林鄭月娥と親北京派政党との間を調整するために何回も深圳を訪れていた。そのことは、韓正が采配を振るっていたことを示唆するものだ。このニュースをロイターにリークしたのが誰であろうと、またその信憑性にかかわらず、その客観的な結果は、韓正が責任を誰か他の者に押し付けるのを助けることになった。韓正は江沢民一派に属していたと言われているが、やはり証拠はない。リークの背後には誰がいたのか？　派閥抗争を闘う手段としてさまざまな派閥が選りすぐりの情報を通信社に流すのはよくあることなので、北京でも香港と同じように派閥抗争がおこなわれていたのではないかと疑うのは理にかなったことである。

二〇二〇年一月には、王志民・駐香港連絡弁公室主任が羅慧寧に交代させられた。その一カ月後には、国務院香港・マカオ事務弁公室の張暁明主任が、中国人民政治協商会議の夏宝龍副委員長に交代させられた。二人の官僚が降格させられた一方で、羅恵寧と駐マカオ連絡弁公室の傅自応主任が香港・マカオ事務弁公室の副主任に任命され、両事務所は同等の閣僚級であるにもかかわらず、連絡弁公室を香港・マカオ事務弁公室の管轄下に置くことになった。このことは、北京が中央からの管理を強化することで、これまでの二つの弁公室間の競争に終止符を打ちたいと考えていることを示唆している。しかし、法案が失敗したのは、すべて駐香港連絡弁公室の幹部のせいなのだろうか？　それとも、『成報』が報じたように、習近平を苦境に陥らせるために、連絡弁公室の官僚が香港独立運動を人為的に捏造するたくらみを本当におこなっていたのだろうか？　北京と香港の大物たちとの関係について論じることで、北京のブラックホールにさらなる光を当てることができるかもしれない。

香港の大物たち

香港の実業家階級は民主主義を支持していないと思われている。実のところ、彼らは常に北京の側にいた。二〇一四年七月二五日には、五つの主要商工会議所が、計画されていたオキュパイ・セントラルを非難する声明を発表した。九月二一日には、李嘉誠を含む香港の大物たちによる代表団が北京訪問の招待を受け、習近平による歓迎を受けるとともに、中央政府がいかに香港での「違法」な行為に反対しているかについて彼の講話を聞いた。その後の出来事はさらに興味深いものだった。雨傘運動が盛り上がっていた一〇月二五日、北京の支配下にある新華社通信は、「占拠運動の混乱の中で、香港の大物たちはどちらの側につくことにも消極的」という見出しの英文解説を発表した。この解説についての『サウスチャイナ・モーニング・ポスト』の記事は詳しく引用する価値がある。

この記事は、午後七時には削除された。記事の中では、長江実業グループ(12)の李嘉誠の名前が挙げられていたが、他にも三人の大物が取り上げられていた。削除された解説記事では、李嘉誠が抗議者たちに「今日の情熱を明日の後悔に変えないために」帰宅するよう呼びかけていることに言及している。しかし、「アジアでもっとも裕福な男は、抗議者の訴えに同意するかどうかを明らかにしなかった」と付け加えた。問題は彼らが行動を起こせなかったことだ。二〇一二年の選挙では、香港の多くの大物が梁振英に反対して選挙運動をおこなったことは周知の事実だ。この争いはイデオロギーとは何の関係もなく、新旧の利益集団のどちらが分け前を得るのかという争いだったのである。(原注11)

そのあと二〇一五年九月に、中国の公式研究機関である瞭望智庫（Outlook Think Tank）は「李嘉誠を逃がすな」という記事を発表し、李嘉誠が社会的責任を果たさずに中国から利益を得ていると批判した。記事はすぐに削除されたが、それはすでにその目的を達成していた。(原注12)九月二八日、李嘉誠は声明を発表して、彼への批判に反撃した。その中で、彼は中国から投資を引き上げていることを否定し、自らの愛国心を擁護し、最後に「記事の歪んだ見方や冷ややかな論調はきわめて遺憾だ」と述べた。(原注13)

林鄭月娥が二〇一九年に逃亡犯中国送還条例案を提出したとき、香港の大物たちは条例案への支持をためらった。彼らは林鄭月娥が条例案に修正を加えた後でさえ、さらに自分たちの政治的代弁者である自由党が条例案支持を表明した後でさえ、支持をためらったのである。それでも北京は、とっくの昔に北京の寵愛を失った大物、李嘉誠への攻撃を続けた。習近平が新たな民族主義指導者を標榜し、「外国の侵略者」に対して宣伝戦を闘い始めると、李嘉誠の巨大な影響力と香港上海銀行（ＨＳＢＣ）などの外資との長年のつながりも確かに役には立たなかった。香港の大物たちの中核をなす不動産開発業者にとってもっと不安だったのは、今回の李嘉誠への攻撃が彼ら全員への攻撃であるのが明らかだったことである。

八月一四日、李嘉誠の長江実業(といっても彼は公式には二〇一八年に退任しているのだが)は、抗議者に暴力の行使をやめるよう訴える声明を発表した。その二日後、李嘉誠は個人的に二つの短い公開声明を発表した。一つ目は長江実業の声明をなぞったものだったが、二つ目は「黄台之瓜、何堪再摘」（黄台の瓜、再び摘む何ぞ堪えん＝後継者を絶滅させることは耐え難い）というたった八文字のメッセージだった。これは唐代の則天武后の皇太子だった李賢が母親に対してこれ以上兄弟を殺さないでほしいと懇願した漢詩を出典とするものだった[13]。寓話の持つ意味は明らかだった。北京に対する「過ぎたるは及ばざるがごとし」という隠れた警告だったのである。九月八日、李嘉誠は記者団に対し、政府は若者に寛容な態度を示すべきだと語った。今回は本当に北京を怒らせてしまった。九月一二日、中央政法委員会は[14]「寛容を求める者は犯罪者を甘やかしている」と反論した。翌日、中央政法委員会は、その標的を不動産開発業者へと拡大し、現在の抗議運動の根本原因は不動産市場の高値であり、それは開発業者が土地供給を独占した結果であると述べた。中央政法委員会は「若者たちは政府に対して怒りをぶつけただけだ」と述べた[原注14]。中央政法委員会が香港の土地開発業者を槍玉に挙げたことの正当性は疑わしいものだった。というのも、中国企業もずいぶん前から香港の土地をめぐる先陣争いに加わっていたからである。林鄭月娥はすぐに中央政法委員会の見解をおうむ返しに述べた。開発業者は危険を察知して、公共住宅を建設するために土地を政府に貸すと発表した。開発業者が喜んでこうしたのでないことは間違いない。不動産業界の職能別選挙区を代表する議員である石禮謙（Shek Lai-him）は、林鄭月娥に「あなたは、抗議運動が五大要求に関するものであり、それには住宅不足は含まれていないことを忘れている」と反論した。（原注15）しかし、不満をもっているからといっても、彼らは政府によるデモ参加者への弾圧を支持し続けることをやめなかった。一一月二二日、長江実業とキャセイパシフィック航空を含む香港の大企業二〇社は、抗議運動を非難する共同声明を発表した。

大物たちは裏表のある行動をとり続けるだろう。彼らは確かに「古い利益団体」である。しかし、「新しい利益団体」とは誰のことなのだろうか？　中央政法委員会が李嘉誠を攻撃したのとほぼ同時期に、国務院国有資産監督管理委員会〔国有企業の資産や法律、人事などを所管する国務院直属の省庁級機関〕は中国の国有企業一〇〇社の代表者を召集し、香港政府の協力のもとで香港でより大きな役割を果たすようにすべきだと訴えた。香港の陳茂波（Paul Chan Mo-po）財政司長〔香港の財務を司るトップで、政府ナンバー・スリーの地位〕はただちにこうした官僚資本の代表者との会談を設定した。（原注16）

一九九七年世代

一九九七年世代の役割

＜表 2-1 ＞各行動における参加者の年齢別内訳（%）、2019 年 6 ～ 7 月

年齢層	6/9	6/16	7/1	総人口中の割合（原注18）
19 歳以下	10.5	15.6	12.9	（原注19）3.9
20–24 歳	20.7	16.3	18.6	5.7
25–29 歳	11.6	18.3	18.3	6.6
上記合計	42.8	50.2	49.8	16.2
30–34 歳	8.4	12.9	11.0	7.5

世代に関する研究は、各世代がどのように独自の価値観や期待を育んでいるのか、そのことが各世代の成長してきた社会的状況とどのように関係しているかを理解するのに役立つ。大まかに言えば、「雨傘運動世代」は一九九七年の香港の主権移譲以前に生まれた人々で構成されている。そして、二〇一九年の反乱に参加した学生たちは一九九七年以降に生まれた。私はこの二つの世代の人々をまとめて「一九九七年世代」と呼んでいるが、彼らは〔返還後の自由に不安を抱える〕「一九九七年の憂鬱」の影響をもっとも強く受けている。他の世代と比較すると、一九九七年世代は今回の反乱の中でもっとも重要な構成要素となっていた。

傳播與民意調査中心が八月に出した報告を見ると、二〇一九年の抗議行動参加者の詳細がわかる。（原注17）開催を許可された民間人権陣線主催の重要な大衆的抗議行動（それぞれ一〇〇万人、二〇〇万人、五五万人の参加者があった）の参加者内訳を〈表2-1〉に示す。

最初の二つの年齢層〔二四歳以下〕は、ほとんどがまだ中学・高校や大学に在学中の人々で構成されており、三つ目の年齢層

＜表 2-2 ＞各行動における参加者の年齢別内訳（%）、2019 年 6 〜 8 月

年齢層	6/12	6/17	6/21	7/14	7/27	8/4 [原注20]
19 歳以下	6.3	15.5	14.6	7.3	6.0	6.8
20–24 歳	27.9	33.0	54.2	23.9	26.0	28.7
25–29 歳	34.2	25.8	16.4	18.5	19.6	21.4
上記合計	68.4	74.3	85.2	49.7	51.6	56.9
30–34 歳	19.0	11.4	8.6	12.3	18.3	11.4

〔二四〜二九歳〕は主に雨傘運動世代であり、二〇一九年には働いていた可能性が高いと考えられる。大まかに言えば、この青年前衛層は学生と若年賃金労働者で構成されていた。この三つの年齢層（一九九七年世代）が行動参加者の半数、あるいは半数近くを占めており、この世代の参加が総人口に占める割合の数倍に及んでいるという事実は、とりわけ三〇〜三四歳の数字と比較すれば驚くべきことである。

三〇〜三四歳の年齢層では、上記の抗議行動への参加割合は、総人口に占める割合をわずかに上回っている。上記の表からは、年長者の参加率が総人口に占める割合との関係で低下する傾向は見られない。これは普通のことである。

同じ報告書によれば、小規模ではあるがより急進的な行動―市民的不服従（予想されるものと実際のものの両方）や警察との衝突、ときには暴力的な衝突を含む―では、一九九七年世代の参加率はさらに高かった（〈表2-2〉）。

六月一二日を除くすべての行動において、二〇〜二四歳の参加者の割合が二五〜二九歳よりも高い。考えられる説明は、前者のほとんどは学生や新規卒業者で自由な時間が多いのに対

＜表2-3＞各行動参加者のうち雨傘運動にも参加していた人の割合（%）、2019年6～8月

6/12	6/17	6/21	7/14	7/27	8/4
76.6	72.5	64.0	59.3	67.2	60.2

し、後者は安定した仕事を持っている可能性が高いということである。また、後者が警察と闘ったり、こうした行動を支持したりする覚悟が前者ほどにはできていないということだろうか？　今のところ、このことを証明するに足る研究はまだないようだ。

次の調査結果は、上記の行動の参加者のうち雨傘運動にも参加していた人の割合である。前述の報告によれば、その数字は〈表2－3〉のようになる。

その上でこの調査によれば、雨傘運動は、要求したものを獲得できなかったものの、若者たちに最初の政治的啓発と訓練を与えることに成功し、若者たちに世界でもっとも強力な帝国の一つに対する抵抗のイニシアチブをとる力を与えたのである。

第一章では、黄色陣営の中でのさまざまな政治的傾向の分布を示した。しかし、若者たちについてはどうだろうか？〈表2－4〉は、若者が圧倒的に香港本土派であるというよくある印象を払拭するものである。（原注21）

「脱物質主義」の若者？

＜表 2-4 ＞15 〜 29 歳の政治的傾向（%）

調査時期	香港本土派	民主派	体制派	中間派 / 政治傾向なし / 回答なし
2019 年 5-6 月	17.9	36.8	3.5	41.8
2019 年　10 月	27.7	53.2	2.1	17.0

成功した自由港に住む香港市民は、長い間政治的に無関心であることで知られてきた。では、なぜ一九九七年世代は突如として政治的に目覚め、急進化したのだろうか？

一〇年近く前、香港の学者の中には、ロナルド・イングルハートの「静かなる革命」理論[15]を使って香港の新世代を分析し始めた人もいた。イングルハートは、マズローの欲求段階論[16]をかなり取り入れながら、経済的な豊かさの到来・福祉国家・長期的な平和とともに、大衆は基本的な物質的ニーズを満たすことができるようになり、その結果、経済的な物質性の優先から、ライフスタイルへの関心・個人的自由・自己実現を優先する方向へと価値の変容が起こったとの見解を述べた。イングルハートはこれを物質主義から脱物質主義への変容と呼んだ。彼は価値観の三つの類型、つまり物質主義・脱物質主義・両者の混合型を識別するために簡単な質問票を考案した[17]。彼は、考え方や価値観がより物質主義的だった年配の世代が、より脱物質主義的な価値観を持つ若い世代に置き換わることで、社会はより脱物質主義的になっていることを発見した。この世代を超えた価値変容は、大衆的抗議行動や学生の反乱を含む政治的行動の増加を通して、より一層明らかとなった。一九六〇年代・七〇年代における若者の大反乱とはまさにそのよ

うなものだったのである。（原注22）

李立峰（Francis Lee）と陳韜文（Joseph Chan）は、香港の若い世代を説明するためにイングルハートの理論を応用した。二人の報告によれば、二〇一二年には回答者の一六・七％が脱物質主義的であるとされた。この割合は二〇一四年には二二・八％にまで上昇した。十八～二九歳の年齢層では、脱物質主義的である割合は、二〇一二年と二〇一四年でそれぞれ三四・四％、四四・七％となり、全体の数字の二倍となっている。このようにして、若者は脱物質主義的な価値観を抱いている可能性が高いと結論づけた。（原注23）

第一章では、二〇〇七年以降、若者の小集団がどのようにしてさまざまな社会運動に惹かれ始めたかについて述べた。その当時、多くの人々が、クイーンズピア保存運動（二〇〇七年）や中国本土・香港間の高速鉄道建設のために立ち退かされる菜園村（Coi jyun cyun）を守る運動（二〇一〇年）に若者たちが熱心にとりくむことに戸惑いを感じていた。その中には、年配の社会運動家の一部も含まれていた。クイーンズピアは植民地の象徴ではなかったのか？　小さな村よりも経済発展を優先すべきではないのか？　李立峰と陳韜文による上記報告の調査結果は、こうした運動が示していたこと、すなわち若者は物質主義的な価値観よりも脱物質主義的な価値観を優先するということと一致しているように思われる。二〇一九年の反乱が高揚して以降、若者の動機を説明するために、イングルハートの理論が再び持ち出されている。（原注24）

しかし、イングルハートの理論だけでは、香港の状況全体を説明するには不十分である。二〇一一年、香港の学者、馬嶽（Ma Ngok）は、香港が一九八〇年代からすでに脱工業化社会へと変貌を遂げていたにもかかわらず、「一九九〇年代には『脱物質主義的』とされた回答者の割合は取るに足らないほど少ない割合でしかなく・・・回答者のわずか〇・三％が『脱物質主義的』である（とされた）だけであること、大多数が『混合型』である」ことを明らかにした。(原注25)

一九八〇年代に香港が脱工業化社会になっていたとしたら、なぜ学生や若い労働者は、二〇一四年に普通選挙権を求めて一斉に登場するまで、さらに三〇年間も社会的には保守的で、政治的には不活発な状態にあったのだろうか？

一九六〇年代・七〇年代の世界的な若者の急進化が香港にほとんど影響を与えなかった理由の一つは、当時のわれわれには欧米に見られたような基本的諸条件が欠如していたということである。そのような状況の一つは、第三次技術革命を経験しつつあった資本主義システムの中で、新たな技能の必要性を満たすために、欧米の高等教育が急速に発展したことだった。(原注26)労働者家庭の子どもたちの多くが高等教育を受けることができるようになった。しかし、高等教育は、十分な資金が投入されずに、過密な教室や権威主義的な運営のもとにあっただけでなく、何よりもまず資本主義に奉仕するために設計されていた。したがって、学生の将来の仕事が疎外された労働のままだっただけでなく、当時の学生が受けた教育もまた疎外された教育だったのである。疎外された教育は、学生たちを「ねじ」としての役割―たとえ「ねじ2・0」に格上げされたとしても―に適合させるために、彼らを抑圧し続けたのである。(原注27)フランスや他の国での学生反乱は、第三世界では巨大な反植民地運動が起きていて、ヨーロッパでは左翼が優勢だったという世界的状況の中で起こった。したがって、若者の反乱は最初から左翼的なものだった。

対照的に、植民地支配下の香港の高等教育は、いつも非常に限定的でエリート主義的だった。一九八〇年代末では、高等教育の入学率はわずか八%だった。大衆的な学生反乱が起こらなかったのはおそらく偶然ではない。というのは、当時の大学卒業者は、〔香港が〕非常に保守的な自由港であることを背景にして、比較的優遇されていたからである。植民地支配が終わる頃になって初めて、政府は入学率を上げるために大学への投資を徐々に増やし始めた。そのため、香港政府のもとで（知識経済の需要に応えて）入学率が上昇し続け、二〇一五年には入学率が三〇・八%と大幅な上昇を遂げた。(原注28) いつものことだが、政府は質より量を重視しているので、学士課程に資金を投入する代わりに、多くの準学士課程に資金を投じている。これは教育専門家と学生の両方から批判を受けてきた。

高等教育の拡大により、われわれは一つの側面で欧米に近づいた。つまり、これまでは高校卒業後に働かなければならなかった何十万人もの若者が、一緒に四年間勉強を続けることができるようになった。そして今度は十代の若者としてではなく大人として見られるようになり、考える自由・行動する自由を初めて持つようになった。このことが、抗議活動への参加を選択した人々の行動を大いに促したのである。少なくとも、教育予算不足、十分な寮のないキャンパス、就職の展望が見えないことなど、多くの不満を抱える学生が存在していた。その一方で、社会全体では、二〇〇〇年代初頭にはすでに大衆のメンタリティや期待するものが変化していた。というのは、香港民衆はいまや、北京による攻撃だけでなく、香港政府による攻撃という新たな課題に直面していたからだった。つまり、一九九七年から翌年にかけてのアジア経済危機以降、香港政府が民営化を受け入れたことで、政府が〔実業界の〕大物たちと結託していると次第にみなされるようになったのである。従順だった民衆の性格が変化したことを受けて、この二つの戦線で民衆は反撃に転じた。前述の馬嶽の論文によれば、二〇〇一年の調査では、調査に応じた人のうち、自分には政治に参加する能力があると思っている人は五％に満たなかったが、二〇〇七年には一〇・四％にまで上昇した。こうした社会全体の変化すべてが多感な若者たちに影響を与え、若者たちは行動を起こし始めた。

香港の若者世代は、いよいよ「脱物質主義」の時代に向かって歩んでいるように思える。二〇一四年雨傘運動の間に、忘れられない瞬間があった。旺角で街頭フォーラムが開かれ、何人かの中年男女が、土地の独占と不動産価格の高騰によって若者の自立した生活の夢がいかにつぶされたかを話していた。突然、ファッショナブルな装いをした若い女性が立ち上がり、「私たちの運動は物質的な利益のためではなく、私たち香港人の核心的な価値観のためにある！」と言ったのである。

しかし、若者たちは決して均質な集団ではない。若者に共通している点は将来が不確実なことである。それゆえに、若者の階級的立場は親以上に不確実なものとなっている。そのことが、少なくとも当分の間、彼らの階級的ライフスタイルを決定することになるだろう。香港の学者がこの階級的側面をどのように見落としていたかについては、第四章で詳述する。ここでは、破綻した高等教育制度や深刻な若者の貧困にもかかわらず、その結果として起きた若者の反乱は、社会的・経済的な問題をめぐって起こったのではないこと、そして教育についての約束が破られたことをめぐって起こったのでさえないことを指摘するだけで十分である。むしろ、若者の反乱が起こったのは、予想されていたように、香港の自治権と普通選挙権というもう一つの約束が破られたことをめぐってだったのである。

アイデンティティ危機

若者世代は二重に不運である。前世代のような安定と繁栄を享受していないし、この世代が育ってきた時代は、北京からの攻撃に次ぐ攻撃の時代でもあったからである。この結果、彼らは今では、中国よりもはるかに香港と一体感を感じるようになっている。「香港人」ということばを「非中国人」と解釈するとすれば、それは若者世代が中国に肯定的なものを見つけられずにいるために、この世代の中に定着しているだけである（しかし、年齢を問わず多くの人々が香港人であると考えている一方で、中国人としてのアイデンティティを排除しているわけではないことも付け加えておかなければならない）。香港民意研究所の報告によれば、一九九七年以降、香港人というアイデンティティは徐々に高まっていて、二〇一九年一二月には過去最高に達したとのことである。いまや住民の五五・四％が自分を香港人であると考えているのに対し、「中国人」というアイデンティティは一〇・九％とほぼ過去最低を記録している。(原注29) しかしながら、同じ調査によれば、回答者の三二・三％が自らを中国人であると同時に香港人でもあるという「混合型アイデンティティ」と考えていることにも留意しなければならない。

さらに年齢別に統計の内容を分析すると、香港人だと考える若者（一八〜二九歳）は、二〇〇八年六月の二一・九％というもっとも低かった数値から上昇し、二〇一九年一二月には八一・八％にまで達した。その一方で、三〇歳以上の人々については、同期間にその数字は一六・六％から上昇して、四九・二％に達している。(原注30) 中国専門家であるアンドリュー・ネイサンは、「香港大学の研究者が定期的におこなっている香港住民の追跡調査では、一九九七年に、回答者の四七％が自分たちを中国の『誇り高い』市民であると認識していた」と述べた。しかし、二〇一九年六月には「中国の市民であることを『誇りに思う』と答えたのは、回答者の二七％にすぎなかった」。(原注31) 香港本土主義が台頭する前にすでに、「來生不做中國人」＝「来世ではもう中国人に生まれたくない」というスローガンが流行していたのも不思議ではない。そのことは、多くの人々の中国に関する感情を表現していた。そのスローガンは、鍾祖康（Joe Chung）の本のタイトルからとったものだったが、彼は香港独立を主張していた。

また、この香港人というアイデンティティによって、若者の間には香港のために献身しようという感情が生み出されている。それは上の世代にはいつも欠けていたものである。上の世代には、そのような献身的な気持ちはなかった。彼らは物事がうまくいかなければ、（そして、お金を持っている場合には）欧米に移住する、あるいは（お金がない場合には）単に彼らの私生活に引きこもる、のどちらかであった。まさに香港人であることへの新世代の怒りと誇りこそが、警察と闘うために必要な動機とエネルギーを新世代に与え、それゆえに「反送中」運動を香港の自治権を守るという大きな闘いにまで高めたのである。

一九九七年世代は高い道徳的基準を有しているが、おそらくそのためだろうか、不安や精神疾患に悩まされることも多い。二〇一七年、香港食品衛生局は住民のメンタルヘルスに関する報告書を発表した。その報告書によれば、香港青年の一六・四％がさまざまな精神疾患を患っているとのことである。香港は高度に発展した都市であり、利用しやすい医療を備え、ヨーロッパと比べて若者の失業率が低いにもかかわらず、この数字は世界平均の一三・四％よりも高いものである。(原注32)

一九九七年世代は怒れる世代である。なぜなら、彼らは嘘をつかれ、約束されたことが守られず、疑問を投げかけると催涙ガスを浴びせられたからである。一九九七年世代は絶望的な世代である。なぜなら、彼らは破局に次ぐ破局を目の当たりにしたからである。しかし、彼らによる行動の呼びかけは、かなり後になるまで親からほとんど無視された。一九九七年世代は理想主義を捨てようとしない世代でもある。それは正規・非正規の教育を受けたことや最近まで言論の自由を比較的支持してきた社会のおかげである。一九九七年世代は死の匂いがする世代でもある。二〇一九年六月一五日、二〇一九年の反乱のごく早い時期に、梁凌杰（Marco Leung）は「反送中」と書かれたバナーをビルの上から掲げた、飛び降り自殺した。黄色いレインコートを着た彼の姿は若者たちの偶像となり、「闘いか、それとも死か」というメッセージの化身となった。そのとき以来、抗議活動と関連している可能性のある自殺事件が相次いだ。(18) それと関連して、警察が抗議者を殺害したという疑いのある事件も起きた。

もう一つ興味深いことがある。それは警察との衝突を含む抗議活動に十代の高校生が多数参加したことである。しかし、高校生はマスコミでは大学生よりも目立ちにくい存在だった。というのは、高校生は「生徒」であり、それゆえに親や学校に対して説明責任があるためだった。したがって、高校生が行動に参加するときには、見られたり聞かれたりすることにより慎重だった。ある学者は、高校生へのインタビューをおこなった後、高校生に対する印象を次のように述べている。

高校生が街頭に出たのには、もっと単純で直接的な理由があった。参加者の中でももっとも若い人々は、自分たちのモラルを頑なに守り続けていた・・・。高校生は、現実（警察の不正行為に対する政府の寛容さ）がこうした道徳的価値観と矛盾しているのを見ると、「あなた方（政府と警察）はこの価値観を侵害してはいないのか？」（原注33）、という疑問を抱いたのだった。

高校生の抗議行動参加者であるダグラスが自分の話をしてくれた。

なぜ私は抗議行動に参加したのか？　それは香港の未来のために闘わなければならないからだった。香港の未来は私の未来でもある。もし私が香港を守らなければ、みんなが（北京によって）沈黙させられたときに立ち上がるのでは、手遅れになってしまうだろう。私が〔抗議行動に〕参加したことは私の勉強に影響しただろうか？　おそらく影響しただろうが、問題は社会環境がますます抑圧的になれば、たとえ勉強がうまくいったとしても、結局は（何も得られないで）終わってしまうことなのだ。文化大革命の間に（本土の）知識人がいかに弾圧されたかを見てくれ。人は安定した社会の中にいてこそ、自分の知識を自らの才能を最大限に生かすために使うことができる。私は、誰も質問する勇気がなく、質問するのは私だけで、最後には私が処罰されるというシナリオを恐れている。（原注34）

結局、弾圧の矢面に立ったのが学生だったことは驚くべきことではない。二〇一九年六月初旬から二〇二〇年一月一九日までの間に、警察は七一四三人の抗議行動参加者を逮捕し、そのうち一一〇六人を起訴した。逮捕された人のうち、四〇・六％にあたる二九〇二人が学生だった。逮捕された学生のうち、一三七二人が高校生だった。逮捕された学生の多くは九月の学期再開後に逮捕された。そのことは、運動への大衆の参加が後退し始めた時期に、一斉に立ち上がって一二月まで運動を継続させたのが学生だったことをあらためて映し出したのである。

勇武派

「勇武派」も主に若者から生まれたが、中には三〇代半ばの「勇武派」もいた。勇武派は、（たいていは友人や同級生などから始まった）数十人の活動家からなる多くのばらばらなグループで構成されており、行動を調整するためにソーシャルメディアに大きく依存していた。

勇武派による連合の呼びかけ

二〇一四年以降、ヨーロッパの「ブラックブロック[19]」（大規模デモの際にヒット・エンド・ランの直接行動を行う集団）の戦術を借りて香港に適用しようという議論がネット上でおこなわれてきた。六月初旬に「反送中」運動が始まると、参加者はたいてい若者だったが、路上バリケードの構築や標的となる建物（警察署など）の包囲といった行動の間は顔を隠すようになった。暴力の連鎖が続く中で、勇武派の服装もまた、催涙ガスと闘うためのフルフェイスマスク着用から体がまったく露出しない「フルギア（完全装備）」（たいていは黒服）着用にまで進化した。お金のある人々は、自分の身を守るための防刃ベストなど、高価な装備を買うこともあった。

その一方では、それまで非暴力を信じていた人々が勇武派に変わるという進化も起きていた。「B・K・」の経験を考えてみよう。

私は非暴力を信じていたしかし、一〇万人のデモ、次には一〇〇万人のデモがおこなわれ、さらには二〇〇万人が街頭に出たのに、林鄭月娥は私たちを無視し続けるだけだった・・・だから、私たちは立法会ビルに侵入したのだ！・・・七月二一日、警察は組織犯罪と結託した・・・連中は警察が何もしない間に民衆を攻撃した。それゆえ、私たち非暴力を信じる者は、一歩一歩（行動を）エスカレートしていった。警察はすべての信用を失っていたので、非暴力を信じていた者は、ゆっくりとではあるが、勇武派の怒りを理解していったのだ。（原注35）

「以武制暴（武力によって暴力を止める）」という勇武派のスローガンから判断すると、二〇一四年の右翼本土派と二〇一九年の勇武派の間には、強い連続性があったように思われる。これは部分的には真実であり、以下でこのことをより詳しく論じる。しかしここでは、二〇一九年の運動が始まった当初から、勇武派─二〇一四年の右翼本土派よりも人数はずっと多かった─は、たいていは政治に新たに関わってきた人々であり、右翼本土派政党のメンバーではない可能性が高かったと言うだけで十分である。もっと重要なことは、勇武派は二〇一四年の右翼本土派とはまさに根本的な点で異なっていたということである。すなわち、右翼本土派は「雨傘運動」の期間中、学生や泛民陣営に対してしょっちゅう口頭での攻撃や物理的攻撃をおこない、ステージを何度も解体しようとしたが、「勇武派」は最初から「和勇一家（非暴力民主主義者と勇武派は一つの家族である）」という名のもとに、非暴力の抗議行動参加者との連合を追求しようという合意に達していたのである。「勇武派」のオンラインコミュニティは、雨傘運動の失敗の原因について、「香港本土派」（つまり、勇武派の前身の一部）と「非暴力提唱者」が共通の敵と闘うために手を取り合うのではなく、それぞれの間で分裂してしまったからだと指摘していた。この二〇一九年の運動が成功するためには、このような反対派間のセクト的な争いを避け、団結して北京に立ち向かわなければならないと論じたのである。この合意は、その結論においては正しかったが、事実の問題としては間違っていた。泛民が実際に反撃することはなかったため、右翼本土派と泛民の間にはセクト的な争いは一度も起こらなかったからである。第二に、もし雨傘運動が目的を達成できなかったとしたら、それは「内部抗争」のせいではなく、根本的に言えば、香港は自分たちだけでは成功することができなかったし、できないからである。だからこそ、二〇一九年の反乱も失敗したのだ。しかし、こうした事実誤認にもかかわらず、勇武派が主張した「和勇一家（勇武派と非暴力提唱者の統一戦線）」はそれ自体政治的に正しく、時宜を得たものであり、巨大な大衆と青年前衛を団結させることによって運動に絶大な貢献をしたのである。したがって、勇武派が右翼本土派からいくつかのスローガンやことばを引き継いだときでさえ、勇武派の行動は右翼本土派とは異なるものだった。この意味では、たとえ意識してではないとしても、勇武派は破壊的な右翼本土派としてではなく、建設的な民主主義者として行動していたのだ。まさに大衆自らが、いかなる政党や政治専門家からも指導を受けずに、自分の手で問題に対処してから運動に関して懸命に考え、すばやく学んでいったのである。一般大衆は多くの間違いを犯したが、強大な敵に直面して、「さあ、統一戦線だ！」という正しい結論を導き出したことで称賛されなければならない。（原注36）

勇武派の武装部隊

大まかに言えば、勇武派は、警察の暴力に抵抗するために実力行使をおこなう「前線」と呼ばれる人々と、武器の材料を提供したり、路上バリケードを作ったり、応急処置をしたりなどの支援の役割を果たす人々にさらに分けることができる。

勇武派はそれぞれの役割に面白い名前をつけた。ときには軍の階級や軍事用語を選んだり、漫画やビデオゲームのキャラクターを取り入れたりした。最前線にいた「ブラックブロック」の行動参加者には、以下のようなものが含まれていた。

＊盾兵（盾を持つ兵隊）―見つけた材料を何でも使って、自らバリケードを守るための盾を作る人々
＊火魔法師（火の手品師）―火炎瓶を投げる人々
＊水魔法師（水の手品師）―催涙ガス弾に水をかける人々
＊結界師（路上バリケードを作る人）
＊誅狗者（犬殺し）―警察と対峙する人々
＊装修師傅（修理技師）―「青色陣営」に属する商店を破壊する人々

そして、支援提供者には以下のような名前がつけられていた。

＊哨兵（見張り番）―最前線にいる人々のために警察を監視する人々（ネット上の見張り番と現場の見張り番がいた）
＊急救兵（衛生兵）―応急処置をおこなう人々
＊文宣兵（デザイナー）―宣伝文句や絵のデザイナー

＊畫家（画家）―レノン・ウォールの壁画を描く人々
＊校巴司機（スクールバスの運転手）―警察から逃げているデモ参加者を乗せるために戦闘地域に駆けつけた車の所有者
＊家長（親）―お金のない人々（たいていは若者）が抗議行動に参加し続けるために、生活必需品（マスク・衣服から食券・交通カードにいたるまで）を自分の金で、あるいは仲間内でお金を集めて調達した人々
＊軍火商（武器商人）―火炎瓶を作ったり、運んだりする人々
＊清算師（清算人）―青色陣営の不正行為に対して行政部門に苦情を申し立てた人々。たとえば、イギリス生まれのルパート・ドーヴァー香港警察警視正は、デモ参加者への弾圧で有名だったが、政府の土地を不法に占拠していたと通報された。（原注37）通報者が誰だったかはわからないが、清算師の仕業だと思われる。
＊義務医生（ボランティア医師）―ほとんどが公立病院の医師。多くの勇武派メンバーは逮捕されるのを恐れて、ケガの治療のために公立病院に行く勇気がなかったため、ボランティア医師に助けを求めた。医師の中には、自分たちが「地下診療所」を運営していると冗談を言う人もいたことだろう。

このように言うと、まるで勇武派と彼らへの支援が非常によく組織化されていたかのように聞こえる。しかし、勇武派は自発性を擁護し、命令や階級をともなう組織を拒否していたのではな

いだろうか？　その中間にあるものが真実だった。将来起こりうる行動やその準備についての議論や決定は、常にオンラインで下からおこなわれていたが、決定に拘束力はなく、規律を課すことは不可能だった。抗議行動の現場では、さまざまな勇武派グループが集まり、多くの傘を開いて、その下で行動のやり方や場所について議論することもあった。合意に達することもあったようだが、合意に至らなかった場合は仲間割れして、それぞれ自らの行動を実行した可能性がある。行動におけるさまざまな役割については、すべて自然発生的なものであり、それぞれが自分の役割を選んだため、ときには混乱することもあった。つまり、大勢の救急隊員がいるのに手当てする負傷者がほとんどいない、衛生器具もほとんどないというような状況である。しかし、全体としては、勇武派とその支援者が二〇一九年の反乱の前衛を構成し、反乱に最大のエネルギーを提供していた。

救急隊員は、おそらく支援を提供した人々の中で最大の構成要素だった。服につけていた十字のために、警察にとって格好の標的だった。警察は勇武派と同じくらい救急隊員を憎み、機会があればいつでも襲った。勇武派や他の行動参加者は、救急隊員の無私の奉仕に感謝していた。ある人は、警察の放水銃から発射される青く染まった水を浴びせかけられたあと、フェイスブックにこうした救急隊員について次のように書いた。

彼らは「見て、アヴァターよ！」と言ってからかい始めたが、すぐに青く染まった水を（皮膚から）取り除く方法を考え始めた。「この七五％除菌剤を使ってみて！」「いや、このソーダ水よ！」「いや、水に溶かしたこの石鹸だ！」とか。六、七人の人がいろいろなものを肌にこすりつけた。彼らは本当に一生懸命で、それを本当に楽しんでいる様子がうかがえた。「これは効く！　次はこの銘柄のものを買おう！　うん、それは効くぞ！」彼らが質問するのを思い出したのは、何十分も実験をしたあとだった。「これを肌にこすりつけると痛いの？」私は微笑み返した。この救急隊員たちは、本当に騒がしくて、いたずらっぽかった。最前線では、この人たちも勇武派になって、催涙ガス弾を拾って、まるでオレンジのように、警察に投げ返すこともあった。(原注38)

「デザイナー」についても語る価値がある。芸術家であり、あらゆる種類のポスター、画像、チラシを描いた。「デザイナー」は、テレグラム上の多数の小さなプロパガンダ・グループに所属しており、五〇〇人から六〇〇人のデザイナー、編集者、レポーター、マーケティングやＩＴの専門家、法律専門家などがそこにつながっていた。関係者はすべて偽名を使って、コミュニケーションを取り、議論し、合意に達していた。打ち合わせのために会う必要もなかった。デザインはテレグラムの公開グループに送られ、ダウンロードや印刷されていた。(原注39)　通信革命が、こうしたことすべてを可能にしたのだ。

戦闘中の勇武派

同じように向き合わなければならない厳しい事実が一つある。勇武派部隊と警察部隊とではあまりにも力が違いすぎたために、勇武派のメンバーは〔警察との〕対峙中のほとんどの時間で防御する側にまわり、多くの負傷者を出した。火炎瓶を投げても、遠くから発射されたゴム弾や催涙ガス弾には敵わなかった。權哥（Kyun Go）は労働者で、労働組合員でもあるが、勇武派の一員としてではなく支援者として活動していた。彼は物理的に警察と闘う戦術には反対だったが、助けを必要とする十代の若者の救援をしていた。彼は二回逮捕された。彼は次のように述べた。

勇武派の問題点は自衛訓練を受けていなかったことである。状況が抗議行動に参加した人々に有利であったときでさえ、勇武派は「速龍」（スピード・ドラゴン／特別機動隊）によってひどく殴られた。実際の光景は、勇武派を理想化して描かれたものとはまったく違っている。特別機動隊はフル装備で武装していたが、腰から下がはっきりと見えないという弱点があった。しかし、勇武派は常に上半身を狙っていた。そこはまさに機動隊の強さが発揮される部分だったのだ。それゆえ勇武派は多くの打撃を被った。そういうわけで、フル装備をしているのに、実際にはほとんど、あるいはまったく戦闘に加わらない勇武派を大勢目にしたのだった。たった一度だけ、勇武派が一時的に特別機動隊を追い払うことができたのを目撃したことがある。それは八月二四日におこなわれた観塘（Kwong Tong）区での抗議行動のときだった。ＭＴＲが、北京からの圧力を受けて、行動参加者を妨害するために駅を閉鎖した。したがって、警察の暴行に直面してもどこにも逃げ場がなかった。そのため、多くの参加者は全力で反撃し、数の上で警察を上回っていたために、一時的に警察を追い払って逃走することができたのだ。これ以外では、勇武派が警察と闘えているのを見たことはなく、むしろひどく殴られるのがほとんどだった。(原注40)

運動の前半期では、デモ隊はまだ、数時間持ちこたえることができるバリケードを作ることができた。そして、火炎瓶を投げて、機動隊員がすぐに攻撃できないようにできた。デモ隊は素早く学習していたが、警察もまたすぐに学習した。運動の後半期になると、警察は戦術を変更して、群衆が集まるのを阻止するために非常に早い段階で介入し、合法的なデモを即座に禁止することも辞さなかった。そのあと、警察は四方八方から現れて勇武派を包囲し、勇武派にちゃんとしたバリケードを作る時間をほとんど与えなかった。ブラックブロックの戦術は、その有効性を使い果たし始めた。一一月に二つの大学でおこなわれた二つの闘いだけが、きちんとしたバリケードを備えていた。それは「陣地戦」にとって必要不可欠だったためである。「屠龍隊（ドラゴン・スレイヤーズ）」と自称し、二〇人のメンバーがいると主張する勇武派の小グループがあった。そのうちの一人、ジョージは一一月中旬に次のように言わざるを得なかった。

社会の主流は革命の準備ができていない・・・警察を転覆させることさえできないし、言うまでもなく政府を転覆させることもできない。われわれのような人々は、警察から見れば、そして言うまでもなく中国共産党から見ても、砂遊びをしている子どもみたいなものだった。もっとも理想的な状況—実際には理想的どころではないのだが—の中で、私たちが達成できることは、焦土戦術に到達することであり、これがわれわれにできる唯一のことだ。われわれはすでに行き詰まり状態にあるのだから。(原注41)

その後、ドラゴン・スレイヤーズのメンバーのほとんどが逮捕され、グループは解散したと報じられた。

勇武派はブラックブロックなのか?

勇武派はブラックブロックから多くのことを学んだ。しかし、最終的に持続期間という点で勇武派はブラックブロックを上回った。「ブラックブロック」の行動のほとんどは、重要な国際会議があるときに数日間しか続かない。対照的に、香港の勇武派は七ヶ月間も闘った。他方で、外見や秘密主義という表面的な類似点以外では、政治的な面でどれくらい類似しているのだろうか? ヨーロッパのブラックブロックは、左翼、あるいは極左とさえ考えられているのに対し、この点は勇武派にとってはより複雑なものだった。ブラックブロックは社会運動の中での長い歴史がある。対照的に「香港ブラックブロック」は二〇一九年に立ち上がったばかりで、いままでの活動歴もなかった。こうした若い活動家は、いまだに政治的に非常に流動化する可能性がある。

コメンテーターの中には、勇武派を右翼に近い、あるいは極右とさえ見なす者もいる。問題は、その秘密主義的な性格によって、勇武派が集団で表面に出てきて、政治的な声明を読み上げたりすることはないだろうということだ。「オンライン勇武派」は可視的な存在だったが、その中には極右政治の通常の特徴である暴力崇拝、寛容さの欠如、外国人嫌悪、女性嫌悪、権威主義、民主主義への不信感などを示す者もいた。しかし、このオンライン勇武派は、必ずしも街頭で闘った本物の勇武派だとは限らない。

もう一方では、勇武派を「ニヒリスト」であると繰り返し述べて、彼らの「焦土」戦術を支持する議論もあった。(原注42)絶望感を抱いているという点ではニヒリストと似通っているかもしれないが、勇武派を何々「主義」者だとみなすことは現実と合致するものではない。勇武派とその支持者は、主に二〇代から三〇代で、近年になって初めて政治に関心を持つようになった。そして、固まった政治的方向性を何も持っていなかったのである。ほとんど直感で行動していたのだ。ヨーロッパの概念を香港の事例に無批判的に適用すれば、香港特有の状況を見過ごすリスクがあり、誤った結論を出すことになるだろう。

勇武派の秘密主義は警察を混乱させた。しかし、秘密主義をとるのには、潜入捜査をいかにして回避するのかという問題もあった。勇武派がスパイ容疑者に対処できなければ、メンバーはすぐに逮捕されてしまうだろうし、勇武派がスパイ容疑者を摘発したりすれば、疑惑と内部分裂の種をまいてしまい、自殺行為と同じになるだろう。一二月末になると、かなりの数の勇武派グループが自ら解散した。自分たちの隊列に潜入捜査官がいるという非難に耐えられなくなったためである。

そうした解散によるマイナスを補うために、一部の勇武派は、爆弾を作って仕掛けたり、海外から銃を購入したりして、都市ゲリラ戦に転じた。このために多くの者が逮捕された。原則として、この種の都市ゲリラ戦には大衆動員の衰退を補う意図があるのだが、多くの場合、この動員の終焉、あるいは少なくともその第一幕の終焉を象徴するものだった。

知っておく価値のあるもう一つの重要なグループがある。それはジャーナリストである。抗議行動には参加していなかったが、真実を明らかにしようと努力することによって、警察の残虐性に直面したときにジャーナリストは次第に大きな危険を冒すようになっていた。ほとんどのジャーナリストは、自分たちが勇気を持っていることを示した。

「本土派」政党を持たない「香港本土主義」？

二〇一九年の初めには、政府の度重なる攻撃のあと、立法会での右翼本土派の議席は三議席から一議席にまで減っていた。右翼本土派はすでに組織的には非常に弱体―香港ではよくある現象―だったのだが、いまやさらに弱体化していた。旧世代の右翼本土派やヘイト・トリオ、そして「本土民主前線」[20]や「青年新政」のような若い世代の右翼本土派も、いずれも運動の中で指導的役割を果たすことができなかった。右翼本土派が何らかの影響力を持っていたとしても、それは主として政党を通じたものではなく、彼らのオンライン上の中心的なオピニオンリーダーを通じてだった。右翼本土派はまた、自分たちの考え方を宣伝するために、レディット[21]（Reddit）に匹敵する人気サイトの連登[22]（ＬＩＨＫＧ）を利用した。しかし、それらは必ずしも評判がよかったわけではない。南アジア人を攻撃しようという彼らの呼びかけはみじめな失敗に終わった（後述）。もし「香港本土主義」が台頭してきたとすれば、それは右翼本土派政党の強さのためというよりは、香港の根本的な特徴の一つである一般的な保守主義のためだった。

香港科技大学のバリー・ソートマン教授と香港理工大学の嚴海蓉（Yan Hairong）教授は、二〇一五年に共同論文『香港における本土派と「貪欲な人々」：黄色陣営の危機／共産主義の脅威という言説を生み出すもの』を執筆し、こうした外国人排斥的な香港本土主義者についての包括的なイメージを提供している。著者は香港本土派を完全に香港で生まれたものと描き出す。つまり、香港本土派のルーツは香港の激しい格差にあるというわけである。そして、「貧困と格差がそれ自体で右翼本土派を生み出したのではないとすれば、若者にとって先々の見通しが立たないことがまだ役割を果たしているのかもしれない」と付け加えた。その上で、泛民と香港專上學生聯會はともに右翼本土派の世界観を共有していると論じる。（原注43）ソートマンと嚴海蓉は、右翼本土派の影響力が増大する上で、北京の反動的政策が果たした役割については一切言及していない。二人に代わって、私は北京がこの右翼香港本土主義の展開を助けた主要な要因であると主張する。香港人自身の中ではさまざまな解釈がなされているとしても、自らのオーウェル的社会[23]を香港に押し付けようとする北京の政策が、多くの香港の人々、特に若者を「香港本土派」へと駆り立てたのだ。

その一方で、香港内部の要因を完全に排除すべきではない。いわゆる自由市場という植民地時代の遺産と成功した自由港としての香港の現在の地位とが結びついたことで、結果として、香港には保守主義が深く根を張ってきた。香港はこれまで、「公平な分配」という左翼的考え方に理解を示したことはなかったが、自由市場資本主義という右翼的イデオロギーに対しては適度に寛容だった。そして二〇年前に市民が政治に関心を持ち始めたとき、それは内部の階級敵に立ち向かうのではなく、むしろ北京という「外部の」敵に立ち向かった。ソートマンと嚴海蓉が右翼香港本土主義の台頭を香港内部の要因のせいにしたのに対し、右翼本土派は香港でうまくいかないことはすべて北京のせいにしたのである。私は、「香港の内部的」要因と「外部的」要因という二分法は、そもそも間違ったものであると論じようと思う。不平等と自由市場という「香港の内部的」要因は、基本法に規定された「一国二制度」の原則の下で制度化されたものであり、その基本法は北京によって作られたものであることを忘れてはならない。香港の資本主義から利益を得るためにそれを維持するという点で、一九八四年にイギリスとの妥協に達したのは他ならぬ北京なのである。

この広義の香港本土主義の中には、合理的願望がたくさん存在する。五大要求はいずれも進歩的である。しかし、それは社会保守主義と組み合わされた政治的急進主義である。この保守主義がそれなりの規模を持ついかなる極右政党にも統合されていなかったことも同様に事実なのである。

揺れ動く香港本土派？

右翼本土派の中には、政治的見解がまだ不明確な者がいた。劉頴匡（Ventus Lau Wing-hong）は特筆すべき香港本土派だった。彼は二〇一九年の反乱の前に、自分より年上や年下の世代の右翼本土派とは違った形で有名になった。彼は本土からの移民に友好的ではなかった。(原注44) 彼はかつて香港独立を提唱したことがあるが、以下の発言は「独立した香港」というビジョンがいかに保守的なものだったかを物語っている。

独立派潮流は、香港の人々に香港独立を支持し、われわれを信頼してくれるように説得するためには、香港独立の青写真を考え始めるべきである。どのような青写真がもっとも支持されるだろうか？　より多くの家を建てることか？　大陸からの移民を追い払うことか？　これらの答えはすべて間違っている。私の答えはこうだ。「香港独立一日目には、香港の人々の生活様式や習慣は何も変わらないだろう」(原注45)。

組織労働者であるわれわれの友人たちが「労働者に世界でもっとも長い時間働かせて」いるような資本主義に疑問を呈したとき（後述）、劉頴匡は新しい香港国家は国旗を変えるだけで、他のものは何もかも今のままであると信じていた。彼は極右の外国人排斥主義者から距離を置くために、「本土からの移民を追い出す」ことを明確に否定していた。しかし、この香港国家の「急進的」青写真には、今でも深い保守主義が見られる。

劉頴匡は二〇一八年の立法会補欠選挙に立候補した。この選挙の前に、彼は香港独立という考えを放棄したと発表した。それでも彼は依然として、政府から立候補資格を認められなかった。彼は二〇一九年の反乱の間に、いくつかの主として平和的な行進や集会を呼びかけた。その中にはかなり大規模なものもあった。七月七日のデモは、香港と中国本土を結ぶ高速鉄道のターミナルを標的にした。その高速鉄道は、九年前に反対運動を引き起こしたものだった。鉄道はその日、チケット販売を停止した。抗議行動活動家が本土からの旅行者に嫌がらせをしようとしていると考えたからである。しかし、劉頴匡は、今回のデモ行進の目的は、中国本土からの旅行者に「反送中」運動の真実を説明して説得することだと明言していた。彼の主張が正しいことを証明するために、彼はデモが「礼儀正しい」方法で実施されることを強調した。彼は二千人の参加者があると予想していたが、参加者は二三万人にのぼった。多くの人が自らのイニシアチブで、五大要求を説明するために（中国本土の人が使う）簡体字(24)のリーフレットを印刷していた。ある中国本土からの訪問者は、記者に「表現媒体としてのデモは好きではないが、何が起こっているのか知りたいので、配布されたビラをよく読むつもりだ」と答えた。(原注46) 私はデモの中にいたが、二〇一九年の反乱の間に私が参加したデモの中で、もっとも愉快なものの一つだったと言っていいだろう。人々は中国本土人らしき訪問者を目にすると、その人とつながろうとして、普通語で五大要求を叫んだものだった。これらは自然発生的な行為だった。デモの終盤になると、立法会議員の區諾軒（Au Nok-hin）も壇上で同じように普通語で五大要求を叫んだ。一〇年前から、右翼本土派は本土中国人に対する侮辱的なことばを吐き続けてきたし、「中国人は利己的で、民主主義の価値を理解できない」「中国人は単なる貪欲な人間だ」と言い続けてきた。しかし、このデモは大きな支持を得て、中国本土の人々に友好的な方法でアプローチした。彼らと話す価値があると信じていたからである。そして、そのイベントを始めたのは、保守的な香港本土派だったのである。

まとめると、広義の「本土主義」ということばには多くの矛盾が含まれていて、その矛盾が将来的にさまざまな面で爆発する可能性がある。その中には、筋金入りの右翼本土派、ソフトな香港本土派、あるいは「黄色経済圏」の成長によって香港の都市国家が自給自足できるようになることを夢見ているユートピア的な香港本土派などが含まれているからである。その将来の発展は、中道左派と左派がどのように行動するかにかかっており、さらに地域的、世界的な変化にも左右されることは間違いない。

泛民とその支持層

六月一二日、若者のデモ隊が立法会ビルを包囲し、それに続いて警察との衝突があったとき、政府とほとんどの泛民は、世論が急進的な若者への批判に転ずるだろうと予想していた。しかし、それは間違いだったことが証明された。政府の弾圧に対抗した暴力に関して、長年の泛民支持者の一部に根本的な態度の変化があったことに気づくまで、両者はこの種のシナリオを何度も繰り返した。何が起こったのか？

中国的特徴をもつ非暴力

このことは、「和理非」（「平和的・理性的・非暴力的」の略）ということばとその起源に立ち返ることになる。平和的・理性的・非暴力的であることは、過去三〇年間、泛民を特徴づけてきた。泛民は一九八九年の民主化運動における北京の学生指導者からこのスローガン（普通語で「和平・理性・非暴力」）をコピーしてきた。[25] このようにして、この「和理非」という教義が、香港のリベラル派の脳裏に植え付けられたのである。泛民はそのときまで、中国民主化運動との大規模な連帯キャンペーンを主導してきた。この教義にともなう問題点は、非暴力の主張にあるのではなく、暴力は必然的に非合理的であり、真実から外れているという考え方にある。正当防衛のための暴力は確かに合理的であり、悲惨な状況のもとでそれでも生きたいと考えるならば、それが唯一の選択肢になる。しかし、泛民政党の指導者たちは、彼らなりの独断的な非暴力を説き続け、非暴力を冒瀆しているとして若者たちを攻撃することまでしたのである。オキュパイ・トリオが二〇一四年に行動を呼びかけたとき、占拠行動は非暴力でおこなわれることを明確にしただけでなく、参加者に自分自身を縛るように言った。それは、逮捕されたときにたとえ無意識であっても抵抗できないようにするためだった。今ではわかっているように、二〇一四年九月二八日の群衆は自らを縛らなかっただけでなく、非暴力のままで自然発生的に通りを占拠し、素手と傘で警察と対峙した。それ以来、泛民政党は下からの運動とのつながりを失っていた。

＜表2-5＞急進的行動をとる必要があると回答した人の割合（%）、2014～2017年

年齢	2014/11	2016/3	2017/7
18-30歳	29.1	25.9	26.2
31-50歳	9.9	13.8	12.9

新たな段階の到来

これは、リベラル政党が一部の支持層からの支持を失い始めた瞬間でもあった。香港アジア太平洋研究所は、同じテーマでの三回の調査（二〇一四年、二〇一六年、二〇一七年）を以下のように比較した。（原注47）

二〇一九年以前に三〇歳以上の人々の間で急進主義が台頭してきたことは明らかだった。二〇一九年にはこの傾向は激しくなった。同じ研究所が二〇一九年の反乱の只中に調査を実施したところ、以下のような結果が得られた（原注48）（次頁〈表2-6〉）。

この調査では、非暴力行動を支持する人が過去二年間で一四・六%減少したのに対し、非暴力に支持・不支持半々の人は同じくらいの割合で増加した。

政治的世論は、一九八九年に極端な平和主義者の立場に動いたあと、今度は反対側に動き始めた。六月一二日の衝突の後、中年のサッカー解説者で、以前は「和理非」の信奉者だった人物〔施建章〕は次のように告白し、それは広く読まれたが、この世代の精神をとら

<表2-6>要求実現の運動に参加する際に「平和的、合理的、非暴力的」を支持する回答者の割合（%）、2017〜2019年

	2017/7	2019/8
支持する	73.4	58.8
支持・不支持半々	17.1	31.1
支持しない	5.8	8.2
わからない／答えにくい	3.7	1.8

えたものだった。

難民世代の子孫として・・・私たちはただ、できるだけトラブルを避けるべきだと考えていた。行列に割り込む人々や組織犯罪による恐喝などに対して、われわれはすべて「できるだけトラブルを避ける」と答えた・・・ポスト一九七〇年代世代の一部として、私はポスト一九八〇年代世代、一九九〇年代世代、および二〇〇〇年代世代の人々に深く謝罪する・・・今日、私たちはあなた方と一緒に行進しよう。たとえ負けても、あなた方と同じようにあきらめないだろう。(原注49)

なぜ変化が起きたのか？　泛民派の著名な学者、蔡子強(Ivan Choy)のことばを引用してみよう。

私が学生たちと自由主義について議論し、過度に急進的な行動に疑問を呈したとき、何人かの学生は「勇武派がいなかったら、あるいは六月一二日の行動がなかった

ら、政府は私たちの言うことを聞いてくれたでしょうか?」と質問した。(原注50)

蔡子強は、学生の立場には賛成できないまでも、学生からのこの指摘を事実にもとづくものとして暗黙のうちに認めていた。長年の泛民支持者の多くは、急進的な若者に大きな借りがあると感じていた。大きなデモがあったときはいつものことだが、勇武派のグループが突然現れて群衆の中を行進するときに、群衆が繰り返し拍手を送るのも不思議なことではなかったのである。

北京や林鄭月娥でさえもおそらく「勇武派への大衆的共感がエスカレートして、より多くの人々が警察との闘いに参加して、革命的な状況が生まれるかもしれない」と心配していたのだろう。北京が逃亡犯中国送還条例案を撤回するという譲歩をした背後には、おそらくこの恐怖心があったのだろう。しかし、革命の瞬間は訪れなかった。二〇一九年末までの間、「時代革命」というスローガンが街のあちこちで響き渡っていたにもかかわらず、黄色陣営の大多数はそうした手ごわい任務の準備がまだできていなかったのだ。

泛民の強さと弱さ

林鄭月娥は二月に逃亡犯中国送還条例案を提出した。その後すぐに泛民の議員たちが法案に反対するようになった。賞賛に値することだが、そのときまでに、泛民議員は何が問題となっているかを十分に認識していた。まず三月三一日に行動を呼びかけ始め、その後四月二八日には一三万人が参加したデモがおこなわれた。しかし、泛民はあまりにも分断されており、社会的行動を指導するという点で信頼性を欠いていたため（第一章を参照）、主導権を握るために民間人権陣線（民陣）に頼らざるを得なかった。民間人権陣線は二〇〇二年に結成されたが、それは、主要な泛民政党が国家安全条例の可決に直面して、民衆を動員するために先頭に立つことを恐れていたときであった。このような歴史があったからこそ、主要な泛民政党は、加盟団体の多くに自分たちの意思をいつも押し付けることができたわけではなかった。そのことに加えて、加盟団体間には常に緊張が生じている。二月から五月下旬にかけて、泛民は主に民間人権陣線を通じて抗議行動を動員した。六月初旬以降、運動が巨大な抗議行動に発展すればするほど、政党としての泛民は脇に追いやられていった。泛民の指導的役割は、六月一二日の行動の後に終焉を迎えた。しかし、六月一二日の急進的な行動には賛成できなかったとしても、北京の望み通りにその行動を公然と非難することをしなかったのは賞賛に値することである。これによって、政府に対して行動を統一するための基礎が築かれた。運動が非常に強力になることができたのはこのためだった。その上、運動の単一の要求（条例案の撤回）は、五大要求へと進化した。それは下からの漸進的なプロセスであり、この中では泛民はまったく役割を果たさなかった。泛民は当初、思い切って林鄭月娥の辞任を求めただけだった。しかし、抗議行動に参加した何十万人もの人々の、とりわけ若者の自発的な貢献があったからこそ、運動は普通選挙権を求め始め、その結果、雨傘運動の遺産と再びつながることができたのである。泛民の人気がわずかに復活したのは、運動の絶頂期が過ぎ、区議会選挙が始まってからのことだった。

しかし、泛民の政治的・組織的な弱点は、政治家、公務員、学者、弁護士、会計士、実業家などの専門職中産階級との強い結びつきで補われていた。これに加えて、『立場新聞(26)（Stand News）』のような影響力のある民主派のオンラインメディアと並んで、『蘋果日報(27)（Apple Dairy）』からの支援があった。また、これらのメディアは、ほとんどがリベラルな、あるいは新自由主義的な言説に沿ったものであるにもかかわらず、北京に対するイデオロギー的な闘いにおいては黄色陣営を支援した。泛民はメディアや学界の内部で大きな力を持っていたため、「六一二人道救済基金」を設立し、香港で一億香港ドルを集め、逮捕・起訴された人々に法的・物質的な支援（医療からカウンセリングまで）を提供することができた。その半期報告書によると、二〇一九年の反乱の間に七九六四人の申請者があり、二七〇〇万香港ドルの支援をおこなったという。(原注51)泛民はまた、被告人が暴力行為や武器・火炎瓶所持で起訴された事例も支援していた。泛民の支援がなければ、抗議行動に参加した活動家たちはもっと困難なときを過ごしていただろう。

リベラル派の力のもう一つの源は、イギリス・アメリカ双方の支配層と強いつながりを持っていることである。これは植民地支配の遺産の一つである。一九八〇年代初頭から、植民地政府は部分選挙を導入することで、いわゆる政治改革に着手した。これによって、イギリス政府にとっての安全で平和的な権力移行を保証するという植民地プロジェクトに、リベラル層全体が引き寄せられたのである。第四章では、泛民政党がどのようにして北京が「香港に介入する外国勢力」と呼ぶものになったかを見ることになるだろう。

労働組合と労働運動

香港職工会聯盟の運動への対応

香港職工会聯盟（工盟）は、ブリティッシュ・エアウェイズ香港国際客室乗務員協会を率いていた頃から現場での組合組織化の経験を持つ呉敏兒（Carol Ng）新議長のもとで、二〇一四年よりも大きな役割を果たした。北京の傀儡である香港政府を標的にした、香港で初めて成功した八月五日の政治ストライキの組織化を助けたからである。工盟の旧幹部は、過去五年間で自信を大きく失っていた。雨傘運動の期間中に、工盟が完全に脇に追いやられたことに始まり、二〇一八年には工盟書記長・李卓人（Lee Cheuk-yan）の選挙運動での二回目の敗北（一回目は二〇一六年）が続いた。これは、工盟が長年にわたってリベラル政党に追随してきたツケが回ってきたものだった。李卓人が小政党の工党[28]（労働党）を結成した後でさえ、工盟はリベラル政党に付き従っていたのだ。他方では、工盟の若手幹部は、旧幹部の士気低下によって、そしてこちらの方がより重要だが、二〇一九年の反乱によって元気付けられて、反乱する大衆とのつながりをもっと強めるように主張し始めた。六月一六日、民間人権陣線が一七日のストライキ中止決定を発表した後、工盟では民間人権陣線に従うべきか否かについての内部論議がおこなわれた。民間人権陣線の決定に賛成する者はストライキ呼びかけの影響を心配したが、ストライキ準備の続行を望む者は運動を継続させることが最優先だと主張した。最終的に後者の提案が承認された。しかし、金鐘（アドミラルティ）地区で開かれた工盟の集会の参加者はわずか数百人と非常に少なかった。工盟がこうした先を見据えた立場をとったことは、少なくともストライキ行動やその後の組合組織化に対する支持の高まりと工盟が再び結びつくのに役立った。

その一方で、二つの工盟加盟労働組合―キャセイパシフィック航空客室乗務員労組と香港社會工作者總工會[29]―は、より積極的で、よりよく組織されているという長い伝統を持つがゆえに、他の多くの組合よりも運動への関与において目立つ存在だった。前者は一九九三年に経営陣を相手に一七日間のストライキを貫徹した。後者は雨傘運動に積極的に参加していた。

医師や看護師、その他の専門職を含む公共部門の医療専門職員は、特筆すべきもう一つの労働部門である。七ヶ月間の抗議活動の間、こうした人々はストライキに参加しなかったが、（日常的にデモ隊の治療にあたっていたので）抗議行動参加者に対する警察の暴力に怒りを募らせ、昼休みや非番の時間を利用して病院でデモをおこなった。また、医療コミュニティは、警察の暴力がいかにひどいものであるかについての情報源でもあった。抗議行動参加者との強力な連帯はついに実を結んだ。医療専門職員のこうした状況が比較的大きな新組合、医管局員工陣線を誕生させたのである。

新たな組合運動

七月二一日、組織犯罪シンジケートのメンバーが列車の乗客を襲撃したことによって、あらゆる階層の人々の怒りが大きく爆発した。その後、急進派の若者が八月五日のゼネストに向けて非常に熱心な宣伝を始めた。工盟、キャセイパシフィック航空客室乗務員組合、香港社會工作者總工會は、香港の七地区で大衆集会を組織する際に、急進的な若者と協力した。組合の組織的弱さにもかかわらず、運動の高揚に促されて、多くの労働者はその日出勤をやめた。しかし、この組織的弱さは八月五日のストライキのあとで、北京と雇用者による組合への報復でさらに深刻なものとなり、ストライキを準備しようとするその後の試みを制約し続けることになる。この不利な状況を補うために、急進的な若者は新たな戦術に訴え始めた。すなわち、地下鉄列車のドア開閉を妨害することで交通を混乱させ、それがうまくいかない場合には行動をエスカレートさせて、鉄道線路や幹線道路の通行を妨害し、多くの労働者が出勤することをほぼ不可能にしたのである。この戦術に反対した人々は、それを表現するのに「被罷工」(「無理やりストライキに参加させられる」の意味)という新語を作りだした。この行動を支持したり共感を寄せたりする乗客もいたが、反対する乗客もいたため、いたるところで衝突が起こった。その戦術が不人気だったため、参加していたある活動家グループは八月一四日、自分たちはこの行動を中止すると発表した。(原注52)しかし、これによっても、他の急進的な若者たちが何度もこの戦術に頼り続けるのを止めることはできなかった。そして、それは一一月の二大学占拠で最高潮に達することになる。この論争の的となった戦術はまた、黄色陣営を分岐させ始め、工盟もそれを支持することに消極的だった。しかし、大まかに言えば、その分岐は分裂には発展しなかった。

「被罷工」戦術はまた、急進的若者の言説の弱点を露呈した。若者たちによるストライキ宣伝チラシを読み通すと、少し嫌な気分になる。急進的な若者たちは、多くの労働者がストライキに参加しないとすれば、それは労働者が仕事に行くことの「価値」に取りつかれているからであり、この価値を神聖なものとして扱うほど崇拝しているからだと考えた。労働者が、この間違った価値を政府に反旗を翻すという価値に置き換えさえすれば、すべてがうまくいくだろうというのだ。確かに、労働者が必死に働く必要があるとすれば、それは生計を立てるための唯一の方法だったからである。急進的な若者が、労働者にストライキに参加するように説得するのが難しかったのも不思議ではない。説得のための第二の戦術では、年長世代の間に広まった（自分たちがかつて反撃できなかったという）罪悪感が利用された。急進的な若者は「私たちが銃弾からあなた方を守れるとしても、ストライキはできないのか？」という質問を投げかけたのである。しかし、思慮深い労働者であれば、「銃弾を防いでくれることには感謝するが、問題は、事前の適切な準備がなければ、何度もストライキを繰り返すことはできないということなのだ。わが友よ、ストライキは即席ラーメンではない」と簡単に答えることができるだろう。

「被罷工」戦術の失敗によって、人々はゼネストを可能にするための代替戦術を探すようになった。新しい青年労働者層が主導する新たな非常に効果的なキャンペーンが出現したのは、まさにこのときだった。まず「中環和你 lunch」活動(30)（中環地区でランチタイムに街頭でスローガンを叫ぶ行動）がおこなわれた。一〇月初旬から始まり、数週間にわたって毎日続いた。のちには毎週金曜日の正午に、一〇〇〇人以上のホワイトカラー労働者が自発的に集まり、中環（金融街でニューヨークのウォール街に相当）の大通りを抗議のために行進した。これはいつも一時間ほど続き、そのあと解散して仕事に戻った。これまではホワイトカラー労働者が抗議行動に参加することはあまり知られていなかった(六月以降、多くのホワイトカラー労働者が抗議行動に参加したが、彼らは集団としてではなく個人として参加した)。「中環和你lunch」活動は自然発生的なものだったが、明確なアイデンティティを持っていた。つまり、香港のウォール街に相当する場所で働くホワイトカラー労働者は、自分たちの声を上げたいと考えていたのだ。このとりくみはすぐに他の地域にも広がった。

これは強力な底流が表面化した兆候に過ぎなかった。新たな青年労働者層が、将来のストライキに備えて、新しい労働組合の組織化を呼びかけ始めたのである。彼らはたいていが二〇代後半から三〇代前半で、ホワイトカラーあるいは専門職だった。そして、伝統的な組合の外にいた。一〇月七日、これらの若い組合活動家は「二百萬三罷聯合陣線」(31)というテレグラム・チャンネルを開設した。その目的は、政府に対してストライキをおこなう梃子として、新しい労働組合を結成することにあった。このチャンネルの参加者はすぐに一万人に達し、三カ月後には八万人近くになった。その結果、四二の新組合が結成された。この労働組合のリストを見ると、ほとんどがホワイトカラーと専門職の組合だった。そのリストの一部は以下の通りである。

新公務員工會(新人公務員労働組合)
香港檢測及認證業職工會(香港検査・認証労働組合)
香港資訊科技界工會(香港情報技術労働組合)

香港言語治療士總工會（香港言語療法士一般労組）
香港金融業職工總會（香港金融産業従業員一般労組）
香港會計專業人員協會（香港会計専門家協会）
医管局員工陣線（病院局従業員連盟）
香港職業治療師工會籌備組（香港作業療法士組合）
香港音樂人工會（香港音楽産業組合）
香港調酒師工會（香港バーテンダー&ミクソロジスト組合）
香港物理治療師職工總會（香港理学療法士一般労組）（原注53）

「新公務員工會」は、顔武周（Michael Ngan）を主要な指導者の一人として、若手公務員グループが始めたものだった。彼は香港中文大学学生会副委員長として雨傘運動に参加していた。同様に、医管局員工陣線の羅卓堯（Ivan Law）副委員長は、香港專上學生聯會常任委員会の委員長を務めていた。両組合は、その後の動員やストライキで大きな役割を果たした。

二〇一九年の反乱が膠着状況に陥っていたまさにその時期に、まったく新たな労働組合運動が突然出現したのである。それは準備不足のまま、大急ぎで組織化されたものだった。組合結成の目的は人によってさまざまだった。多数意見は「ゼネストを推進するには労働組合を作らなければならない」というものだったが、新しい労働組合を結成すれば、反対派が行政長官選挙委員会（基本法では、労働組合は、香港の行政長官を「選出」するこの委員会で少数の議席〔全体で一二〇〇人の委員のうち六〇人〕を持っている）でより多くの票を得られるという意見を持つ者もいた。後者は、自分たちの敵は林鄭月娥政府であり雇用主ではないと繰り返し強調した。その場合には特に、前者の意見とは組合結成の目的が異なっていたのだろう。この二つの目的は、実のところお互いに相容れないものだった。つまり、ストライキが可能な組合を構築するには、強力な組合所属意識、一般組合員の積極的行動が必要であり、特にストライキ時に組合を維持できるだけの高い組合費が必要である。一方では、行政長官「選挙」で投票権を得るためだけに組合を作るのであれば、組合員数（最低七人）と適切な登録という基本的な法的要件を満たす組合であればいい。それは強力な組合を構築するのとは正反対のことである。しかし、新しい組合運動の中では、その目的をめぐる違いについて十分で真剣な議論がおこなわれたとは言えなかった。いずれにしても、組合の組織化に対する新たな情熱が生まれ、二〇二〇年の最初の三カ月には一五七八件の新規組合登録申請があった。これは二〇一九年から一〇〇倍の増加だった。（原注54）量のために質が犠牲になるのだろうか？　それとも、真の強さを欠く小さな組合が推奨されるのだろうか？

にもかかわらず、経験は浅いが献身的な数千人の活動家たちがこうした盛り上がりを作り出していた。二〇二〇年の旧正月には、医管局員工陣線を先頭にしたこの新しい組合運動が、新型コロナウイルスのパンデミックの真只中で厳しい試練にさらされた。

工盟は、この新しい労働組合運動に取り残されてしまう危険性があった。多くの年配の幹部にとって、こうした若い組合活動家の多くが勇武派を支持しているという事実を理解するのは難しいことだったし、情報格差にも直面していた。年配の幹部が顔をつき合わせて会うことに慣れていたのに対し、若い世代はテレグラムなどのオンライン通信ソフトを使って会議を調整し、ストライキの準備をしていた。フェイスブックでさえ時代遅れと見なされていた。これは、年配の幹部が若い活動家とつながるのに障害となっていた。幸いなことに、工盟の若手幹部は、心理面での分断や情報格差という両方のギャップを埋めるために多くの活動をおこなった。工盟は、労働組合運営や組合員募集で多くの経験を積んでいたので、この新世代の労働組合活動家に必要な労働教育を提供した。最終的には、この新たな組合員は工盟指導部を自分たちのもとからの指導者だとは見ていないとしても、その一定部分は工盟に加盟する特定の組合と一緒に活動したのである。

その欠点がどんなものであったとしても、この労働組合結成の新たな波は大きな力をもたらした。それは、長期的には発案者の想像をはるかに超えるものだった。テレグラム・チャンネル「二百萬三罷聯合陣線」には次のようなメッセージが投稿された。

もしわれわれが香港を解放したいのであれば、黒警〔デモ隊に暴力をふるい、犯罪組織と結託した警官〕を処罰したり、高官に責任を負わせたりすることに限定することはできない……われわれはまた、経済を再生し、われわれの仲間の面倒を見て、民主主義と正義を支持し、金を搾り取れるだけ搾り取ることしか考えない親北京派実業家を排除する必要がある。われわれは、われわれの関係性を取り戻す必要がある。もはやお金のことは気にする必要はない・・・この極端な資本主義社会には問題があるが、私たちはそれに慣れ、自分たちの目を閉ざすことを選んできた。キャセイパシフィック航空での「白色テロ」によって、われわれ全員は自分たちが次なる標的になるのではないかと心配した・・・長年にわたって、われわれは世界でもっとも長い時間働く労働者であることに慣れてしまっている。われわれは非番のときでさえ電話一本で呼び出され、仕事をするのに慣らされてしまっている・・・これらすべてを許容することなどできないのではないか？（原注55）

反体制派公務員

逃亡犯中国送還条例案は公務員の間でもひどく評判が悪かった。条例案を審議する第二読会が予定されていた五月下旬には、普段は政治や立法案件についてのコメントを控えている裁判官でさえ、ロイターの取材に、自分たちが法案のせいで「北京と直接に衝突する可能性がある」との懸念を明かしていた。（原注56）ある高等法院の裁判官は、条例案反対の請願書に署名するという通常はありえない行動をとった。

「白警」

警察は自分たちに従わない者は誰でも「ゴキブリ」と呼んだ。「われわれがゴキブリに何をすればいいかわかっている」というわけだ。抗議行動参加者はそれに応じて、悪徳警官を「黒警」と呼んだ。これは、文字通り「黒い警官」のことで、「黒」ということばは「ヤクザ」とか、「邪悪であること」を意味する。良い警官は「白警」と呼ばれていた。それは肌の色を意味するのではなく、香港語では反体制派あるいは反乱支持の警官のことである。デモ参加者自身の証言によれば、警察に追われたときに、最初に追いついた警官が何も攻撃してこないで「もっと早く走れ、私の後ろにいる者は本当に容赦なく殴るぞ！」などとことばをかけてくることもあったという。また、鎮圧行動の際に、盾を警棒で大きな音を立てて叩いても、実際には誰も殴らない機動隊員もいた。

匿名の警官が、ネット上で自分たちの上司を批判する書き込みをすることもあった。これらの書き込みの一部は残っているが、ほとんどが消えてしまった。以下はその中でもまだ存在する数少ないものの一つである。この警官は、上層部が警官の職務遂行中に身分証明書提示を拒否することを容認している理由を尋ねた。

なぜ警察は六月一二日にデモ参加者に対して乱暴な力の行使をしたのでしょうか？　われわれは、容疑者を制圧するという目的が達成されたら、力の行使をやめるように教えられたのではないでしょうか？　指揮官であるあなた方は、どのようにして違法に権力を行使することができたのでしょうか？（原注57）

別の警官は、七月末の警察内部の状況を次のように説明している（この記事はもうネット上では公開されていない）。

　現在、警察のイメージがあまりにも悪いので、警察大学の幹部候補生と実習生三〇名が辞職した。二一日に発生した元朗事件をきっかけに、彼らの中には士気を落とした者もいる。多くの「深青色」〔政府の立場を強く支持する〕の警察官でさえ、この事件が組織犯罪と警察の癒着事件であることを十分に知っていたので、恥ずかしい思いをしていた。今や警察は上から下まで、部外者が自分たちに対して「偏見」を持っていることを十分に認識しており、非番の時にはあえて自分たちの職業を明らかにしようとはしない。大事なことを一つ言い残したが、警察は iPhone を解読できていない。（原注58）

　そのときはまだ、この注意喚起は逮捕覚悟の抗議行動参加者にとって非常に重要なものだった。後述するように、七月二一日の元朗事件は警察を含む多くの公務員を敵に回した事件だった。「黄色陣営」に属する警官の家族が、林鄭月娥に抗議するために公然と登場した。フェイスブックに「警員親屬連線」(32)というアカウントが作られ、八月二五日に「還警於民（警察を市民に取り戻す）」というテーマで集会を開いた。約一〇〇人が参加した。その呼びかけは次のようなものだった。

家族の一員として、私たちは警察を深く愛している。警官は心の奥底で正義を信じている。警官は、法の支配によって市民を守りたいと思っている。しかし、政治的な問題のために、警官は大衆と対決することを余儀なくされている。警察部隊が間違った運営をされているのは悲劇である。個々の第一線の警官が、警察と市民の関係を奈落の底に突き落とすような手法を使ってきた。

最終的状況から抜け出す唯一の方法は、大衆の声に耳を傾け、独立した調査委員会を設置して、警察の不適切な運営と行動を徹底的に調査し、まともな警官の名誉を回復させることである。(原注59)

ある警官の妻は、「夫と話をするのが難しく、無理をすれば離婚になるかもしれない」と話していたが、彼女はそれでもデモ参加者を攻撃しないように説得しようとした。「誰かを殴りたければ私を殴れ」と彼女は言った。(原注60)

後になって、「反送中の騒動で四〇〇〇人以上の警察官が辞め、新人は前年比で四〇％減少した」と報じられた。(原注61)

反体制派警官の劇的な事例が二〇二〇年一月一七日(運動が衰退期に入った後)に明らかになった。三一歳の非番の警察官が、ガールフレンドとその母親と一緒にレノン・ウォールに「違法」なポスターを掲示し、新任の警察長官の鄧炳強（Chris Tang）を警察の暴力のゆえに非難していたところを逮捕された。(原注62)彼は最前線で勤務していたと報じられているため、おそらく抗議行動参加者との対立も日常的にあったのだろう。彼はどうやってこの二重生活をやりくりしていたのだろうか？

他部署の反体制派

林鄭月娥にとってもっと憂慮すべきなことは、元朗事件のすぐあとに、他の多くの部署で多くの反体制派公務員が彼女を半ば公然と批判し始めたことだった。その中には、平職員から幹部までが含まれていた。移民局、消防士、医療専門家らの反体制派公務員が、組織的な犯罪者が一般市民を攻撃した際の警察の無策を公然と批判した。これに続いて、二三の部署の一〇〇人以上の公務員が同様の懸念を表明する公開書簡を出した。その後、七月の最終週には、さまざまな部署の幹部職員四〇〇人が警察を非難する内容の林鄭月娥あての手紙を書き、それに続いて一〇〇人以上の行政官が書簡を送った。植民地支配下では、行政官は行政のエリートだった。しかし、このようなエリート行政官の一部は、政府のトップとの意見が一致せず、独立した調査を求めるようになっていた。行政官の動きに励まされて、安全保障局と司法省検察局という二つの微妙な部署の公務員も反対の声を上げた。これらの反体制派公務員は誰一人として名前を明かさなかった。彼らの通常のやり方は、ネット上で書簡を公開することだった。その際、身分証明書の裏面の写真も一緒に投稿され、それを見ると所属部署名がわかった。二〇一七年に林鄭月娥が設立し、彼女が政府の政策革新のブレーンと見なしている「政策創新與統籌辦事處」〔政策革新調整室〕でさ

え も、 オフィスにはレノン・ウォールがあり、独立した調査や「政治的な論議は政治的な手段で解決する」ことを呼びかけるポスターが貼られていた。

政府内でのこの内部亀裂は、最終的には八月二日の四万人を超える公務員集会へと雪だるま式に発展した。顔武周はこの抗議集会の主な主催者の一人だった。この集会は一一月に結成される新公務員工會の大衆的基盤を築いた。一方、政府は、集会参加の公務員に対して、政治的中立性の維持という職業要件を破っているとして非難した。演説者の一人は「公務員としての仕事を奪うことはできても、香港人としての私のアイデンティティを奪うことはできない」と反論した。(原注63) ある調査によれば、集会参加者のうち九三・一％が七月二一日の元朗事件の独立した調査を要求した。(原注64) 八月末には、法務局の反体制派公務員が再び警察に反対してストライキをおこなった。検控主任會（香港法廷検察官協会）は、警察の嘘を告発する内部書簡を部長に送った。(原注65) この書簡の流出は、おそらく意図的なものだった。

林鄭月娥は一一月になって報復に乗り出した。九〇人の消防士が「黒警」という侮蔑的なレッテルをネット上に投稿したとの疑惑で調査された。二〇二〇年一月一一日、政府は抗議行動中に合計四一人の公務員が逮捕され、三一人が職務停止処分を受けたと発表した。これらすべての出来事のあと、今後数ヶ月、数年の間に公務員の間でさらなる大規模な粛清がおこなわれても驚くことではないだろう。

一方、廉政公署（ＩＣＡＣ：独立汚職防止委員会）は、事件発生後まもなく、元朗事件の際の警察の行動について調査を開始した。(原注66) これは林鄭月娥や警察部隊にとって良い知らせではなかった（詳しくは第五章を参照）。

中国本土住民

香港を支援する本土中国人

半年以上の闘争を通して、中国本土の中国人の中には、香港の運動を支援するために個人として登場した者もいた。多くの場合、そうした人々は逮捕されたり、行方不明になったりした。それでも、人々は検閲を回避して発言することができた。胡錫進は、『環球時報』の強硬派編集者として有名だが、逃亡犯中国送還条例案を説明する際の公式的論調で大衆を納得させようとした。多くのネット市民が「普通の香港人は独立を要求するつもりはない」、「胡さん、われわれ本土人が香港人の要求について、情報を一つも受け取ることができないのが正常な状態なのか、コメントをお願いします」「胡さん、もっと香港のニュースを公開して、われわれが香港を批判できるようにしてください」などのコメントを投稿した。（原注67）

ある中国本土の学者は次のように述べている。

私の周辺では香港人に非常に強い共感を持っている。この二ヶ月間、私が入っている五〇以上のウィチャット・グループでの議論は、香港の人々への圧倒的な共感と北京政権への軽蔑を示している。国営メディアも、党の統制下にあるソーシャルメディアも、世論や中国本土の民意を反映したものではない。（原注68）

しかし、一般的には、多くの中国本土の人々は香港の抗議行動に関する北京のメッセージを信じていたようである。しかし、ここでも事態は一直線に進んでいたわけではない。八月に林鄭月娥が逃亡犯中国送還条例案の「死」を発表した後、民族主義者である本土の人々は怒りに満ちた反応を示した。


「こんな風に暴徒に屈服するのか？」

「これは（香港）ブルジョアジーの弱さと妥協的性格を示している」

「こんな腐った政府が香港を統治できるのか？」

「泣きわめく赤ん坊だけがミルクを飲めるのか？」

「くだらない中央政府、くだらない香港政府、みんなやめろ！」


北京はここしばらくの間、困難な状況に置かれている。一方では、北京は一党独裁を正当化するために民族主義の役割を必要としているが、他方では、この民族主義がもっと強くなり、不安の源になることを懸念しているからである。

本土からの中国人移民

過去二〇年間で中国本土から香港への移民は一〇〇万人に達し、それは香港人の七人に一人に当たる。それに加えて、二〇一九年には香港への中国本土からの留学生が七千人いた。もちろんこうした人々も香港の利害関係者である。今回の反乱に対して、人々はどのような態度をとっていたのだろうか？　そして、黄色陣営はこの人たちをどう見ていたのだろうか？

一部のリベラル派や右翼本土派は、香港人は民主主義を愛する人々だが、中国本土からの移民はそうではないと主張している。逃亡犯中国送還条例案に関する次の議論は興味深い。（かつて謎の襲撃で重傷を負った）有名なリベラル派の作家で元『明報』編集長の劉進図（Kevin Lau）は、条例案全体に反対するのではなく、香港の非永住者である本土出身の中国人だけを対象とするように逃亡犯中国送還条例案を修正することを主張した。(原注69)　これはすぐさま、本土出身である香港教育大学の黎明（Li Ming）講師から批判を浴びた。

民主化を熱望する基盤を構成したのは、抑圧されているという共通の経験であり、そこにこそわれわれの強みもあるのだ。もしわれわれがこの普遍的な運命のつながりを断ち切り、人をさまざまな等級にランク付けして、それに応じて普遍的な価値観を配分するようなことをするならば・・・われわれは普遍的な価値観という考えそのものを裏切ることになる。(原注70)

二週間もたたないうちに、黎明は六月九日に予定されているデモ行進への中国本土人の参加を呼びかけ、さらに中国本土からの移民の間で条例案に反対する請願書の立ち上げにも協力することになった。

ロイターは二〇一九年一二月末、抗議運動への支持を測るために香港の住民への質問調査を依頼した。香港外で生まれた人の四四％がこの運動を支持し、二〇％は抗議行動に参加したことがあった。香港内で生まれた人の場合、六七％が運動を支持し、四六％が行動に参加していた。この世論調査は電話によって広東語でおこなわれた。(原注71) 香港外で生まれた調査対象者のほとんどは、広東語を話す本土の中国人であると推測するのが妥当である。というのは、彼らの数が広東語を話せる他の少数民族に比べて圧倒的に多いからである。このことは、本土からの移民は必然的に親北京派であるとする右翼本土派の主張を覆すものである。これは以前の調査結果とも一致している。さかのぼって二〇一五年には、香港市立大学の葉健民（Ray Kin-man Yep）は、中国本土からの移民と香港人の間には政治的立場に大きな差はないと述べている。中国本土からの移民で顕著だったのは、予想されるような親北京派政党支持の傾向ではなく、むしろ中立的な立場にある人の割合が七〇％と高かったことだ。しかし、香港出身者も政治的に中立的な人の割合は同じくらいだった。(原注72)

二〇一六年には、馬嶽はじめ三人の学者が研究をおこない、以下のように主張した。

香港の中国人移民はより親体制派であり、親政府派政党を支持している。中国の人口が膨

〈表 2-7〉 香港出身者と中国本土からの移民の政治的傾向（%）

	香港出身者	本土からの移民
北京支持	8.6	11.4
民主派支持	51.7	27.6
中立	24.2	25.8
決まっていない	17.6	32.8
総計	100	100

大であることから、これは中国からの移民が戦略的に輸入されていることを意味しており、その移民が他のアジア諸国に流入することで、近隣諸国の政治を運命的な方向に大きく歪めてしまう可能性がある。(原注73)

香港中文大学の蔡玉萍（Susanne Yuk-Ping Choi）は、この研究の弱点を指摘して、この結論について論じた。この研究では、中国人移民総数に占める親北京派中国人移民の実際の割合が示されていなかった。その結論は、たった一つの質問しかしていない、わずか一年分のデータだけにもとづいていたのである。実際のところ、三人の学者は、民主主義への支持に関しては、「ニューカマー（一九九七年以降に移住してきた中国人）とも とからの住民の間には大きな差はない」と認めている。蔡玉萍は移民の中で初期に移民してきた高齢者だけが親北京的傾向が強いとすれば、これは本土での経験によるのではなく、香港での生活経験の結果ではないかと疑問を呈している。(原注74)

李立峰は、馬嶽が分析の際に、香港出身者と本土からの移民との比較ではなく、中国からの移民のなかでどの政治勢力への支持が多いのかを分析すれば、そのなかで親北京派がどれだけいるかを示すことができ、〔本土からの移民の中で北京を支持するのはわずか一一％に過ぎないことが〕よりはっきりと明示できただろうと述べている。(原注75)

繰り返しになるが、この表からわかることは、本土からの移民が主に親北京派というわけではなく、二五％以上が親民主派で、六〇％近くが中立か、あるいは「わからない」であるということだ。民主派にとっての論理的結論は、中立的な移民を味方につけるための努力を倍加することである。そんな必要はないと言ってしまえば、移民を味方につけられないままになる可能性が高いだろう。

中国本土の学生

香港に留学している七千人の本土学生は、二〇一九年の反乱をどう見ているのか？　調査によると、以下のような結果が出た。

〈表2-8〉香港に留学している中国本土の学生の見解(原注76)

＊「反送中運動」について

非常に支持している・どちらからといえば支持している	34・7％
非常に支持していない・どちらからといえば支持していない	36・2％

どちらでもない・よくわからない　29・1％

＊独立調査委員会を作って、警察を調査するという要求について

非常に支持している・どちらかといえば支持している　60・4％

非常に支持していない・どちらかといえば支持していない　11・6％

どちらでもない・よくわからない　27・9％

＊普通選挙権に関する要求について

非常に支持している・どちらかといえば支持している　35・1％

非常に支持していない・どちらかといえば支持していない　27・7％

どちらでもない・よくわからない　37・3％

中国本土の学生のデモ参加者への支持率は、本土からの移民よりも低かったが、それでも三分の一は条例案撤回と普通選挙権の要求を支持し、圧倒的多数は警察への独立した調査を支持していた。また、「どちらでもない・よくわからない」と答えた人の割合も一貫して高かった。そのことから、北京への忠誠心があると思われていても、疑心暗鬼になっていることがうかがえる。

女性とマイノリティの参加

一般的に言うと、七ヶ月間の抗議行動に参加した女性の割合は比較的高かった。六月初旬から

八月初旬までの一二回の抗議行動では、参加者のうち平均四五・六％が女性だった。(原注77)最初のうち、勇武派はほぼ全員が男性だと思われていたが、かなりの数の女性もいたことが判明した。中にはメディアの取材を受けた者もいた。二〇一九年六月から二〇二〇年一月までの間に、逮捕された女性の行動参加者は全体の二五・四％、七一四三人のうち一八一六人だった。(原注78)逮捕された女性デモ参加者の中には、一定の割合で勇武派がいたと推測できる。これによって、とりわけフルギアの防護服を着た若い女性と思われる美しい写真が落書きやネット上で拡散されたあとに、勇武派の男性的なイメージは大きく払拭された。この偶像は最終的に「民主の女神」となった。「民主の女神」は、片手に雨傘運動とのつながりを表現する傘を持ち、もう片方の手には前進する道筋を表現する「光復香港・時代革命」と書かれた旗を掲げていた。一〇月一三日には、高さ四メートル、重さ八〇キロの「民主の女神」が獅子山の頂上まで運ばれた。この試みはクラウドファンディングによって実現したものだった。一四〇〇〇人が参加しているテレグラム・チャンネルで、プロジェクトの詳細が議論されたあと、オンライン投票がおこなわれ、六千人の市民が九つの異なるデザインに投票した。それが立っていたのは一晩だけで、次の日には破壊されたが、大衆の記憶の中に残った。獅子山を選んだのも意図的だった。獅子山は、同名の古いテレビ番組に起源があり、いわゆる「獅子山精神」である勤勉・独立独行・楽観性―自由放任主義資本主義の幸せな説明と言えるかもしれない―を象徴するものだったからである。

青色陣営の一部が黄色陣営に対するプロパガンダ戦争で採用した戦術の一つは、女性デモ参加者を「尻軽女」とか「あばずれ」とか言って攻撃し、女性嫌悪に訴えることだった。元教育長官の羅范椒芬（Law Fan Chiu-fun）は、女性のデモ参加者が男性のデモ参加者に無償でセックスを提供していたと述べたが、証拠は何も示されていない。若者団体「香港衆志（デモシスト）」の元スポークスパーソンである黄子悦（Prince Wong）は、かつて抗議行動の場で「香港警察強奸謀殺（香港の警察は殺人者でありレイプ魔である）」と書かれたプラカードを掲げたことがある。翌日以降、ネット上では、彼女の持っていたプラカードの文言を「香港慰安婦　免費酬勞甲由任你屌」（香港の慰安婦は「ゴキブリ」〔つまり抗議行動参加者〕にただでファックさせて奉仕している）と書き換えた画像が流布された。彼女は、北京の支持者が女性を性的対象としてしか見ていないことを示したものとして、この行為を非難した。(原注79)

黄色陣営の中でも、青色陣営を標的にした性差別的で女性嫌悪の発言をした者がいた。女性警官のプライベートな写真がネット上に公開されたのは、デモ隊との対峙があったあとだった。香港の著名人である杜汶澤（Chapman To）は、そのうちのいくつかを再投稿し、彼女の容姿をあざ笑い、彼女が性的にみだらだとほのめかした。翌日には別の女性警官の写真を投稿して、太りすぎていると言ってあざ笑った。そして、「すべての女性警官が尻軽女であるわけではないことを世間に納得させる」目的で、警察がこの女性警官をデモ隊と対峙するように送り込んだとほのめかした。ある女性活動家は、保守的青色陣営が女性に汚名を着せるためにやっていたことをそのまま実行していると、こうした黄色陣営の人々を批判した。(原注80)

女性デモ参加者は、運動の中で、母親としての役割を二度にわたって主張した。六月一四日と七月五日に、何人かの女性活動家が母親の名のもとに集会を開催し、若い抗議行動参加者を支援し、警察の暴力を非難した。彼女らの大きな横断幕には、「愛護下一代　不要開槍！」（私たちの子どもを撃たないで！）と書かれていた。何千人もの母親や父親が参加した。たいていは、運動に子どもと一緒に参加していた。「主婦」のグループは、抗議行動を支援するために多くの連帯行動を組織した。

民族的マイノリティ

香港は貧しい「外国人」――永住者であっても少数民族を表現するために香港の中国人がよく使うことば――には親切ではない。香港生まれのインド人でソーシャルワーカーのジェフリー・アンドリュースは、若い頃に差別された経験を振り返った。「私は自分の肌の色が嫌いだ。自分は何者なのかわからない。インド人でもなく、国際市民でもなく、香港人でもなく、中国人でもない」と自問自答した。(33)(原注81) 大規模な抵抗が起きたあと、多くの民族的マイノリティが個人として抗議行動に参加した。一〇月一六日、民間人権陣線の幹部である岑子杰（Jimmy Sham）は、組織的犯罪者によってひどい攻撃を受けた。襲撃者の中には南アジア系とみられる者もいた。すぐにネット上では南アジア人に対するヘイトスピーチや次回の一〇月二〇日のデモで尖沙咀のモスクを攻撃しようという声が上がった。モスクの近くにある重慶大厦は民族的多様性で有名だったが、そこで店を出す商店主たちも攻撃の可能性について非常に神経質になっていた。しかし、ネット上の反応は圧倒的に人種差別的な呼びかけを非難するものだった。デモ行進当日、南アジア人を中心とする重慶大厦の商店主はデモ隊に無料の水を配り、デモ参加者は「われわれはみんな香港人だ！」などのスローガンを掲げて民族的マイノリティの人々にあいさつに来た。双方が同じスローガン「五大要求、一つも欠かせない！」を叫んでいた。感動的な光景だった。同じ日、誰かが壁に「香港人は人種で定義されない」と英語で落書きをした。それからの数日間、多くの人が連帯を示すためだけに店に買いに来た。人種差別的な攻撃に直面して、双方が自発的に協力したのは初めてのことだった。

香港には三〇万人以上の外国人家事労働者がいるが、その多くはフィリピンやインドネシアの出身である。[34] 彼女らの中には運動に共感した者もいたが、彼女らの在留資格があまりにも不安定であるために声を上げることができなかった。ユリ・リスワティ（Yuli Riswati）の事例は憂慮すべきものだった。彼女は一〇年間、インドネシア人家事労働者だったが、それだけではなく彼女のような移民労働者の生活についてレポートを書いていた作家でもあった。彼女は二〇一九年、多くのデモ行進に参加し、仲間の労働者のために写真を撮ったり、レポートを書いたりしていた。政府はすぐに彼女を拘束し、一二月初旬に強制送還した。彼女への弾圧に対する連帯はずっと少なかった。

この大きな反乱では、多くの人々が運動を支援するために何かしようとして、思いつく限りのあらゆるコミュニティやアイデンティティに助けを求めた。プロテスタントの牧師も、カトリックの神父も、個人として抗議活動を積極的に支援した。また、警察の行動を遅らせるために警察と抗議行動参加者の間に割って入った「銀髪族」、つまり「年配の市民」もいた。

ＬＧＢＴコミュニティ

ＬＧＢＴコミュニティは　一月一六日、香港の自治権を守ろうとする運動を支援するため、六五〇〇人規模のプライドパレードを開催した。この集会では、とりわけ政府のマスク禁止に対する反対が強調された。というのは、ＬＧＢＴコミュニティの中には、カミングアウトすることを安全ではないと感じ、このような大衆的イベントではマスクの着用を選択する人もいるからである。ＬＧＢＴコミュニティが、パレードの前に連登（ＬＩＨＫＧ）サイトにキャンペーン用のチラシを投稿したとき、それは大きな敵意をもって迎えられた。ＬＧＢＴの人々は反論するか、ＬＧＢＴコミュニティが北京に反対する運動に参加することが重要である理由を辛抱強く説明するかした。そして、「ほとんどのＬＧＢＴの人々もリベラルマインドを持っているので、現在の運動に参加している」と指摘した。一部の人は、「もしここでジェンダーや性的マイノリティの平等が実現すれば、香港と本土の分離の必要性をさらに説得力のあるものにするだろう」と言って、同性愛嫌悪の右翼本土派の批判者を納得させようとした。(原注82) このコメントを書いた人は、「もし香港を中国本土から分離したいのであれば、ＬＧＢＴの権利を認めることはその目標を達成するのに役立つだろう。というのは、それは中国本土が絶対にやろうとしないことだから」と言いたかったのだ。しかし、この主張には疑問の余地がある。このＬＧＢＴ活動家は、本土のＬＧＢＴコミュニティにも同じ権利を要求するのではなく、中国本土からの分離という共通の目標に訴えることで、同性愛嫌いの批判者を安心させたのだ。中国本土の人々に関して言えば、一部の香港人が大切にしている普遍的な価値観が適用されないことが非常に多いのである。

まとめ

二〇一九年の反乱の最初の二～三週間には、海外の記者たちにとって新たな問題が起きた。それは指導者のいない運動だったため、インタビューする抗議行動指導者を見つけることができなかったのである。それは、大衆が自分たちの手で問題を解決していくという、きわめて自然発生的な運動だった。経験が少なく、指導者もおらず、多くのことで間違えたが、大衆はすぐに学習した。若い急進派、学生、労働者、中産階級、女性、民族的マイノリティ、年配の市民は、一九六七年の植民地政府に対する中国共産党の都市ゲリラ戦以来、いかなる香港政府も直面したことのない最大の脅威をもたらそうとしてできる限り協力した。抗議行動参加者は主に政治の世界に入ってきたばかりの人々で、さまざまな背景を持ち、さまざまな政治的傾向―極右、中道、穏健、左翼、リベラル、平和主義―を持っていたが、それらはすべて固まったものではなかった。多くの場合、何人かの抗議行動参加者が青色陣営の人々に行き過ぎた暴力を振るったとき、それを止めようとする優しい心を持った人々が常にいたのだ。このことが、多くの人々に、この偉大な自発性の中には過ちを正すメカニズムがあり、組織的な関与は必要ないと信じさせることになった。これがどこまで真実だったかについては、第四章の議論に譲る。

(原注1)「中聯辦梁振英禍港捧青年新政扮港獨」成報、二〇一六年九月三日。

(原注2)「張德江策劃「偽港獨」陰謀全國人大淪顛覆政權工具」成報、二〇二〇年一一月六日。

(原注3)次の記事も参照すること。'The Role of Beijing's "Invisible Hand" in the Chief Executive Elections,' Hong Kong Free Press, 2 April 2017, www.hongkongfp.com/2017/04/02/role-beijings-invisible-hand-chief-executive-elections

(原注4)'Exclusive: Amid Crisis, China Rejected Hong Kong Plan to Appease Protesters,' Reuters, 30 August 2019, www.reuters.com/article/us-hongkong-protests-china-exclusive/exclusive-amid-crisis-china-rejected-hong-kong-plan-to-appease-protesters-sources-idUSKCN1VK0H6

(原注5)'Hong Kong Leader Carrie Lam Challenged: "Have your Hands Been Tied by Beijing?",' The Straits Times, www.youtube.com/watch?v=v-gX0d5U1A4

(原注6)Martin Purbrick, 'A Report of the 2019 Hong Kong Protests,' Asian Affairs 50:4 (2019): 465–487, www.tandfonline.com/doi/full/10.1080/03068374.2019.1672397

(原注7)'Beijing Accused of Sneaking Police into HK,' Asia Times, 9 August 2019, www.asiatimes.com/2019/08/article/beijing-accused-of-sneaking-police-into-hong-kong

(原注8)'Exclusive: China's Internal Security Force on Frontlines of Hong Kong Protests,' Reuters, 18 March 2020, www.reuters.com/article/us- hongkong-protests-military-exclusive/exclusive-chinas-internal-security- force-on-frontlines-of-hong-kong-protests-idUSKBN2150JZ.

（原注9）「关于当前局勢的宣伝要則」Matters.news、二〇一九年八月二二日、https://tinyurl.com/y9u28go7

（原注10）'How Murder, Kidnappings and Miscalculation Set Off Hong Kong's Revolt', Reuters, 20 December 2019, www.reuters.com/article/us-hongkong-protests-extradition-narrati/special-report-how-murder-kidnappings-and-miscalculation-set-off-hong-kongs-revolt-idUSKBN1YO18Q

（原注11）'Beijing Wants Tycoons to Take Action, Not Just Pay Lip Service', South China Morning Post, 1 November 2014, www.scmp.com/business/article/1629442/beijing-wants-tycoons-take-action-not-just-pay-lip-service

（原注12）'Hong Kong Business Magnate Li Ka Shing 〝runs away〟. Chinese Netizens Ask, Why Shouldn't He?', Hong Kong Free Press, 17 September 2017, www.hongkongfp.com/2015/09/17/a-hong-kong-business-magnate-runs-away-chinese-netizens-ask-why-shouldnt-he

（原注13）'Li's Empire Strikes Back: Hong Kong's Richest Man Slams Mainland Chinese Media for 〝Totally Unfounded〟 Reports he is Divesting from Country', South China Morning Post, 29 September 2015, www.scmp.com/news/hong-kong/economy/article/1862453/lis-empire-strikes-back-hong-kongs-richest-man-slams-mainland

（原注14）「論港病根、新華社斥地産商囤地、地建會稱誤會」明報、二〇一九年九月一四日。

（原注15）「石禮謙：五大訴求冇話要屋」蘋果日報、二〇一九年一〇月三一日。

（原注16）「論港病根、新華社斥地産商囤地、地建會稱誤會」

（原注17）'Onsite Survey Findings in Hong Kong's Anti-Extradition Bill Protests: Research Report.'
（原注18）二〇一八年末現在の数字。以下を参照のこと。'Population Estimates,' Census and Statistics Department of the Hong Kong Government, www.censtatd.gov.hk/hkstat/sub/sp150.jsp?tableID=002&ID=0&productType=8
（原注19）これには、一五歳から一九歳までだけが含まれている。一方で、香港中文大学のレポートでの母数は一九歳および一九歳未満となっている。しかし、一五歳未満の抗議行動参加者は非常に少数だったと推測するのは理にかなっているので、上述の比較は依然として有益である。
（原注20）その日には、二箇所で抗議行動が起こった。いわゆる将軍鄭と中西区である。われわれが後者を選ぶのは、そこに連絡弁公室があるため、計画された抗議行動がそこであるときはいつも、衝突が頻繁に起こると予想されるからである。
（原注21）「抗争運動下市民政治傾向的轉變」明報、二〇一九年一〇月二四日。
（原注22）Anamarija Musa, 'Was There a Silent Revolution? A Comparative Analysis of Party Manifestos in Ten European Countries,' www.semanticscholar.org/paper/Was-There-a-Silent-Revolution-A-Comparative-of-n-Musa/e0b6611a7f6084d5e1bf2640097521dafe865b55
（原注23）Francis Lee and Joseph Chan, Media and Protest Logics in the Digital Era: The Umbrella Movement in Hong Kong, Oxford: Oxford University Press, 2018, 45.
（原注24）たとえば、香港の学者である沈旭暉（Simon Shen）のブログへの投稿を参照のこと。https://tinyurl.com/y63hzq4f

(原注25) Ma Ngok, 'Value and Legitimacy Crisis in Post-Industrial Hong Kong', Asian Survey 51:4 (2011): 683–712, https://as.ucpress.edu/content/51/4/683.full. pdf+html.

(原注26) William J. Duiker and Jackson Spielvogel, The Essential World History, Belmont, CA: Thomson/Wadsworth, 2008, 619.

(原注27) Daniel Cohn-Bendit and Gabriel Cohn-Bendit, Obsolete Communism: The Left-Wing Alternative, trans. Arnold Pomerans, New York: McGraw-Hill, 1968, 41–3.

(原注28) 胡少偉「香港高等教育的發展及國際化現況」香港教師中心學報第十六巻（二〇一七年）：55–69、www.edb.org.hk/HKTC/download/journal/j16/A04.pdf

(原注29) 香港民意研究所の調査結果は以下で見ることができる。www.pori.hk/pop-poll/ethnic-identity/q001

(原注30) 香港民意研究所の調査結果は以下で見ることができる。www.pori.hk/hongkonger

(原注31) Andrew J. Nathan,'How China Sees the Hong Kong Crisis: The Real Reasons Behind Beijing's Restraint', Foreign Affairs, 30 September 2019, www.foreignaffairs.com/articles/china/2019-09-30/how-china-sees-hong-kong-crisis

(原注32) 'Mental Health Review Report', Food and Health Bureau of the Hong Kong Government, www.fhb.gov.hk/download/press_and_publications/otherinfo/180500_mhr/e_mhr_full_report.pdf

(原注33)「嶺大學者訪1・5萬集會者、稱年輕人盼捍衛道德」明報、二〇一九年一一月二九日。

(原注34) 著者によるインタビュー（二〇二〇年一月一一日)。

（原注35）「七情上面：和／勇憤怒互通　惡法高壓、仇恨更深」明報、二〇一九年一〇月六日。
（原注36）もともとのＬＩＨＫＧへの投稿は今では見られないが、再投稿されたものは以下で見ることができる。https://autumnson-two.blogspot.com/2019/06/620-5pm-621.html
（原注37）「陶輝知法犯法」蘋果日報、二〇二〇年四月三〇日。
（原注38）「我不閲讀」は匿名のフェイスブックへの投稿。www.facebook.com/1862693489333364/photos/a.1862746055995505/4100056198993068/?type=3&theater
（原注39）「６００專才小水滴、匯成文宣公海」明報、二〇一九年九月九日。
（原注40）權哥とのインタビュー（二〇二〇年一月二〇日）。
（原注41）「香港『勇武派』談抗爭困境：資源耗盡、「僞勇武」太多、主流社會也沒有做好革命準備」風傳媒、二〇一九年一一月一二日、www.storm.mg/article/1937595
（原注42）'The Divided God: A Letter to Hong Kong', Chuang, January 2020, http://chuangcn.org/2020/01/the-divided-god
（原注43）Barry Sautman and Hairong Yan, 'Localists and "Locusts" in Hong Kong: Creating a Yellow-Red Peril Discourse', Maryland Series in Contemporary Asian Studies, 2015:2, https://digitalcommons.law.umaryland.edu/mscas/vol2015/iss2/1/
（原注44）「劉頴匡：就當是最後一次、爭取民主」蘋果日報、二〇一九年一〇月三〇日。
（原注45）劉頴匡のフェイスブック・アカウントは、閉鎖されるまでは一般に公開されていた。
（原注46）「大陸旅客接反送中傳單『想了解香港發生甚麼事』」立場新聞、二〇一九年七月七日。

（原注47）「青年對激烈抗爭的態度有所轉變」香港中文大学香港亞太研究所、二〇一七年九月一日、www.hkiaps.cuhk.edu.hk/eng/news.asp?details=1&ItemID=N20170901

（原注48）「近半市民主張示威者與政府同讓步約七成人料來月衝突持續甚或更壞」香港中文大学香港亞太研究所、二〇一九年九月六日、www.hkiaps.cuhk.edu.hk/wd/ni/20190906-164955_1.pdf

（原注49）「70後懺悔：我累咗下一代」蘋果日報、二〇一九年六月一五日。

（原注50）「我們以往信守的宗旨已無法回應這個日漸崩壞的世界？.」明報、二〇一九年一〇月二三日。

（原注51）「612基金半年支援7964人」蘋果日報、二〇二〇年一月七日。

（原注52）「港鐵不合作運動『壽終正寢』」明報、二〇一九年九月一五日。

（原注53）二百萬三罷聯合陣線のサイト参照。www.hkonstrike.com

〔訳者〕このサイトには、本文中に紹介された組合を含めて五〇の組合が紹介されている。https://hkonstrike.com/unions/

（原注54）「新工會登記升百倍、首季1578宗」明報、二〇二〇年四月一三日。

（原注55）「其實我好驚俾人清算」二百萬三罷聯合陣線のテレグラム・グループは以下で見ることができる。www.hottg.com/hkonstrike/b644.html

（原注56）'Exclusive: Hong Kong Judges See Risks in Proposed Extradition Changes', Reuters, www.reuters.com/article/us-hongkong-politics-extradition-judges/exclusive-hong-kong-judges-see-risks-in-proposed-extradition-changes-idUSKCN1SZ09U

（原注57）「一名已離職的督察：白恤衫、要對得住個膊頭」立場新聞、二〇一九年六月二〇日。

（原注58）ファイスブックに投稿されたものだが、すでに消えている。アップルのiPhoneに関しては、その後で警察は見ることができるようになったことを示唆する報告があった。
（原注59）警員親屬連線のフェイスブック・グループへのこの投稿を参照すること。www.facebook.com/PoliceRelativesConnection/photos/a.111212383545519/118728919460532
（原注60）「警員親屬首集會促獨立調查、勸夫勿打示威者」明報、二〇一九年八月二六日。
（原注61）'Unrest takes toll on police recruitment', The Standard, 9 April 2020, www.thestandard.com.hk/section-news/section/4/213047/Unrest-takes-toll-on-police-recruitment
（原注62）「涉與女友　未來外母　貼諷鄧炳強文宣　運動以來首宗　休班防暴警被捕」蘋果日報、二〇二〇年一月一八日。
（原注63）「4萬真公僕無懼打壓逼爆中環『你搣得走我公務員職位，搣唔甩我香港人身份』」蘋果日報、二〇一九年八月三日。
（原注64）「8・2公務員集會調查——九成公僕促查元朗事件、警處理示威手段」明報、二〇一九年九月一〇日。
（原注65）「檢控主任會：警謊損司法」蘋果日報、二〇一九年九月三日。Apple Daily, 3 September 2019.
（原注66）「廉署主動調查、有無警員涉公職人員行為失當」香港01、二〇一九年七月三〇日。
（原注67）次の微博への胡錫進の投稿を参照すること。www.weibo.com/1989660417/HygGLk46Y
（原注68）友人との私的な討論から引用。
（原注69）「把凱撒的歸凱撒 送中只送内地客」明報、二〇一九年五月二一日。

（原注70）「没有人可以成為孤島－回應劉進圖先生的『送中只送内地客』」明報、二〇一九年五月二八日。
（原注71）'Factbox: One City, Two Views: Hong Kong Residents Split by Age, Education on Support for Protests', Reuters, www.reuters.com/article/us-hongkong-protests-poll-factbox/factbox-one-city-two-views-hong-kong-residents-split-by-age-education-on-support-for-protests-idUSKBN1YZ0W0
（原注72）「泛民没有放棄新移民的餘地」明報、二〇一六年一月八日。
（原注73）Stan Hok-Wui Wong, Ngok Ma, and Wai-man Lam, 'Migrants and Democratization: The Political Economy of Chinese Immigrants in Hong Kong、Contemporary Chinese Political Economy and Strategic Relations: An International Journal 2:2 (Aug–Sept 2016): 909–940, https://pdfs.semanticscholar.org/e150/f2c42837b5e855f6948fe72c66003159f497.pdf
（原注74）「移民與民主化」明報、二〇一六年八月二九日。
（原注75）「移民不是真的特別喜歡建制」立場新聞、二〇一六年八月二四日。
（原注76）「香港中文大学内地生対反修例运動態度問卷結果報告」Matters. news、二〇一九年一〇月一四日。https://tinyurl.com/y4x5tzmn
（原注77）'Onsite Survey Findings in Hong Kong's Anti-Extradition Bill Protests Research Report'.
（原注78）「O記：理大案重中之重、緝製武器者」明報、二〇二〇年一月二九日。
（原注79）「羅范椒芬：少女被誤導、為「勇武派」提供免費性服務」香港０１、二〇一九年九月九日。
（原注80）「反送中運動裡的女性歧視—黃藍是政見，黑白是良知?.」無國界社運、香港、https://tinyurl.com/ybnpr3mh

(原注81)「南亞和勇重慶 connect『我哋流着港人血』」蘋果日報、二〇二〇年一月一三日。

(原注82)「明天是和你 GAY 大遊行」LIHKG、https://lihkg.com/thread/1724028/page/1

東涌バスターミナルのレノン・ウォール（訳者撮影）

9月15日のデモ（各国国旗を掲げて行進する「勇武派」）訳者撮影

第三章　反乱でのさまざまな闘い

六月の三つの重要な日

六月の九日、一六日、二一日は、二〇一九年の反乱が勃発したもっとも重要な日だった。六月九日日曜日に最初の大デモ行進がおこなわれるまでは、ほとんどの反対派政党は民衆の不満の広がりを感じたとしても、呼びかけに対する民衆の反応に悲観的だった。それは過去五年間にわたる士気喪失によって生じたものだった。五月末、ある泛民政治家は匿名で「何十万人もの人々が街頭に繰り出すことができるのだろうか？　二〇〇三年に人々が街頭に出たのは、当時は景気が悪かったからだ。しかし現在は景気が良く、人々はまだ逃亡犯中国送還条例案の痛みを感じていない」と話した。(原注1)

六月九日、一〇〇万人の人々が街頭に繰り出した。人々は経済よりも政治を優先し、条例案の痛みを感じていたのだ。この数字は香港におけるデモ参加者数の記録をはるかに上回るものだった。これまでの最高記録は、二〇〇三年の国家安全条例案反対デモの五〇万人だった。(1)六月九日のデモ参加者数の警察発表は二四万人だった。香港大学の許樹源（Ron S.Y. Hui）教授は八一万人から一〇八万人とした。このような大規模なデモ行進は、一九八九年に香港民衆が中国本土の民主化運動を支持するためにデモしたとき以来のことだった。(2)

デモ隊は午後三時にデモ行進を開始したが、終わったときには午後一〇時を回っていた。デモ隊が通った幹線道路にある多くの商店主はペットボトルの水を無料で配っていた。デモ行進で商売に影響を受けた人々は「全く気にしていない」と言った。『明報』の調査によれば、参加者の三分の一にとってそれが初めてのデモ参加だったという。

同じ日、世界二九都市で連帯集会やデモ行進がおこなわれた[3]。シドニーの集会が最大だったようで、五千人が参加した。海外に移住した香港人は政治に関心がないことで知られていたが、今回はこれらの連帯行動の構築に貢献した。台湾政府の大陸委員会はこの行進への称賛を表明し、香港政府にデモ参加者を無視するなと訴えた。

デモ行進はあらゆる人を勇気づけた。六月一〇日には香港社會工作者總工會がストライキを呼びかけ、続いて七大学の学生会が授業ボイコットを呼びかけた。中學生反送中關注組〔送還条例を考える中高生の会〕[4]も同様に授業ボイコットを呼びかけた。香港專上學生聯會は授業ボイコットを支持したが、ストライキは支持しなかった。香港のカトリック教区は、授業ボイコットに参加した教師と生徒に敬意を表すると発表した。これに加えて、一〇〇人以上の商店主が政府に抗議するために休業を呼びかけた。

泛民政党は内部討論を経て、六月九日以降には、以前していたようなデモ参加者の暴力に対する非難をしないことを決めた。そして、批判の矛先を林鄭月娥が逃亡犯中国送還条例案の撤回を拒否したことに向けた(原注2)。これにより、泛民政党と勇武派との統一戦線が可能となった。

立法会は六月一二日に再召集され、条例案を審議する第二読会をおこなうことになっていた。その間、香港の若者たちはテレグラム・チャンネルに参加して、次に何をすべきかを議論するのに忙しかった。これらのチャンネルの中には四万人の参加者を数えるものもあった。そして最終的に一つの合意に達した。すなわち、六月一二日の午前八時に集合して、立法会ビルを包囲するという合意だった。その日、行動は計画通りにおこなわれた。警察が大量の催涙スプレーを使って攻撃したにもかかわらず、行動参加者は二つの主要道路を占拠した。何人かの運転手は、意図的だと思えるのだが、自分の車が故障したという口実で道路の真ん中で車を停めた。辺り一帯は大混乱に陥った。〔二〇一四年の雨傘運動では、立法会に隣接する〕金鐘地区占拠の最終日に、大通りを横切る歩道橋から「人民誓必歸來／WE'LL BE BACK」（われわれは必ず戻ってくる）と書かれた大きな横断幕が掲げられた。そして人々は二〇一九年六月一二日に戻ってきたのだ。抗議行動のことを知るとすぐに、立法会議長は会議の延期を発表した。四万人に上るとされた抗議行動参加者は、それにもかかわらずビルを包囲した。午後三時三〇分、彼らは立法会ビルと政府庁舎に攻撃を始めた。警察との衝突が起こった。何人かの参加者は警察にボトル入りの水、そしておそらくはレンガを投げつけた。急進派の若者たちは、立法会が会議を開いていようがいまいが、条例案や政府に対して怒りをぶつけたかったのだ。

ある参加者は、その日のことについて、次のような報告を書いた。

午後二時、クリスチャンのグループが、警察に向かって「唱哈利路亞讃美主」（Sing Hallelujah to the Lord／主を賛美しよう）を歌った・・・この人たちがなぜそうしたのかを理解しようとしない者や何てバカなことをやっているのかと考えたかもしれない者がいることはわかっている。しかし、この人々は前日の夜からすでに一五時間以上も歌い続けていたのだ・・・そう、一部の人たちは真剣なやり方で、バカなことをやり始めたのだが、それはそれで力強さの要素を持っていて、とても感動的なものとなった。〔泛民や非暴力主義に冷淡な〕LIHKGのネットユーザーでさえ、この人々に拍手喝采を送った。

このレジスタンス（立法会ビル包囲戦）には「ステージ」（組織や指導部を指す）がなかったので、前列の人たちはヘルメットがないときはいつも振り返って、後ろの人たちに向かって両手を頭上にあげ「ヘルメット！」と叫ぶと、後ろの人たちがそのメッセージをさらに後ろの人たちに伝えて、すぐに後ろから前にたくさんのヘルメットが手渡された。同じことが結束バンドや傘が必要な時にもおこなわれた。（原注3）

夜になると、MTRは人々が立法会ビルに行けないように、金鐘駅を閉鎖した。ある女子学生は、なぜ負傷する危険を冒してまで抗議行動に参加するのかと尋ねられ、次のように答えた。

両親は私たちの抗議行動が将来のキャリアに影響を与えるのではないかと心配している。私が言いたいのは、自分が住んでいる場所に何の未来もないとしたら、私に未来なんかあるのかということだ。（原注4）

警察による強硬な取り締まりは多くの人々を怒らせた。ある上級公務員は新聞記事の中で、林鄭月娥に「六月一二日、警察が人々の頭を狙って発砲することをあなたが承認するようなことをデモ参加者がやったのか?」と尋ねた。(原注5) その週には、病院の中でさえ、警察への日常的な抵抗がおこなわれた。警察は、一二日の取り締まりのあと、警官が病院の看護師やその他の専門職員から絶えず嫌がらせを受けたと報道陣に不満を漏らした。六月一二日からの一週間、病院に駐屯していた警官はしばしば看護師から「犬」と呼ばれた。看護師らは警官がいないときに、院内に置かれた警官の椅子を撤去した。そのために、警察は少なくともしばらくの間、そこにある駐屯所から撤収した。

抗議行動はその後二日間続いた。多くの若者たちが、MTRの列車のドアが閉まらないようにすることで交通機関を撹乱した。彼らはこれを「不合作(不服従運動)」と呼んだ。あるとき、警察は記者に向かって催涙ガス弾とゴム弾を発射した。ある外国人記者は警察を指差しながら、「お前たちはジャーナリストを撃っている! ジャーナリストを撃っているぞ! 香港は中国ではない、まだ中国ではない!」と叫んだ。このことばは香港人の記憶に残っている。ネット上の議論では、「ゼネストよりも強力な不服従運動はあるのか?」というスローガンを掲げて、ゼネストが呼びかけられた。翌日、警察は記者会見に出席していた記者たちの姿に非常に困惑した。というのは、記者を撃ったことに抗議するため、記者のほとんどがヘルメットをかぶっていたからである。民間人権陣線は、次の日曜日(六月一六日)にも行進を計画していると発表し、その日は黒い服を着るようにデモ参加者に訴えた。反乱に励まされ、世論が急進的な若者の暴力に敵意を抱くのではなく、林鄭月娥に反対するようになったという事実に勇気付けられたからだった。この後には、月曜日に「三罷」——労働者のゼネスト(罷工)、学生の授業ボイコット(罷課)、商店の同盟休業（罷市）―が続くことになった。列車を撹乱すること、黒服を着ること、デモ参加者が警察と闘うこと、警察と記者の間の緊張、繰り返される「三罷」の呼びかけ、人間の鎖を作ること―こうした二〇一九年の反乱の典型的な要素は、少なくともその原型が六月上旬にすでに明らかになっていたのだ。

「死」もまた典型的な要素だった。六月一五日、三五歳の梁凌杰は、金鐘にあるモールのテラスで「反送中」の横断幕を掲げた後に自殺した。彼は雨傘運動に参加し、そのときから政治的活動をしていた。そのニュースは多くの人々に、とりわけ若者に衝撃を与え、嘆き悲しませた。そのとき、若者たちのほとんどは翌日の二回目の大デモ行進に向けて意気揚々と準備を進めていたのだった。ビルの上で黄色のレインコートを着た後ろ姿を人々に向けていた梁凌杰の姿は、すぐに抗議活動のもう一つの遺産となり、香港人はそれと深く結びついていると感じた。ある若い女性が言った。

（震える手が顔を覆い、彼女は泣いていた）六月一五日、私たちの最初の殉教者は黄色の服を着て、高所から飛び降りた。これは私にもっとも深い印象を残した・・・私はそこにいなかった。彼の「初七日」に、私は彼に敬意を払うために、花を持って（現場を訪れた）。彼はこの政府によって命を絶つことを余儀なくされた・・・その日、多くの人々がそこで泣いていた。

私は、この政府や警察を信用していない。私は金のことだけを考えている者を信用しないし、自分たちの利益のことだけを考えている者を信用しない。・・・以前は政治に関心がなかった。しかし、この運動がこのような社会問題について私に関心を持たせてくれている。考えてみてほしい、私たちの世代の状況が悪化しているとしたら、次の世代がもっと良くなるなんてことがありうるだろうか？・・この運動は香港人による革命だ！　というのは、私の周りの人たちは、闘うためにすべてを投げ出しているように見えるからだ。(原注6)

林鄭月娥は一五日、北京との会談後、逃亡犯中国送還条例案を一時保留すると発表した。これは、少なくとも穏健な反対派グループの一部を鎮めるものだった。羅永聰（Law Wing-chung）元財務長官政治補佐官のような人々は、林鄭月娥が条例案を一時保留にしたことは条例案が撤回されることを意味するので、暴力は避けなければならないと主張した。泛民政党の中には、動揺してしまい、次週の月曜日に予定されていた「三罷」を中止するよう民間人権陣線を説得した政党もあった。これは多くの人々を怒らせ、今回は香港職工会聯盟（工盟）でさえも納得せず、自分たちの「三罷」を続行すると発表した。

六月一六日日曜日には、二〇〇万人が街頭に繰り出した。デモの前には、すでにネット上で「梁凌杰はわれわれとともに行進する」という議論がされていた。民間人権陣線がその日の夜に発表したデモ参加者数は「二〇〇万人プラス一人」だった。この「一人」とは、今では運動の最初の殉教者と考えられている梁凌杰のことだった。民間人権陣線は彼に敬意を表したかったのだ。デモ行進は非常に巨大なもので、真夜中まで続いた。これは今までに香港でおこなわれたデモ行進の中で史上最大のものである。同じ日、世界の四〇都市でも連帯デモや集会がおこなわれた。台北の集会には一万人が参加した。台湾と香港の絆はさらに深まった。林鄭月娥は謝罪したが、デモ参加者による軽蔑で迎えられた。

一六日の大きな動員の成功は、翌週には多くの人々を陶酔させた。誇りと自信の感覚、香港人であるという意識が街中を駆けめぐった。急進派の若者たちは不服従運動を続け、今度はさまざまな政府機関の建物に集団で入り込み、業務を妨害した。しかし、彼らが警察本部を標的にしたとき、それは非常に危険な試みとなった。二一日、何千人もの若者たちが一五時間にわたって警察本部を包囲した。警察は驚くほど抑制的で、建物の中にとどまり、行動参加者を本気で攻撃することはなかった。前代未聞の大規模な抗議行動と林鄭月娥の謝罪により、警察は防御態勢に入っていたのだ。しかし、包囲は依然として非常に緊迫した状況を作り出していた。三千人の完全武装した機動隊員がすでに本部内に待機していた。さらに千人の機動隊員がそれほど遠くないビクトリア公園に待機し、行動参加者を後ろから取り囲む命令を待っていた。「もし急進的なデモ隊が本部に侵入し始めたらどうなるのか?」これは、何十万人もの黄色陣営のメンバーが一日中、大きな不安を抱えながら問いかけていた疑問だった。もしそんなことが起きたら、きっと警察は流血で報復することだろう。夜遅く、群衆は留まるか、去るかを決めなければならなかった。そこに黄之鋒（Joshua Wong）がいて、彼はオンライン投票で決めることを提案した。一万人が投票に参加し、八一%が午後一一時に撤収することを選んだ。しかし、多くの人々が投票を受け入れることを拒否し、「投票した人の多くは抗議行動に参加していないのだから、そもそも投票する権利がない」と言った。何をすべきか決めるのは個人の判断に委ねられており、集団的な意思は良いことではないと主張する者もいた。雨傘運動の失敗の責任は黄之鋒にあると非難する者もいて、その人々はいまや黄之鋒の指揮に耳を傾けるつもりはなかった。留まりたがっていた者の中には、警察本部に侵入することを望んでいた者もいたかもしれない。幸いなことに、そのような冒険家の提案があったとしても、群衆の耳には入らなかった。さらに言えば、行き詰まったこと自体がより多くの人々の離脱を促していたのだ。最終的に抗議行動は解散した。それにもかかわらず、若者たちがあえて警察本部を包囲したことは、運動がまだその目的という点ではほとんど防衛的だったときでさえ、その戦術はすでに攻撃的だったことを示したものだった(5)。

六月の最終週は、二八〜二九日に大阪で開催されたG20サミットを利用して要求を前進させようとするデモ参加者によって支配された。オンラインでの議論と準備を通じてクラウドファンディングを利用し、サミットの一週間前に多くの有名な国際的メディアに広告が掲載された。さらに続いて、二六日には民間人権陣線が一万人規模の集会を開き、サミット期間中に習近平が香港人民の要求に応えるよう求めた。国際的な知名度を高めようとするこの試みは、香港人を強くするものだった。つまり、それは香港が国際都市であり、内向きの中国本土の都市ではないことを思いださせたのである(6)。

その一方で、誰もが毎年恒例の七月一日の行進を林鄭月娥に圧力をかけるもう一つのチャンスとして期待していた(7)。

七月一日：立法会ビル占拠

七月一日のデモは、六月におこなわれた二回のデモより規模は小さかったが、それでも五五万人を動員し、二〇〇三年以来最大の七月一日デモとなった。近年の七月一日デモは、巨大な多様性と多元主義によって特徴づけられていた。広く受け入れられた共通の要求はなく、市民団体や政党は自分たちの宣伝をする機会に使っていただけだった。今回は違っていた。民間人権陣線を含むすべての参加者は、以下の四つの要求に同意することになった。

1. 逃亡犯中国送還条例案を撤回せよ
2. 抗議行動参加者を「暴徒」と呼ぶのをやめろ
3. 抗議行動参加者に対する刑事告訴を取り下げろ
4. 警察の行動について独立した調査をおこなえ

まだ合意が得られていない五番目の要求があった。デモ行進の前にネット上では、デモ隊が林鄭月娥の辞任を求めるべきなのか、それとも普通選挙権を求めるべきなのか、あるいはその両方を求めるべきなのかについて、多くの議論がなされていた。一部の急進派の若者たちは、何が問題となっているのかをすぐに理解した。彼らのほとんどは第一の提案に反対した。「林鄭月娥を北京が任命する別の行政長官に置き換えるだけなら、そのことに何の意味があるのか？」と彼らは質問した。しかし、民間人権陣線は七月一日のビラで、単に林鄭月娥の辞任と「重啓政改」（選挙改革のやり直し）[8]を求めただけだった。それは実質的には空虚なものだった。私と友人からなるグループは急進的な若者を支持していたが、普通選挙権への支持がどれほど広がるか確信が持てなかった。民衆は二〇一四年に自分たちが要求したことを忘れてしまったのだろうか？　その日のデモに参加する代わりに、われわれはブースを設け、拡声器を使って普通選挙権の要求を唱え、その要求がどれくらい人気があるのかを確かめた。[9]多くの人々が一緒に唱和してくれたのを見て、われわれは大喜びした。民衆は忘れてなどいなかったのだ。しかし、多くのリベラル派政治家は忘れていたために、すぐに罰を受けることになった。

六月三〇日の夜、一千人の若者たちが立法会ビルの外に集まった。翌日午前八時に予定されていた、香港の主権が中国に移譲されたことを記念する中国国旗掲揚セレモニーを妨害するためだった。このため、政府は式典を屋内でおこなうことを余儀なくされた。七月一日の朝、若者と警察の衝突が繰り返された。数百人の参加者が最終的に立法会ビル周辺の大通りを占拠した。彼らは集合して、次に何をすべきかを議論した。包囲すべき五つの目標が提案された。混沌とした議論の後で、彼らは投票で決めることにした。大多数は立法会ビルを選んだ。しかし、彼らはいつ開始すべきかについて、合意に達することができなかった。彼らは解散して、それぞれが自分たち自身で行動した。

午後一時三〇分から午後五時にかけての何時間もの奮闘のあとで、数十人の参加者が立法会ビルに通じるいくつかのガラスのドアを壊すことに成功した。何人かの泛民派立法会議員が彼らを止めようとした。そのうちの一人は片膝をついて懇願したが、参加者は泛民派議員を無視した。午後三時にデモ行進が始まった後、もっと多くの人々がビルの外で彼らに加わったため、すぐに大きな群衆となった。市民記者の蕭雲（Siu Wan）によれば、立法会ビルの外には約五万人がいたという。午後六時三〇分、二〇人の抗議行動参加者が壊されたドアを通ってビルのレセプションホールに入ったが、中にあった別の金属製のドアに止められた。彼らは金属製のドアを壊し始め、午後九時になって突破に成功した。その頃には、金属製のドアの後ろには数百人の機動隊員がいた。一〇〇人の抗議行動参加者が破壊された金属製のドアを通って突撃しようとしたとき、誰もが衝突が起こると思っていた。しかし、警察が突然退避してまったく姿を消したため、抗議行動参加者が侵入できるようになり、闘わずして中に入ることができたのである（このような警察の不可解な行為は、三週間後に再び目撃されることになる）。しかし、建物の中にいったん入ると、参加者たちは物を壊したり、落書きしたりし始めた。そして、新旧の議長の写真を破壊し、電子機器やオーディオ機器を壊した。壁にスローガンを描いた者もいた。そのスローガンの中には「デモをするだけでは役に立たないことを教えてくれたのはお前たちだ」「真普選（真の普通選挙権）」などが含まれていた。何人かは、旧植民地時代の旗[10]を振った。彼らは退却するまでの三時間、建物を占拠した。ある記者は次のように書いた。

誰かが何かに触ろうとしたが、他の人たちに「触るな！」と怒鳴られた。別の人は階段を歩いて降りているときに、「われわれは占拠しているのだ、破壊行為をしているのではない！」

と叫んでいた。怒鳴られた人は「すでに破壊されたのを調べているだけだ」と言って、自己弁護した。しかし、その男性はまたしても怒鳴られた。「誰かが壊してしまったから！　こんなことをしないでくれ！」(原注7)

誰かがビル内の図書館にも損害を与えようとしたが、他の参加者に止められた。このような事態は、短い占拠時間中に何度も繰り返された。参加者の一人は、これほど多くの破壊行為を目の当たりにして憤り、こうした行為を止められなかったことを後悔していた。別の人はこう説明した。

私は、立法会ビルに侵入する目的が何であるかわからないし、何をすべきかもわからないが、私が言えるのは、それは・・・政府に立ち向かう人々の決意と能力を示し、政府に民衆を恐れさせるためだということである。(原注8)

かつて香港大学の学生雑誌『學苑』を編集していた香港本土派の大学院生、梁繼平(11)（Leung Kai-ping）は外からの支援を訴え、さらに千人の行動参加者が立法会ビルに入ってくることを願った。その時、外では何千人もの行動参加者が見守っていた。彼らの多くは共感を寄せてはいたが、中にいる者たちに加わる準備ができていなかった。もう一方で、梁繼平や現場にいる他の人々、ネット上の人々は、なぜ立法府を占拠したのかを明らかにしなければ、「暴徒」としか見られないのではないかと心配していた。すぐに三つの草案が用意された。そのどれもが香港独立を要求していなかった。それらは立法会の中にいる人たちに配信され、最終的に一つが選ばれて、大衆に向けて読まれることになった。それは午後一一時のことだった。この「香港人抗争宣言」（原注9に全文の日本語訳を掲載）は、占拠行動の根源を次のような事実にまでさかのぼった。

現在の香港政府は、もはや香港人のことを優先していない。香港人の声を確実に聞かせるために、われわれ香港市民は、街頭占拠や今日の立法会占拠のような不服従行動を取らざるを得なくなっている。（原注9）

最後の方で、「宣言」は五大要求を繰り返した。再度確認しておこう。第五の要求は普通選挙権についてのものだった。単に林鄭月娥の退陣を求めるものではなかった。これは、二〇一九年の反乱が五大要求の公式版を完成させた瞬間だった。警察が真夜中に戻ってくるかもしれないと聞くとすぐに、占拠者たちは急いで退却した。だが退却中に誰かが突然、中にまだ四人残っていることに気付いた。この四人は命を犠牲にしてでも、占拠を続けることを決意していた。蕭雲によれば、この時、立法会の外にいた群衆の誰かが突然「みんな一緒に退却だ！」と叫んだ。すぐに全員が同じ言葉を繰り返した。拡声器を持った男性が「四人の仲間を待ちたい者は全員前に出て！」と号令すると、全員が前に出た。そして、〔警察が突入する〕タイムリミットが迫っているにもかかわらず、みんなが待っていた。数十人の行動参加者が急いで会議場に戻り、撤退を拒否

する四人を引きずり出した。その後、警察部隊が前進し始めると、大群衆は中環に向かって撤退していった。(原注10)

政府も一部の穏健なリベラル派も、翌日には世論が「暴力的な侵入者」に反対する方向へ転換すると予想していた。しかし、そうはならなかった。政府はまた、泛民が占拠を非難できなかったことに失望していた。一週間後、七月七日に大行進がおこなわれてから、民間人権陣線は新たな声明の中で、林鄭月娥の退陣という時代遅れの要求をこっそりと入れ換え、代わりに普通選挙権の要求を受け入れた。泛民も、しばらくしてから目立たないようにこれに続いた。(原注11)

侵入した若者への共感は大きく、多くの人々が、抗議行動参加者は現政権のシンボルを破壊しただけだと主張したほどだった(正確に言えばそれは真実ではなかったのだが)。それにもかかわらず、破壊行為の中にはほとんど無意味なものがあった。そして、これまで見てきたように、行き過ぎた行為をその場で止めようとする参加者がいつもいたのである。

しかし、七月一日の出来事を、二〇一四年に三週間以上も立法院を占拠した台湾の学生(ひまわり運動)と比較すると、香港の事例の欠点は明らかである。台湾の学生は、立法院占拠行動を起こす前にすでに組織されていたため、より整然とした方法で占拠をおこない、自分たちの声明を非常に早い段階で公表できた。その上で、立法院内外での集会や行動を組織したのである。破壊行為はなかった。その占拠が、民衆が権力を取り戻すことを意図するものであるのなら、立法府の中の設備を破壊しても何の役にも立たないことは確かである。しかし、香港ではそれが起こったのだった。

しかし、その不十分さにもかかわらず、立法会ビル占拠は、反乱の攻撃的民主主義路線を強化するのに役立った。それは事実上、次のようにみんなに伝えたのだった。「われわれは、この支配者を別の支配者に置き換えることを望んでいるのではない。われわれが望むのは、体制の変革である。われわれは民主主義を求めているのだ！」

七月二一日：警官が組織的犯罪者の肩をたたいたとき

七月二一日には三つの出来事があり、この日は運動のもう一つの分岐点となった。第一に、民間人権陣線は香港島で六回目のデモ行進をおこない、四三万人が参加した。しかし、連絡弁公室に罠が仕掛けられていたことや、（中国本土との境界に近い）元朗に住む抗議行動参加者が待ち伏せされていたことを知る者はほとんどいなかった。

二一日の夜、デモ行進が終わりに近づくと、大勢のデモ隊が弁公室に向かっていた。私もその中にいたが、連絡弁公室の近くに住む友人からメッセージと写真が届いた。彼のメッセージによれば、連絡弁公室の外にいた警察が午後六時頃に突然撤退し、建物を警備する警官がいなくなったというのだ。添付の写真がそれを証明していた。私が到着したのは午後七時頃で、怒れる大勢の人たちと一緒にいた。実際に警官はいなかった（後に四人の警官が門の中にいたとの報告があったが、私は見ていない）。連絡弁公室は、抗議行動の標的になることが多いので、いつも厳重に警備されている。向かい側に大きな警察署があることを考えると、その光景は罠のように見え始めた。そこにいた若者たちは、すぐに連絡弁公室に対して手当たり次第に物を投げつけたり、壁に「ファック支那」などのスローガンをスプレーで書いたり、国章に絵の具を投げつけたりし始めた。やがて「警察が来る」という噂が広まり、みんな撤収した。私も彼らについていき、警察署の前を通った。警察署のドアは閉まっていた。その後、私はＭＴＲの駅がある道路に上がろうとしたが、若者たちに呼び止められ、二ブロック先に機動隊の大部隊が待機しているのが見つかったと告げられた。この警官たちは一〇〇メートル以内に待機していただけで、抗議行動参加者が香港における中国当局の象徴の一つ〔である連絡弁公室〕を侮辱するのを黙認していたのだった。

抗議行動はすぐに警察と勇武派の間で深刻な衝突に発展した。帰宅することを選択した人々も帰路につき始めた。その一方で、新界西に向かうＭＴＲの列車には数百人の乗客が乗っていた。その中にはデモ参加者もいたが、いつも通りに乗っているだけの乗客もいた。午後一〇時、列車が元朗駅に到着すると、乗客は下車したり、車内に残っていたりした。突然、白い服を着た約百人の男性の集団が駆け寄ってきて、無差別に列車の内と外にいた乗客を棒〔藤條＝藤の木で作った鞭状の武器〕で殴り始めた。人々は助けを求めて叫んだ。二人の警察官が通りかかったが、見て見ぬふりをしただけだった。同様の攻撃は駅の外でも発生した。その夜、新界北警察本部のコールセンターには、三時間で二万四千件の緊急通報が記録されたが、警察は何もしなかった。ある典型的なケースでは、電話をかけた人は「怖いなら家にいなさい」と言われただけだった。何人かは近くの警察署に事件を通報しに行ったが、警察署は閉まっていた。警察は三九分も経ってからようやく到着した。彼らの不作為によって、報告されただけで四五人の負傷者が出た。そのうち五人は重体だった。負傷者の中には泛民派の立法院議員〔民主党の林卓廷議員〕も含まれていた。

翌日、警察は、警察署がMTR駅のすぐ近くにあるにもかかわらず、なぜ三九分も遅れたのか説明ができなかった。特に、事件の数時間前に、組織的犯罪者による攻撃の可能性について、泛民の区議会議員二人がすでに警察に警告していたことを考えると、その警告は無視されただけだったのである。ある元警官は、警視総監に対して「あの夜、元朗には職務についていた警官が〔通りかかった〕二人しかいなかったと言うのか?」と批判的な記事を書いた。その元警官は警察のヒエラルキーについて詳しく説明し、元朗警察署にはたくさんの人員がいたが、故意に職務を放棄していたことを示した。(原注12)

記者、公務員、学者、一般市民の間で、真実を知ろうという共同の自発的努力が始まった。やがて、真実ないしは少なくともその一部が明らかになった。七月一一日にさかのぼると、連絡弁公室新界工作部部長の李薊貽は、元朗地区にある十八郷郷事委員會〔村役場に相当〕の式典で、もし暴徒が元朗にあえて来ることがあれば、愛国者としてこんな連中を追い払わなければならないと発言していた。事件の一日前には、組織犯罪シンジケートのメンバーが攻撃の準備をしていることを示す兆候もあった。ある匿名の行政官が二一日におこなわれるデモについて警告した投稿が流れ始めていたのだ。

〔連絡弁公室の〕王某がすでに動員をかけていた・・・関係当局は、警察に代わって勇武派の攻撃に対処するために、数千人の正体不明の人間を手配した。最初はデモ隊に文句を言って、そのあと勇武派と愛国者との間で衝突を起こさせるのである。何もかもが片付いたあとで、警察が登場して大衆の支持を取り戻す……さまざまな地区のデモについては、「強力部門」（権力機関）がすでに地元の組織と会合を持った。元朗はそのうちの一つである。[原注13]

デモ参加者のほとんどは、デモ行進に行く前にはこの警告を知らなかった。

公共放送局の香港電台（ＲＴＨＫ）はドキュメンタリー番組でこの事件を取り上げ、その中で元朗警察署が攻撃の数時間前にこうした組織犯罪シンジケートの動員を知っていただけでなく、攻撃が駅構内で始まったときに駅の外で彼らの何人かと話をしていたことを明らかにした。[12] 警察幹部がそのような人物の肩を叩く姿が目撃されていた。中国国家と組織犯罪との共謀についての研究があるトロント大学のリネット・オン准教授は元朗事件についてコメントし、より組織化されているとはいえ、雨傘運動時の旺角事件[13]に匹敵すると語った。[原注14]

この事件は多くの人々を怒らせた。しかし、翌日には奇妙なことが起こり、人々は抗議行動に出てこなくなったのである。

二二日の午前中に、組織犯罪グループが午後にも再び襲撃するとほのめかした警告メッセージが流布され、元朗だけでなく、屯門（Tuen Mun）と荃湾（Tsuen Wan）（これら三つの地域はすべて香港の新界西地区にある）にも影響を及ぼすことになった。これらの地域は恐怖に包まれていた。午後三時にはすべての店が閉まり、通りには誰もいなくなっていた。私は屯門を歩き回ってみたが、数人の歩行者を見かけただけだった。しかし、攻撃はなかった。このことは、七ヶ月間の反乱における多くの謎の一つとなった。それが陰謀だったのか、それとも純粋に噂だったのかに関わらず、その客観的効果は少なくとも一日だけは抗議行動を阻止できたことだった。

二三日から黄色陣営の反撃が始まった。これが運動の最高潮の起点となった。一週間を通して、あらゆる層の抗議行動参加者が動員された。二四日と二五日には、急進派の若者たちが大きな群れをなして、MTRに行って「不服従行動」をおこない、そこでの交通機関を混乱させた。二六日には、一五〇〇人の医療従事者が伊利沙伯（クイーン・エリザベス）病院で座り込みをおこなった。同じ日、航空業界の従業員や一般市民一万五千人が香港国際空港で座り込みを行い、政府と警察を非難した。彼らは観光客にビラを配って、なぜ座り込みをしているのかを説明した（「和你飛集会」（一緒に飛ぼう集会）と呼ばれた）。また、運動が「香港警察、知法犯法」（香港警察は法律を知りながら故意に破っている）というスローガンを掲げたのは、そのときが最初でもあった。行動参加者はまた、繰り返し「民衆の歌(14)（Do you hear the people sing?）」を歌った。この空港での座り込みが重要だったのは、それがその後の一連の空港占拠の第一弾となったからだった。空港については、政府も深く懸念していた。空港は、抗議行動参加者の手に落ちるにはあまりにも重要なものであり、外国人訪問客の目の前で行動参加者を取り締まることは、林鄭月娥にとって確かに良いことではなかった。

そうこうしている間に、元朗で二七日にデモをおこなう許可申請をする者が現れた。警察の行動に抗議するためのデモだった。多くの人々が自分たちの怒りをぶちまけるために、このような大規模なデモ行進を探し求めていた。警察は許可証の発行を拒否した。警察がデモの許可を拒否したのは、今回の運動が始まってから初めてのことであり、このことは、その後のさらに多くの禁止行為の前例となった。警察が申請者に許可証の発行を拒否したというニュースが知れ渡ると、抗議行動参加者たちはデモ行進ができるように、すぐに素晴らしいアイデアを思いついた。彼らは特別な種類の菓子を買うために元朗に行こうと人々にアピールした。この菓子は、広東語圏の人々が結婚したときに親戚や友人に贈る菓子であることから「老婆餅」(「老婆」とは妻のこと)と呼ばれているものだ。老婆餅を探すために元朗に行く理由はたくさんあった。というのも、元朗には老婆餅を作っているので有名な店がいくつもあったからだ。警察は予防策として、老婆餅を求めて人々が殺到してくる前の夜に、作業員を手配して元朗区の金属フェンスを外せないようにつなぎあわせた。急進派の若者がフェンスを壊して、警察と闘うのにそれを使うことができないようにしたのである。その間、街は怒りに沸いていた。急進派の若者の中には、組織犯罪シンジケートがいる疑いのある地域を攻撃することを呼びかけた人たちがいたが、それに対して真剣に反対し、その結果がひどいことになると警告する人たちもいたのである。

翌日、私は午後三時に元朗に到着したが、しばらくの間は、一〇〇人ほどのデモ隊を見かけただけだった。数ブロック先の老婆餅の店の前には長蛇の列ができていたと聞いた。しかし、街頭で抗議する人はあまりいなかった。人々は禁止されたデモに参加することの法的結果を恐れているのだろうか？　すると突然、さまざまな方向からやって来る何十万人もの抗議行動参加者の姿が私の目に映った。後で聞いたところによれば、約二八万人が参加したという。通りは人々であふれ返っていたので、前に進むのがやっとの状態となった。われわれはみんな、照りつける日差しの下で大汗をかいた。それは怒りに満ちた抗議行動だった。人々は警察署を包囲し、警察署の壁には警察を非難するステッカーを貼った。突然、前方が騒がしくなった。警察は前方のデモ隊に向かって催涙ガスを撃ち、われわれは皆、脇道に逃げ込んだ。一方、前線では、警察とデモ隊の間で激しい衝突が起こっていた。

この行動は偉大な市民的不服従だった。以前は穏健な民主派支持者だった何十万人もの人々が、勇武派に加わる準備ができていなかったにもかかわらず、警察の禁止令をあえて無視して街頭を行進したのである。そう、人々はとても怒っていたのだ。人々は「香港の中国本土化」が目の前で起こっていると信じていた。今では多くの人々が「時代革命」の呼びかけを信じるようになっていた。これが、八月のための土台作りとなったのである。

八月五日のゼネラル・ストライキとその影響

七月の最終週、黄色陣営は非常に興奮した雰囲気に包まれていた。急進派の若者たちは、再び八月五日月曜日の「三罷」に向けたキャンペーンを繰り返した。その日には人々を団結させるために、七つの地区でストライキ集会をおこなうという合意がすぐになされた。アーティストたちは人目を引くフライヤーやアニメのイラストを配って、「ヤクザと警察は似た者同士だ、香港人よ、ストライキに参加を！」といったメッセージを宣伝した。(原注15)フードデリバリー業界の従業員たちは、「君たちはまだ働いて料理をしているのか？・・・われわれはみんな、すぐに大きな鍋で料理されるだろう！」ということばが入った、料理を作っているシェフの写真を配布した。人々は街頭でフラッシュモブを演出し、ひざまずいてストライキに参加するように人々に懇願した。八月四日の日曜日、将軍澳（Tseung Kwan O）〔九龍半島の東部郊外にある〕では一五万人が抗議のために街頭に出た。さらに、中環でも二万人が街頭に出た。翌日、急進派の若者たちは、交通を止めるために多くの信号機を破壊した。それ以来、歩行者や車の運転手は特に注意しなければならなくなった。いままで重大な事故が起こらなかったのは半ば奇跡である。

工盟は、加盟組合のうち九六組合がゼネストに参加する準備をしていると発表した。キャセイパシフィック航空、港龍航空、ブリティッシュ・エアウェイズの客室乗務員組合を含む航空業界の七つの組合は、組合員がストライキに入ることを支持した（ただし、正式なスト権投票のための大会を開く時間がなかったため、組合としての正式な参加はできなかった）。『蘋果日報』もまた、ゼネストを支持する主要な代弁者となった。それは、ストライキという考え方を支持する黄色陣営の企業経営者を報道することで、多くの中小企業経営者を引き込むことができた。こうした企業経営者たちは、香港で警察と暴力団が癒着することを非常に心配している。というのは、自分たちがこのような癒着の犠牲になることをよく知っているからだ。一九七四年に香港廉政公署[15]が設立されるまでは、警察と暴力団との癒着は日常茶飯事だったのである。

八月五日の朝、黒い服を着た若者たちの前衛部隊は、さまざまな地下鉄駅に分散して、人々の出勤を阻止するために電車のドアの開閉を妨害した。乗客の中には若い参加者と口論する者もいたが、若者らを擁護する者も多くいた。地下鉄は午後一時まで半ば麻痺し、多くの労働者にとって朝の出勤はほぼ不可能になった。

多くの労働者はストライキの呼びかけに積極的に応じ、自主的に仕事を放棄した。それが、地下鉄を止めるときに、多くの労働者が進んで急進的な若者と協力した理由である。正式のストライキを組織する際の香港の労働組合の弱点は、下からのイニシアチブによって補われたのである。多くの労働者は、病気休暇や家庭の事情など、さまざまな口実を設けて出勤を拒否した。経営者の多くも、五〇年ぶりの政治ストライキに寛容だった。ストライキは、航空、運輸、金融、小売、フード・デリバリー、行政機関など多くの部門に影響を与えた。航空業界と空港がもっとも深刻な影響を受けた。四日の夜、空港の航空管制官の三分の一が翌日に病気休暇を取ることを当局に伝えた。彼らは声明も発表して、順法闘争を実行することを告知した。五日には、キャセイパシフィック航空の従業員二千人と他の航空会社の従業員千人（の計三千人）がストライキに入った。手荷物取扱者二〇〇人もストライキに参加した。工盟によれば、市内全域で三五万人の労働者がストライキに参加したという。香港空港管理局（ＡＡ）は、通常通りの便数は飛ばせないことがわかっていたので、キャセイパシフィック航空に半数の減便を要請した。『サウスチャイナ・モーニング・ポスト』の報道によれば、ＡＡは五日に計二五〇便の減便を余儀なくされたという。通常、同空港では一時間に六八便が発着している。ＡＡはそれを三四便に減らさなければならなかった。同じ日、数千人のデモ隊が空港で座り込みを行い、多くの人がなぜストライキに入っているかを説明するために訪問客に近づこうとした。空港の外では、地元のバス会社である城巴（シティバス）の運転手二〇〇人（従業員の一〇％）がストライキに入った。多くの銀行員も仕事を放棄し、少なくとも五一の支店を閉鎖に追い込んだ。影響の少ない支店でも、カウンターの一部を閉鎖してサービスを縮小せざるを得なかった。一五の主要道路とMTRのほとんどの路線が封鎖されたか、または運行を停止した。北京をさらに立腹させたと思われるのは、シティバンク、HSBC、香港競馬ジョッキークラブのトップがストライキに寛容であると発言したことである。また、公的助成金を受けている重要な九つの劇団が、スタッフがストライキに入ることに理解を示した。商店八二七店舗とオンラインショップ四八五店舗も営業を停止した。(原注16) その影響は比較的小さいものだったが、消費者に対して「青店」〔親政府派の商店〕のボイコットと「黄店」〔抗議行動支持の商店〕からの購入を呼びかける「黄色陣営」のキャンペーンがのちに展開される土台を築いた。(16)

その一方で、一五万人の抗議行動参加者（一部では三〇万人とも言われている）がさまざまな地区でおこなわれた七つの集会に参加し、それに続いて急進派の若者たちが一四の地区で大通りを歩き回って、信号機を破壊したり、道路を封鎖したりした。合計二〇〇セットの信号機が破損したと報告された。しかし、何人かの自称「信号機修理労働者」からのオンライン投稿は、信号機のいくつかは単に交通局によって消灯されていただけだと述べていた。夜になって、合計一三の警察署が包囲され、多くの衝突が続いた。北角(17)（ノースポイント）と荃湾では、組織犯罪シンジケートが〔デモ参加者とみられる〕黒い服を着た人々を襲ったが、元朗事件の時とは異なり、反撃して彼らを追い払った。その後の数週間は、ほぼ毎日のように動員がおこなわれた。街は蜂起の瀬戸際にあるように見えた。

八月九日、中国民間航空局（CAAC）は反撃して、キャセイパシフィック航空に対し、一〇日以降、「違法な抗議行動」に参加した乗務員の中国本土発着便への搭乗を禁止すると公式に警告した。抗議行動参加者たちは一〇日にも「一万人で乗客を迎えに行こう」と呼ばれる、空港を占拠することを目的とした行動を再び計画していた。その行動は一一日に終了することになっていた。こうして、彼らはCAACにも同様に抗議する機会を得た。彼らの行動は香港発着便の半数を麻痺させた（実数では、一〇日には三分の一近く、一一日には四分の一近くの欠航があったという人もいる。あるパイロットによると、AAはキャンセルされた便の数を誇張していたが、実際には特定の「キャンセルされた」便の離陸をこっそりと許可していたという）。

航空管制官を名乗るある人物は、この二日間の空港での行動に不満を示す一部の勇武派たちのネット上のコメントに反論して、これを「一生に一度の」成功と呼んだ。

君たちが今日達成したことは、八月五日よりもずっと成功したものだった。その行動のあと、当局は航空管制官のストライキ（の影響）を軽視したがっているが、その理由を知っているか？　空港が香港経済の生命線だからだ・・・ヨーロッパへの長距離便は、午後に東南アジアに飛んで、ヨーロッパ便に飛ばす飛行機が必要となる前に香港に戻ってくる飛行機を必要としている。東南アジア便がキャンセルされれば、それは後の便に影響を与える・・・香港は八年間、世界でもっとも多くの貨物輸送量を扱ってきた国であり、もし（サービスの連鎖が）途絶えれば、多くの宅配業者が補償金を支払わなければならなくなるだろう・・・これは大金だ。他方で、われわれは何も失っていない、誰も血を流していない、誰も撃たれ

ていない、誰も逮捕されていない。それなのに君たちはいったい何に不満だというのか？(原注17)

一一日の夜、警察を怒らせるようなことは何もしていないのに、〔尖沙咀でのデモ現場で〕警察の発砲によって若い女性が右目を失明した。彼女の包帯を巻かれた目の画像は、国際的な運動の象徴となった。(18) 抗議行動参加者たちはいまや空港での抗議活動を続けることを望んでいた。デモ隊で埋め尽くされた空港コンコースでは、「黒警還眼！」（暴力警察、彼女の目を返せ！）という新しいスローガンが熱烈に響き渡った。空港は占拠を止めさせるために裁判所に差止命令を申請しなければならなかった。あるとき、林鄭月娥は抗議行動参加者の意図をこう問いただした。「暴徒は革命を起こしているのか？」

一三日の夜、香港の運動の信用を失墜させるために、北京によって利用されるような事件が起きた。空港にいたデモ隊が、付国豪と徐錦煬という不審な中国本土の男性二人を見つけて、二人を縛り上げたのだ。付国豪は大声で「自分は香港警察を支持している」と主張し、群衆に向かって「殴れるものなら殴ってみろ」と言い放った。デモ隊は非常に怒って、二人がスパイだという結論に達し、殴り始めた。暴力を制止したデモ参加者もいて、その中の一人は〔公民党の〕郭家麒（Kwok Ka-ki）立法会議員だった。彼は暴力をふるっている者たちに落ち着くように言い、「警察のリンチを非難する者が、同じことをしているではないか？」と問うた。イギリスのフリーランス記者リチャード・スコットフォードは、一〇〇人のデモ隊に囲まれて蹴られ続けていた徐錦煬をかばっていた。二人は結局、救急隊員に救い出された。(19) 付国豪は中国本土に戻るとすぐに、現地のメディアから英雄として歓迎された。彼が襲われている写真は、北京が香港のデモ参加者を「暴徒」だと非難するときの証拠となった。

そうしているうちに、北京は攻撃をエスカレートさせた。空港の占拠が最高潮に達した時、中国民間航空局はキャセイパシフィック航空の主要株主であるスワイア・パシフィック社のマーリン・スワイア会長を召喚し、航空会社では経営陣の変更が必要だと伝えた。（原注18）一四日には、キャセイパシフィック航空は、デモ隊を支援したことを理由にパイロット二人を解雇した。一六日、キャセイパシフィック航空CEOのルパート・ホグは、副社長のポール・ルーとともに辞任した。キャセイパシフィック航空は声明の中で、「一国二制度」の原則を全面的に支持することを改めて表明した。その上で、同社は、一般従業員に敵対する方向に転じ、デモ隊への支持を理由に、同社の格安航空子会社である港龍航空の客室乗務員組合委員長、施安娜（Rebecca Sy）を含む数十人の社員を解雇した。しかし、こんなことでは北京は満足しなかった。すぐにキャセイのジョン・スローサー会長が九月三日に辞任することになった。

一八日に、民間人権陣線は再び大行進を行い、一七〇万人が参加した。行進に先立ち、ネット上の議論では、多くの急進派の若者たちが、林鄭月娥に圧力をかけるために最大限の参加者を集めようとして、この行進を平和的なものにすべきだと判断したことが示された。夜遅くになってデモ行進が終わりつつあるとき、多くの若者が、警察と衝突しないで帰宅するよう他の人々に訴え始めたのが目撃された。通常の抗議行動の場面であれば、激しい議論や多くの叫び声に発展するところだった。しかし今回は違っていた。若者たちは喜んで帰宅することに同意した。

八月の最後の二週間には、学生たちが次の「三罷」に向けて訴えている姿が見られた。この「三罷」は、学校が再開される九月二日と三日に予定されていた。ある事件が抗議行動参加者の大義を推進する手助けとなった。八月三一日の夜、機動隊はＭＴＲの太子駅で列車の中に突進し、誰をどのような容疑で捜索しているのかを明らかにすることなく、中にいた乗客を無差別に攻撃したのだ。多くの人が重傷を負った。警察が中にいた誰かを殺したという噂が広まった[20]。この出来事は、翌月の抗議活動にとって火に油を注ぐ結果となった。

九月・一〇月における若者の急進主義

九月一日は日曜日だった。急進派の若者たちは、月曜からの二日間の「三罷」活動の前段行動として、空港をもう一度封鎖する行動を呼びかけた〔七月二六日に続く二度目の空港占拠行動は「和你塞集會」（一緒に止めよう集会）あるいは「和你飛２・０」（一緒に飛ぼう２・０）と呼ばれた〕。正午には、数百人の若者たちが空港や近くのＭＴＲ駅に到着し、再び空港を麻痺させることを目的にして、列車の移動を止めるために線路に物を投げるなど、そこにある施設を破壊し始めた。機動隊が若者たちと衝突し、いたちごっこが続いて、空港の通常の機能を混乱させた。その直後、空港はデモ参加者に対する裁判所の差止命令を延長させることができた〔空港管理局は八月一三日から空港利用を妨害する行動に対する緊急差し止めを申し立て、裁判所がそれを認めていた〕。そして、ＭＴＲ駅は閉鎖された。しかし、香港空港管理局は二一便のフライトをキャンセルしなければならなかった。それでもなお、さらに多くの若いデモ参加者が徒歩で空港に到着した。夜になると、参加者たちは交通手段がないため、空港で立ち往生していた。人々は徒歩で空港から帰ることにした。後を追いかけてくる警察車両を恐れて、勇武派の小グループは後ろから追ってくる警察車両を止めるために、高速道路の車の交通を止めた。そうしている間にも、急進派の若者が危険な状況にあることを聞きつけると、市民らはすぐに、デモ参加者を救出するために、五千台の車を運転して空港と市街地とを結ぶ青馬大橋まで駆けつけた。上空から撮った闇夜の曲がりくねった高速道路に果てしなく続く市民らの車列のテールランプの写真がネットに投稿されると、人々はこの行動を〔一九四〇年に西部戦線の英仏軍四〇万人がドイツ軍の猛攻を防ぎながらイギリスに撤退した作戦になぞらえて〕「香港版ダンケルク撤退戦」という愛称で呼んだ。

多くの若いデモ参加者が空港に行くことができなかったため、彼らは所構わずMTRの駅を破壊し始めた。合計二〇の駅が燃やされ、券売機が壊された。このような抗議行動は九月中に何度も繰り返され、一〇月二日までMTR社は合計四七駅の閉鎖を余儀なくされた。

その一方で、九月二日には一三の大学・専門学校の学生会が二週間の授業ボイコットを呼びかける共同声明を発表した。林鄭月娥の回答期限は九月一三日とされた。二三〇校の高校生も行動する準備ができていた。九月二日午前、香港衆志と中學生反送中關注組は、五大要求を呼びかけるため、中環で四千人規模の集会を開いた。さらに多くの高校生が授業に出る前に短時間集まって、〔学校をとり囲む〕人間の鎖を作って抗議した。(21)午後には、三万人の大学生が香港中文大学に集まり、同じことを要求した。

九月一日、二〇の産業分野の労働者は二日間のゼネストを呼びかける共同声明を発表した。続く二日間、工盟は四万人の労働者が集まった中環での集会開催を支援した。労働者らはそこに集合して、林鄭月娥に抗議するために仕事をボイコットしたのだった。これに続いて、街中でいつものような若者と警察の衝突が起きた。四日には、林鄭月娥が逃亡犯中国送還条例案の撤回を発表したが、デモ参加者たちに抗議行動を止めるよう納得させるには至らなかった。

九月八日には集会がおこなわれ、その後アメリカ領事館まで行進して、共和党のマルコ・ルビオ上院議員が提唱していた「香港人権・民主主義法」の制定を求める請願書を提出した。この法案は北京の侵略から香港の人々を守る法案として宣伝されていた。集会には二五万人が参加したと言われている。しかし、警察は集会を中止させ、衝突が続いた。

九月二二日に一五歳の少女、陳彦霖（Chan Yin-lam）が謎の死を遂げたことで、黄色陣営はさらに反感を募らせた。彼女の遺体は裸で海に浮かんでいるのが発見された。彼女は抗議行動の参加者だった。ベテランの法医学博士がこの事件を不審に思い、警察に検死するよう訴えたが警察は応じなかった。(原注19) 彼女の事件は、警察国家の到来への懸念を強めた。

九月中、香港のあちらこちらで大小の抗議行動が二〜三日おきにおこなわれた。九月二九日には「全球反極権大遊行」（全体主義に反対するグローバル・マーチ）が予定されていたが、警察によって禁止された。にもかかわらず、デモ行進は実施された。何十万人ものデモ参加者が再び街頭に出たが、警察はすぐに取り締まり、街中で衝突が起こった。海外の香港人の努力により、二八日と二九日には二〇カ国六〇都市以上で連帯デモがおこなわれた。もっとも大きかったのは台北のようで、一〇万人が街頭に繰り出した一〇月一日の国慶節のデモ行進は、九月二九日のデモと同じようなものだった。警察が取り締まり、その後、デモ隊は分散して、警察とのゲリラ戦に移った。林鄭月娥は、彼女の平和的なジェスチャーが拒否されたのを見て、さらに攻撃をエスカレートさせた。一〇月四日には、植民地時代に作られた緊急状況規則条例を発動して、マスク着用の禁止を命じた(22)。これは黄色陣営から軽蔑されただけだった。林鄭月娥をあざ笑うために、たとえば顔にペイントをしたり、顔全体を覆うように長髪を編んだりして、マスクを使わずに顔を隠している写真がネット上に投稿された。街翌日には、この禁止令に公然と反抗するために、マスクをつけた人々の抗議行動が相次いだ。街全体が大混乱に陥った。MTRは再び標的にされるのを避けるため、すべての列車を運休し、駅を閉鎖した。多くのモールも同様に閉鎖された。人々はスーパーマーケットで、パニック状態で買い物を始めた。教育局は学校に対して、授業中にマスクをつけ続けた生徒の数を報告するように命じた。今回は学校管理者でさえもその命令に従わなかった。一〇月二〇日、尖沙咀（チムサーチョイ）でおこなわれた別の非合法デモには三五万人のデモ隊が集まった。誇り高き香港人は反抗し続けた。

二つの大学での一一月闘争

香港中文大学での闘い

一一月八日、香港科学技術大学（ＨＫＵＳＴ）の学生、周梓樂の死亡が発表され、またしても急進的な抗議行動の引き金となった。周梓樂は四日夜の抗議活動中、完全装備で「見張り番」をしていた。彼は、高所から落ちて意識不明の状態で発見された。ある医師によれば、被害者が意識のある間に高所から落ちたときには通常は手足に重傷を負うが、その代わりに彼は骨盤の骨に重傷を負っていたという。このことは、彼が落下したときには意識がなかったことを示している可能性があった。彼は落ちたときには動けなかったのではないかと推測する人もいた。多くの人々は、周梓樂が警察に追われて高い所から飛び降りざるをえなかった、あるいは単に警察が彼を殺害して、死体を通りに投げ落としたのだと考えた。警察はこれを否定した。反乱のスローガンが「香港人、抵抗せよ！」から「香港人、復讐せよ！」へと発展したのは、まさにそのときだった。抗議行動参加者はすぐに、一一月一一日月曜日から大規模な抗議行動に加えて、再び「三罷」を一週間にわたって実施することで合意に達した[23]。しかし、工盟は今回、積極的にストライキを呼びかけることはしなかった。というのは、八月に北京政府やキャセイパシフィック航空などの大企業から報復を受けたあとでは、ストライキを呼びかける自信がなかったためである。急進派の若者たちは再び、交通を撹乱させて労働者の出勤を阻止するという「被罷工」戦術に頼った。一一の大学・専門学校が授業中止を発表した。

もっとも急進的な行動は香港中文大学内部でおこなわれた。キャンパスのすぐ外にあるいわゆる「二号橋」は、幹線道路と鉄道線路の上に架かっていた。一一日早朝、若い抗議行動参加者たちは橋を占拠し、交通を止めるために橋から物を投げ始めた。すぐに機動隊が到着し、橋を奪還した。両者は催涙ガスを発射したり、火炎瓶を投げつけたりして互いに争った。そのうち、警察は学生たちの防御を突破し、キャンパスに一時的に侵入した。午後遅くになって、警察は攻撃を止めた。一方では同じ日に、市内の多くの地域でも大規模な衝突が発生し、二八七人が逮捕されたが、そのうち三分の二が学生だった。

翌日も、香港中文大学の学生と警察との対立は続いた。約一〇〇人のデモ隊が二号橋を警備していた。正午に、香港中文大学の副学長が両者の間で仲裁を試みた。『中大學生報』(中文大学生新聞)によれば、交渉を望む者と闘いを望む者との間で小競り合いが起こった。好戦派のうちの一人が突然「後ろにいる者はガスマスクを着用しろ!」と叫んだため、後方で警備していた者は前方での議論を知らないまますぐに命令に従った。大きなゴミ箱三つが急いで前に送られた。橋の反対側にいた警察はすぐに催涙ガスで攻撃し、さらに前方に突撃してデモ隊五人を逮捕した。この日、少なくとも八〇人の学生が負傷した。(原注20)

夜になって、大学の段崇智(Rocky Tuan)学長は学生と警察の間で調停を試みたが、失敗に終わった。警察が、逮捕された五人の学生の釈放を求める学生の要求を無視したためだった。しばらくすると、警察は学長のいる方向に催涙ガスを撃った。すぐに警察は攻撃を再開し、暴力をエスカレートさせて、車に搭載された放水銃で放水した。

いまや多くの抗議行動参加者は、キャンパスの内外で、警察がいずれキャンパスを占拠して学生を虐殺するのではないか、一九八九年に鄧小平が中国人学生にしたことを繰り返すのではないかと危惧した。一九八九年の事件は、香港人の記憶にいまだに新鮮に刻み込まれているからである。炎と煙に包まれたキャンパスの写真を見て、外にいた人々が何千人もキャンパス防衛を手伝うために、あるいは物資を届けるために、キャンパスに押し寄せ始めた。すでにすべての交通機関が閉鎖されていたため、彼らは自分の足で移動するしかなかった。バイクを持っている人だけが比較的容易に到着することができた。彼らはできるだけ多くの物資を運んできた。一番多いときで、おそらく数千人の学生や支援者が、警察の侵攻からキャンパスを守るためにキャンパス内にいたが、警察は「侵入する意図はない。自分たちは二号橋を確保して、デモ隊が橋の下の幹線道路を混乱させないようにしたかっただけだ」と述べた。

警察は報道陣からの質問に対し、大学が「武器庫」になっているので、必要であれば実弾射撃も辞さないと明言した。後日の警察の報告によれば、戦闘の後に警察が乗り込んだとき、キャンパスには未使用の火炎瓶が三九〇〇本あったという。抗争の真最中には、一部の学生が体育館の倉庫に侵入し、警察と闘うために弓矢を持ち去った。抗議行動参加者の中には投石機を自作した者もいた。一般的には、こうした武器は実際にはそれほど効果がなかった。運動が始まって以来、その大学はすでに「香港暴徒中文大学」というあだ名をつけられていた。そのあだ名の由来は、六月下旬に、グーグルマップ上の中文大学の名前が勝手に操作されて、短い間、このあだ名に書き換えられていたことに端を発している。しかし、学生はそのあだ名を誇りに思っていたかもしれない。というのは、学生らがこのあだ名をキャンパスに落書きしていたからである。

ほぼ同時に、警察の注意をそらし、香港中文大学に攻撃を集中させないために、市内あちらこちらで警察と対峙しようという呼びかけがなされた。多くの場所で、デモ隊と警察、犯罪組織、青色陣営支持者との間の戦闘が起こった。

警察は夜遅くにキャンパスから撤退した。報道では、双方に死傷者が出ないようにするため、前線指揮官が本部に撤退命令を出すように要求したとされる。トップに内部的不一致があったが、最終的にはハト派が制して撤退を命じたというのである。[原注21] 現場にいた学生の一人、黄漢彤（Wong Hon-tung）は、この報道に懐疑的だった。彼は友人の話を引用した。友人は、ある警察指揮官が部下に「撃つのをやめろ、弾薬が尽きてしまう！」と叫んでいるのを偶然耳にした。[原注22]

一三日、警察が進出してこなかったため、キャンパスは静まり返っていた。しかし、警察の包囲網はまだ続いていた。キャンパスはまだ緊張していた。北京は連絡弁公室を通じて、香港中文大学にいる中国本土の学生に避難するか、香港から完全に離れるように促した。これに続いて、他の国からも同様の呼びかけがあった。

少なくとも一時的にはキャンパスの平和が回復したので、学生たちは必要不可欠な一部の施設の運営方法を学ぶ時間を得た。レストランは、ボランティアの料理人によって引き継がれ、それなりの食事が提供された。何人かの人々はキャンパスバスの運転を学び始めた〔中文大学は新界地区の広大な敷地にあるので自前のバス路線があった〕。利用者は自分たちが妥当だと考える値段を払った。勇武派は、火炎瓶〔に見立てたペットボトル〕の投てき訓練をした。ネット上では、キャンパスを自主管理しているということで、抗議行動参加者を称賛する投稿が流された。しかし、この素晴らしいイメージの背後で、すでに香港中文大学の学生と外から来た人々―他の大学からの学生および市民―の間で緊張が高まっていたのである。必ずしも香港中文大学の学生とは限らない者が、「門番」に立って、キャンパスへの立ち入りを希望する全員をチェックしていた。立ち入り希望者の鞄もチェックの対象になった。それは多くの中文大学の教員や学生を困惑させた。オンライン議論や二回の公開討論会で両者は衝突した。混乱や管理の誤りもあった。たとえば、火炎瓶が備蓄されている横での喫煙、破壊行為、見張りのいない前哨基地、無免許でのキャンパスバスの引き継ぎと運転（その結果として何人かが負傷した）などがあった。香港中文大学の学生ではない参加者の中には、香港中文大学の学生が提供した食料に不満を抱いて、代わりに「魚肉団子」を食べると主張する者もいた。香港中文大学の学生は、外からの参加者が、キャンパスを破壊し、無礼な態度で自分たちを扱うことを非難した。学外からの参加者は「コンドーム」のように〔「使い捨てのように」の意味〕自分たちを扱っているという理由で、中文大学の学生を非難して反撃した。闘いの目的そのものについても議論があった。香港中文大学を守るべきなのか、あるいは攻撃するために警察をおびき寄せるべきなのか？　キャンパスに留まるべきか、それとも去るべきかについても議論があった。多くの香港中文大学の学生が、キャンパスの混乱を鎮静化するために介入するよう学生会に話を持ちかけたが、学生会執行部は「大台〔ステージ〕を持っている」（指導部になろうとしている）という理由で批判されるという恐怖心から、イニシアチブを発揮できず、上述の公開討論会の一つを開催する以外には基本的に何もしなかった。いずれの公開討論会も結論が出ないまま終わった。

『中大學生報』は、一二日におこなわれた公開討論についての興味深い短い記事を公表した。

二号橋占拠の目的をめぐって、以下のような意見交換がおこなわれた。

ある学生は、交通の要所を麻痺させて人々の通勤を阻止するためだと主張した。別の学生は、香港人の多くは（われわれの）情熱によっても動こうとしない「港猪」だから、強制的にストライキをさせる必要があると指摘した。この意見には、また別の学生が（労働者にストライキを強要することは）労働組合や世論の支持を得ていないので、それは正しいストライキなのかという疑問を出した。ある労働者の参加者は、たとえMTRの運行を止めることができたとしても・・・上司は「（封鎖を）迂回すれば、まだ出勤できる」と言うだろうと考えた・・・その労働者は、学生たちには同級生がいるが、（従業員として）自分には一緒に加わってくれる同僚がいないので、組織化が必要だと発言して、そのことを学生に気づかせた。（原注23）

一四日には、キャンパスはまだ比較的平穏だった。参加者の数は大幅に減少していた。香港理工大学〔同じ時期から同大学でも立てこもっていた。後述〕の学生を応援しに行くべきだという意見もあった。二号橋にはいまや二〇人の防衛隊しかいなかった。この日、私はキャンパスを訪れ、壁に多くの落書きやスローガンがスプレーで描かれているのを目にした。その中には、「If we burn, you burn with us」（われわれを燃やす炎はお前たちも燃やす）〔映画『ハンガーゲーム：レジスタンス』の主人公のセリフ〕や「組合を組織して、『三罷』を準備せよ」などがあった。われわれはそこにいた友人に話を聞いたが、楽観的な者はほとんどいないようだった。午後遅くになって、友人と私が帰り始めると、帰るのを止められた。何人かの若い参加者が、警察がやって来るからと言って、われわれを帰さなかったのだ。われわれは仕方なく山を登って帰ることにしたが、外に出てみると警察はいなかった。

一五日の真夜中、三人の抗議行動参加者が記者会見を開き、政府がきたるべき区議会選挙を延期しないと約束すれば、幹線道路を再開すると発表した。この三人は、表向きは自主的に行動していたが、明らかに警察苦情処理独立委員会の誰かに指導されたものだった。これはすぐにさらなる分裂を引き起こした。警察が混沌としたキャンパス占拠に対する攻撃を長い間止めたとしても、参加者の間の分裂は多くの人々の士気を低下させるのに十分なものだった。一一月一五日に段崇智学長が公式に部外者の退去を求めたが、その前に多くの参加者はすでに退去していた。そうでなければ、彼は政府に助けを求めていただろう。段崇智の決定に抗議する参加者は出てこなかった。翌日、主要道路はすべて再開された。火炎瓶の製造を抑え込むために、政府はガラス瓶のリサイクルを停止した。

香港中文大学での闘いの間に、ある参加者は〔ウェブ掲示板の〕ＬＩＨＫＧに次のような興味深いコメントを投稿した。

雨傘〔運動〕の過ちを繰り返すな。キャンパスを守ることは陣地戦であり、これは必然的に統制と指揮を必要とする。しかし、いかなる「大台」〔ステージ＝指導部〕もいらない、あるいは設ける気がない人たちがいる！（それがもたらすのは）内部分裂であり、誰も人の言うことを聞かない状況だ。特に香港理工大学では、人々はお互いにFワード〔「Fuck!」などの人を罵倒する言葉〕を叫んでいた・・・規律がなければ、どうやって闘いをすることができるというのか？　頼むからやめてくれ、（キャンパスを）守っている人たちを支持するために何をすべきか、知っている大人がいるのは分かっている。だが、そうではなくてお祭り騒ぎをしているだけの人たちもいる・・・お祭り騒ぎがしたいなら、どうか他の場所にやってくれ。

また、この投稿は別の投稿に読者を誘導していた。それは、警察からキャンパスを守る手助けをするためにキャンパスに駆りつけた労働者や抗議者のグループが書いたものだった。

革命はまだ成功していないのに、われわれはすでに内部で混乱に陥っている。香港中文大学の出来事とその最終的推移をもたらした要因は、香港中文大学の仲間を責めることができない（ことを私たちに教えてくれる）・・外から来た仲間たちの中には、正当な理由もなくキャンパスを破壊した者もいる。われわれがここに来た理由は何よりもキャンパスを守るためではないのか？　・・・ある仲間たちは、至る所にスプレーで落書きをしたり、理由もなく窓を壊したり、無礼な態度で話したり、当たり前のことのように指揮権を握ったりした。このことは確かに香港中文大学の仲間たちを困惑させ、われわれ外から来た参加者たちも困惑させた・・・あまりにも多くの小グループがあって、団結することができず、それぞれが自分のやりたいことをしていた。そして、（われわれは）すべての信頼を失い、人々は次々と去っていき、キャンパスを敵に返してしまったのだ！　われわれはそれを占拠したことで、高い代償を払わなければならなかった。何のために？　われわれはこれに大きな不満を感じている！・・・第二に、「指導部を持たない」という言葉はわれわれ全員を過小評価するものだ！「指導部がない」ということは、組織を持つことができないということを意味しない！（ここにはたくさんの）小グループがあっただけだった・・・（何か違うことを）提案した人は誰でも、「自分たちが指導部になろうとしている」と非難され、支援にやってきた最前線の人たちを失望させた。（原注24）

香港理工大学での闘い(24)

香港中文大学の闘いの後、香港理工大学の出番となった（他の大学でも抗議行動があったが、はるかに小さいものだった）。香港理工大学はまた、非常に戦略的な場所を占めていた。それは香港の三本の海底トンネルの一つに非常に近いところにある。そこで交通を止めれば、深刻な混乱を招くことになる。その上、ＭＴＲの東鉄線にもつながっている。(25)一一月一四日の朝、デモ隊の一部は、鉄道の走行を止めようと火炎瓶を投げつけた。警察が到着し、催涙ガスを発射した。間もなく、両者の争いはキャンパス周辺の地域に広がった。多くの抗議行動参加者は、香港中文大学から撤退したあと香港理工大学に支援に行った。彼らも警察も、勇武派の最良の部隊がすべて、このキャンパスに集まっていることを知っていた。午後になると、行動参加者は警察に向かって矢を放ち、他の人たちは海底トンネル道路の出入り口にかかる歩道橋を占拠し始め、交通を止めるために物を投げ始めた。中にはトンネル道路に降りて、そこの料金所を焼き払った者もいた。トラックがバリケードを抜けて走ってきたが、デモ隊がそれを止めるために火炎瓶を投げつけると、トラックは炎上したまま走り去った。

集中的な戦闘は一一月一七日の日曜日まで続いたが、警察が放水銃と装甲車を駆使して、行動参加者に対して正面からの強力な攻撃を開始した。キャンパスの壁は、放水銃の化学水で青く塗りつぶされた。行動参加者は、レンガや火炎瓶、さらには巨大なパチンコで応戦した。彼らは装甲車に火炎瓶を投げつけ、それに放火した。それにもかかわらず、多くの参加者が負傷した。二人の参加者は記者に「ここにいる誰に聞いても、私たちの闘いは成功しないと言うだろう・・・そのことはわかっていても、それにもかかわらず、私たちは闘うのだ、これが抵抗するということだから！」「私は死ぬ覚悟はできている、私は遺書を準備した」と語った。(原注25) キャンパス内に子どもがいる親たちが大人数でやって来て、目に涙を浮かべながら、キャンパスに通じる道路で、子どもたちに会うために自分たちを通すよう警察に要求して座り込みをおこなった。

一八日には、警察はキャンパス周辺地域に対する支配力を強化した。警察は正面から攻撃して学生からキャンパスを奪う代わりに、キャンパスを包囲する方を選んだ。中にいた参加者は、逃げなければ自分たちの運命が決まっていることを知っていた。参加者は千人から約六百人にまで減少し、その数は減少の一途をたどっていた。彼らは包囲網を破ろうとして休まずに闘ったが、うまくいかなかった。七〇人以上が投降した。残った者は闘い続けた。放水銃の化学水が当たるたびに悲鳴が聞こえた。彼らの肌は傷つき、寒さに震えていた。しかし、警察は肉体的な暴力だけでは満足しなかった。警察は拡声器を使って「お前たちが死んでも俺たちには関係ない」「おい、香港理工大学は理学療法で有名じゃないのか？　手足の不自由なお前たち学生を治療する理学療法士が大勢いるぞ」などと中にいるデモ隊を侮辱した。占拠行動参加者は、お返しに「願榮光歸香港」（香港に栄光あれ）という曲を演奏した。この曲は八月に作られたもので、大人気となり、人々は冗談まじりに「香港の国歌だ」と言っていた。

同じ日、「キャンパスを守っている香港理工大学の学生から香港市民への手紙」がネット上で公開された。そこにはこう書かれていた。

もしわれわれが一歩でも後退したら、棺桶すらないまま死ぬだろう。暴力警察は、八日間連続で香港理工大学を攻撃してきた。われわれはキャンパスで包囲下にあった。外ではわれわれの仲間たちがわれわれのことを真剣に心配してくれている。ここでは、われわれは心に平安を感じ、承知の上で（自分たちの運命に）直面している。われわれは血と涙を流して、犯罪的な警察の攻撃からキャンパスを守ってきた。われわれにはどんな罪があるのか？　学生を守るはずの（大学の）学長や理事が、学生が逮捕されるように警察に学生を売ったのだ。（原注26）われわれは最後の瞬間までキャンパスを守るつもりだ・・・自由か、それとも死か・・・

歴史は私に無罪を宣告するだろう。(26)(原注27)

その一方で、勇武派たちは、一七日になって、キャンパスに対する警察の包囲網を打ち破るために外からの総攻撃を呼びかけた。絶対的な戦力が圧倒的に不利なことを知って、ためらった人もいたかもしれない。それにもかかわらず、一八日には、一万人以上の人々が行動の呼びかけに耳を傾けて、それに従った。警察はいつものように、キャンパスに通じるMTRの駅をすべて閉鎖した。通りはほとんどがデモ隊で占拠されていたため、バスは運行されていなかった。キャンパスにいるデモ隊を支援しに行こうとすれば、歩かなければならなかった。多くの人々がキャンパスのすぐ外側で警察と闘っていた。私が途中まで到着できたのは、午後の遅い時間帯だった。佐敦（ジョーダン）で立ち止まると、すばらしい光景が目に入った。旺角から尖沙咀まで、長さ一・五キロの人間の鎖がたった一つの目的のために作られていた。それはあらゆる種類の物資━レンガ、ゴーグル、傘、水、想像できるものはなんでも━を後ろから前に手渡すためだったのだ。小グループの人々が、瓶の入った箱を載せた台車を押しながら、私の横を通り過ぎていった。おそらく火炎瓶だろう。突然大きな爆発があり、それに続いて強い焦げ臭い匂いが長い間空気中に漂っていた。若者のデモ隊の中に、道端にある変圧器を爆発させた者がいたのだった。

私は帰宅してから初めて知ったのだが、午後八時頃、大学構内にいた一〇〇人以上の参加者が逃げ出すことができた。大規模な救助ネットワークがデモ参加者を救うために動員されていた。それは「見張り番」、「スクールバスの運転手」、「親」〔それぞれの呼称については第二章参照〕、キャンパスの下水道システムを熟知する専門家などからなっていた。何人かの参加者は、ある高架道路の下を走る別の高架道路へとロープを使って降下していった。そこには何十台ものバイクがすでに待機していた。彼らは逃げてきた抗議行動参加者を乗せて別の高架道路まで連れて行き、そこから連れ出してくれる車を探した。あるバイク・ライダーによれば、車の運転手の九割がドアを開けてくれたという。そしてそのあとで、バイク・ライダーはもっと多くの人を救い出すためにキャンパスまで急いで戻ってきた。多くの抗議行動参加者は、キャンパスの外で逮捕された参加者を救出するために、同じように大きな危険を冒した。夜中になって、佐敦で、警察が怪我をした若い少女を逮捕した。救急車がその少女を乗せに来たが、すぐに一〇〇人の怒ったデモ隊に囲まれた。彼らは、車内にいた三人の警官に向かって叫びながらレンガを投げつけた。警官は銃を抜き、群衆に実弾を発射したが、混乱の中で少女は逃げ出した。後日、警察は最終的に少女の居場所を突き止め、逮捕したと発表した。

しかし、一八日のキャンパス外での行動は、中にいた人たち全員を救い出せたわけではない。むしろ、外にいたデモ隊の多くが逮捕されたり、負傷したりした。合計で三五四人がこの闘いが原因で入院した。翌日、数百人の高校生がキャンパス内にいることを知って、教育職能選挙区選出の立法会議員である葉建源（Ip Kin-yuen）〔香港教育専業人員協會副委員長〕が五三人の高校校長とともに警察と交渉し、〔後日の捜査のために〕高校生が警察に個人情報を登録することを条件にキャンパスから退去できるようにした。最終的に彼らは三二〇人の生徒を救い出した。ある校長が記者に語ったところでは、生徒の一人は退去できたことを喜んでいたが、仲間を置き去りにすることに罪悪感を感じていたため泣いていたという。同時に、警察は八〇〇人の参加者（ほとんどが香港理工大学の学生ではない）を逮捕し、（高校生の他にも）四五〇人の成人を登録したあとでキャンパスから退去させたと発表した。最終的に二四二人が起訴され、ほぼ全員が二〇代だった。その一方で、一〇〇人未満の参加者が中に残っていて、彼らは下水道からの脱出を含めて、逃げ出すためにあらゆる方法を使った。それを可能にするために、彼らにはキャンパス内の下水道システムの地図が密かに手渡された。しかし、トンネルから頭を出した瞬間に逮捕された者もいた[27]。最後の数日、残った人たちは精神的なプレッシャーに直面した。被害妄想的になり、お互いに不信感を抱くようになった。スパイの恐怖から、誰もが完全に顔を覆うマスクをつけ続け、もし他人に自分たちの脱出計画が知られたら、計画を危うくするだけではないかと心配した。多くの人がお互いに話をするのをやめた。ある者は身を隠した。ある者は他の逃げ道を使って脱出した可能性がある。二八日に、警察はキャンパスを制圧したが、それ以上の参加者は見つからなかった。

この二つの闘いのあとでは、香港の人々と香港の若い世代はそれまでとは決して同じではないだろう。実弾で撃たれ、負傷のため腎臓の片方を失った学生の周柏均は次のように話した。

> 人々は銃弾で殺されるが、信念には防弾の力がある。信念は一人から別の人へ、十人へ、そして百人へと広がっていく。誰もが自分の信念を大切にしなければならない。（原注28）

（原注1）「王志民下硬指示 有建制商界口服心不服」民報、二〇一九年五月二〇日。

（原注2）「與武力衝擊不切割、民主派料不影響集會」民報、二〇一九年六月一一日。

（原注3）「612金鐘行雜記」立場新聞、二〇一九年六月一二日。

（原注4）『補水』大學生：自己前途自己爭取」蘋果日報、二〇一九年六月一三日。

（原注5）「與林鄭割席：一個高級公務員」蘋果日報、二〇一九年七月四日。

（原注6）「人能把我們怎麼樣呢?」明報、二〇一九年一一月三日。

（原注7）「這是一個吃孩子的政權―7・1晚上我在立法會內看到的年輕人」立場新聞、二〇一九年七月三日。

（原注8）「示威者：闖立會為展對抗政府決心」明報、二〇一九年七月三日。

（原注9）「香港人抗爭宣言」Medium、二〇一九年七月二日。https://tinyurl.com/y62gudnv
〔訳者〕原注で紹介されているサイトは、中国語版と英語版で宣言を紹介している。訳者が英語版から日本語に訳したものを次に掲げておく。

香港人抗争宣言

私たちは市民社会から生まれた抗議行動参加者だ。選択肢が他にあるのならば、自分たちの体を使って暴政に抗議したり、政府との交渉の切り札として香港立法会を占拠したりしなくてもいいのに、と願っている。しかし、政府はすべての原則と手続きを脇に置き、香港人の要求を無視し、彼らのいい加減な主張を繰り返し、何度も嘘をついてきた。このような支配と理不尽な政府と対峙しているので、私たちは香港と香港人の正義と良心と愛をもって反撃する以外の選択肢を持たない。

香港特別行政区政府が発足して二二年が経ち、政治・経済情勢ともに悪化している。林鄭月娥が行政長官に就任してから、香港の状況はさらに悪化した。政府は何百万人もの香港人の要求を無視し、逃亡犯条例改正案（通称：送中法案）を強引に推し進めた。

香港人は香港への愛情から、六月にはあらゆる方法で政府に条例案の撤回を要求してきた。ある者は平和的に、ある者は勇敢に、ある者は理性的に、ある者は傷を負いながらも。しかし、政府は民衆を無視し、人々を敵として扱い始めた。

現在の香港政府は、もはや香港人のことを優先していない。香港人の声を確実に聞かせるために、われわれ香港市民は、街頭占拠や今日の立法会占拠のような不服従行動をとらざるを得なくなっている。

今日の占拠行動は社会から批判されるかもしれない。しかし、社会の中での急激な分裂の主な原因は何なのだろうか？　増え続ける世論の不平不満の主な原因は何なのだろうか？　なぜ香港人はこのような立場に追い込まれているのだろうか？　私たちは武装しているわけでもなく、暴力を振るっているわけでもなく、ただ正義の心を持って勇敢に前進し、政府がすぐに正しい道に戻るように願っているだけなのだ。

私たち占拠行動参加者は政府に対し、以下の五大要求の実現を要求する。

一、逃亡犯中国送還条例案を完全に撤回すること。
二、六月九日と六月一二日の抗議が暴動だったという宣言を撤回すること。
三、すべての抗議行動参加者に対する訴追を取り下げること。

四、警察の権限濫用を徹底的に調査すること。
五、立法院を行政命令で解散し、ただちに二つの普通選挙を実施すること。

「香港反送中抗議行動」が始まって以来、すでに三人の殉教者が亡くなった。私たちは悲しみと怒りを忘れず、心の中に優しさを持ち続け、これ以上、自由、正義、民主主義の大義のために命を落とす人がいなくなることを願う。私たちは、社会が団結し、専制政治や強権的な法律と闘い、ともに香港を守ってくれることを願う。

（原注10）Facebook account of Siu Yan, 5 July 2019.
（原注11）「五大訴求『真普選』漸代『林鄭下台』」頭條日報、二〇一九年七月一〇日。
（原注12）「前督察再撰文：救急扶危儆悪懲奸，香港警察還記得嗎？」立場新聞、二〇一九年七月二九日。
（原注13）「一班ＡＯ的分享」、Gold Water Hong Kong Facebook group、www.facebook.com/178965725523592/posts/2336638383089638
（原注14）「『傭員暴徒』非新事 從傘運説起」明報、二〇一九年七月二八日。
（原注15）「連登網民呼籲8月5日三罷　全港七區集會」眾新聞、二〇一九年七月三〇日。
（原注16）「0805 全港大罷工店舗及團體一覽表」、https://docs.google.com/spreadsheets/d/1XudNUiaZdQ3p5lbveM6r9kyyLrAtttNZh0vrIb_jalQ/edit#gid=1075505997
（原注17）「我係空管主任」LIHKG、https://lihkg.com/thread/1458355/page/1

（原注18）Danny Lee, 'Hong Kong Protests Have Caused Severe Turbulence at Cathay Pacific but has the Airline Done Enough to Appease Beijing after Heads Rolled at the Top?', South China Morning Post, www.scmp.com/news/hong-kong/transport/article/3023273/hong-kong-protests-have-caused-severe-turbulence-cathay

（原注19）「陳彦霖浮屍全裸有可疑警應公開更多調查資料」蘋果日報、二〇一九年一〇月一五日。

（原注20）「中大之戰」（『中大學生報』二〇二〇年一月號　佔領中大專題）http://cusp.hk/?page_id=8565 ——この部分の最初の草稿について、黄漢彤がアドバイスしてくれたことに感謝したい。

（原注21）「警催淚彈射中大　學生汽油彈頑抗　攻防戰數十人傷　校方與警協議後退暫平息」明報、二〇一九年一一月一三日。

（原注22）二〇二〇年四月四日におこなわれた著者によるインタビュー。

（原注23）「11・13中大前途討論會整合」Facebook、www.facebook.com/cuspcusp/posts/2616595291734532

（原注24）「給陣地戰手足的話」LIHKG、https://lihkg.com/thread/1726362/page/1

（原注25）「受傷　失視力　學牛　紮住上」蘋果日報、二〇一九年一一月一八日。

（原注26）この非難は正確ではない可能性もある。というのは、厳密に言うと、学長は学生たちに警察に投降するよう訴えただけだからである。大学当局は確かにある時点で警察に通報したが、実験室にある化学薬品が盗難にあうことを心配していたのである。

（原注27）「理大留守學生致全港市民書」LIHKG、https://lihkg.com/thread/1732478/page/1

（原注28）「曾想過會死　自勉活下去見證民主　中槍青年周柏均：子彈打不死信念」明報、二〇一九年

一一月二四日。

MTR 太子駅入り口での「献花」（訳者撮影）

第四章　反乱の問題点

スローガンとシンボル

二〇一四年の雨傘運動は、「命運自主」（自分たちの運命は自分たちで決める）と「自己香港自己救」（自分たちの香港は自分たちで救う）というスローガンで有名だった。そして、二〇一九年の反乱が起きた。反乱が急進的になればなるほど、香港本土派の梁天琦[1]（Edward Leung）のスローガンである「光復香港、時代革命」（香港を取り戻せ、今こそ革命だ）を取り上げる人がますます増えていった。このスローガンは内容的には空疎なものだったが、感情が込められていた。それがそもそもの最初から空疎だったのは、彼の言う「革命」にどんな効果があるのか、この革命の目的は北京の香港支配を打倒する以外に何があったのかについて、梁天琦が説明できなかったからである。ましてや「新しい香港」のビジョンを展開することなどできなかったからである。このスローガンを繰り返す若者たちは、自分たちの好きなように解釈した。しかし、一つだけ多くの人の心をつかんだ解釈があった。それは攬炒派による解釈だった。「我要攬炒」は、LIHKGに登録されているアカウント名である。そのアカウントの背後にいる人々の本当の名前は明らかにされていない（このアカウントが登場する前から、「攬炒派」ということばは雨傘運動以降すでに使われていた。それは北京と闘うために焦土戦術を提唱し、後に「攬炒」（「われわれを燃やす炎はお前たちも燃やす」、つまり「死なばもろとも」の意味）というスローガンを使った特定の香港本土派を言い表すものだった）。[2]「我要攬炒」は、二〇一九年六月上旬、香港の高官や親北京派の政治家の市民権を無効にするように、外国政府にロビー活動をおこなったことで名を上げた。というのは、そうした人々やその家族の多くは、欧米諸国の市民権を持っていたからである。「我要攬炒」の初期の成功の後、ＬＩＨＫＧ「我要攬炒」團隊と呼ばれるチームが結成され、外国の政府や政治家にその運動を支持するようにロビー活動をおこなう上で、欠かせないプラットフォームとなった。そのチームは一一の学生会とともに、八月一六日に「自由のために闘おう、香港とともに立ち上がろう」を掲げて「英美港盟主權在民集會」を開催した。「我要攬炒」のメッセージも集会中に読み上げられ、〔スローガンの意味について〕以下のように説明した。

「光復香港」とは、香港の自由、人権、民主主義、われわれの資源の自決権、国際的地位を取り戻すということである。「時代革命」とは、香港人が（北京が基本法で約束した）「五十年間変化しない」という時代の中で、下から立ち上がって政権を揺さぶり、政権交代を起こすということである。（原注1）

注目すべきは、この説明の空虚さではなく、多くの若者がそれを歓迎したという事実である。多くの若者にとって、大切なことはこの革命の詳細を明らかにすることではなく、むしろこのことばが持つ急進的な意味合いにあった。若者たちは、北京の支配によって存在感が希薄になっていた香港と完全に決別することを望んでいた。そして、そのことができるだけ早く起こることを望んでいたのである。「次は何か？」という問いには関心がなかっただけなのだ。若者たちは中国共産党への憎悪と新しい香港への憧れの両方を、このスローガンとその提唱者である梁天琦に投影したのである。特定の急進的なスローガンを支持する「英雄」―黄台仰（Raymond Wong）、陳雲、周永康（Alex Chow）、岑敖暉（Lester Shum）など[3]―に世代の感情を投影するということの現象は、過去一〇年間にすでに何度も起きていた。二〇一九年の反乱は、少なくとも二〇年前から蓄積されてきた大きな感情、つまり自由であることへの憧れの爆発だったのである。

北京からの弾圧と香港人からの抵抗は鋭い分裂を生み、それは双方が相手側を言い表すために使うことばにも見られる。警察はデモ参加者を「ゴキブリ」と表現し、反対派は警察を「黒警」（ヤクザ警察）や「狗」（犬）と呼んだ。これに続いて、いつも「死全家」（一家全員死んでしまえ）という呪いのことばが言われるのだ。香港を抑圧しようとする共通の敵に直面することによって、黄色陣営内の結束は強まっていった。このプロセスは、すでに雨傘運動において始まっていた。しかし、若者たちの結束は非常に強かったので、すぐにお互いを「仲間」という意味で」「手足」（sau zuk）と呼び合うようになるほどだった。三〇歳を過ぎた人々は、最初はいやいやながらこのことばを使っていた。しかし、大目に見ることができるものだった。というのは、自分たちの世代ではそのような結束が生まれなかったからである。この世代は非常に弱い「共通のアイデンティティ」しか持っていない。

このように、二〇一九年の反乱は、香港人の共通のアイデンティティ、香港人の国民としての権利を取り戻す運動だった。「ちょっとした文化の再生」が起こったのも不思議ではない。その中では、「願榮光歸香港（Glory to Hong Kong）」＝「香港に栄光あれ[4]」（非公式の「国歌」）が歌われた。香港風の「自由の女神」が、自由への強い切望を表現した驚くべき量の宣伝チラシ、壁画、絵画、ポスター、漫画と一緒に、獅子山の頂上に設置された。この過程で、香港人は運動のための一種の象徴と言語をも創作した。私はこれを「ちょっとした文化の再生」と呼んでいる。というのは、これは植民地支配下の香港が文化的にはまったく不毛だったので、「文化砂漠」と呼ばれていたからである。時が経つにつれて少しずつ改善されてきたが、文化的には貧しく、多様性に欠ける状態が続いてきた。しかし、状況が変わり始めたのはここ一〇年のことに過ぎず、二〇一九年には大きな突破口が開かれた。

図２　抗議する「連登猪」

有名な「連登猪」は、最初は連登（ＬＩＨＫＧ）でその年の干支〔二〇一九年の亥年は日本ではイノシシだが中国圏では豚。「猪」は中国語では豚のこと〕として使われたが、今では運動のシンボルとして見られている。その前身は、「港猪」ということばだった。このことばは二〇一四年に流行し始めた、政治に無関心な人々を言い表す差別用語だった。対照的に、「連登猪」は、政治活動にとりくむ新しい世代の香港人を象徴するために、若い活動家によって借用されたものだった。まもなく「連登猪」はレノン・ウォールに掲示されたり、落書きに描かれたりするようになった。「黄色経済圏」の発展にともなって、「連登猪」は、黄色陣営を支持する泛民のカフェやレストランのガイド「香港人米豬連指南」〔著者はミシュラン・ガイド＝「米芝蓮指南」の香港版パロディと書いている」を象徴するものへとさらに進化したのである(5)。

抗議行動参加者は「オルタナ右翼」のシンボルであるカエルのぺぺも借用したので、必然的に、欧米の多くの人々は彼らが極右だと信じるようになってしまった。百万人規模の運動の中に極右がいたことは事実だが、抗議行動に参加した人々の大多数は、〔海外では〕オルタナ右翼がカエルのぺぺを自らのシンボルとして使っていることはまったく知らなかった。ほとんどの人々は、カエルのぺぺが可愛く見えると思っていただけだった。香港人が海の向こうで生まれたシンボルを使ったからといって、それが両方の文脈で同じ意味を持つとは限らない。香港の人々は、国際政治はもちろんのこと、香港の政治についても長い間無知な状態のままだったのである。さらに、そのカエルのぺぺは単に運動を象徴するために借用されただけではない。それを使ってどんな人も表すことができた。「ぺぺ警察」や「ぺぺ林鄭月娥」などが登場した(原注2)。

抗議行動の拡大にともない、アメリカとイギリスの国旗が頻繁に見られるようになった。抗議行動参加者における外国の影響力の問題は後述するが、ここでは、行動に参加した人々がこうしたシンボルをどのように見ていたのかを簡単に論じてみよう。参加者の中には、少数ではあっても筋金入りのアメリカびいきが存在していたことは間違いない。しかし、アメリカ国旗を振っていた若者たちの多くは、政治についてよく知らなかった可能性が高い。アメリカ国旗が象徴しているものについて、国としてのアメリカを象徴していること以外にはほとんど知識を持っていなかったのである。また、香港には、非常に長い歴史がある一般的な親欧米感情があることも認識

図3　ぺぺ林鄭月娥

しておかなければならない。同じように知っておくべき重要なことは、振られていたのがアメリカやイギリスの国旗だけではなかったことである。多くの場合、人々は他の国の旗も振っていた。多くの人々にとっては、香港が国際都市であり、単なる普通の中国の都市ではないというメッセージを世界に向けて発信したかったのである。若者が国際政治についての知識を持っていなかったことを反映する事件があった。それは、ネット上で次のデモ行進の準備について議論を始め、台湾からの支援に対して感謝の意を示すために、台湾の国旗〔中華民国旗である青天白日満地紅旗〕を掲げるという考えを思いついたときのことだった。しかし、台湾の国旗を実際に掲げると、多くの台湾人の反感を買った。若者たちは、台湾では世界の他の地域と同じく、国旗が表現しているものについて二つの陣営―青色陣営と緑色陣営―に分かれていることを知らなかったのである。青色陣営は台湾の保守的な国民党の支持者であり、緑色陣営〔緑色は民進党のシンボルカラー〕は台湾独立により傾斜した、香港の抗議行動を支持している可能性が高い人たちである。決定的なことは、台湾人の多くが、台湾の国旗は国民党の象徴であり、国家としての台湾の象徴ではないと考えていることである。[6]

泛民政党がこの大反乱でリーダーシップを発揮できなかったという事実を考えると、何をすべきかを考えるのは、大衆自ら、とりわけ若者に委ねられていた。本格的な政治経験や訓練もないまま、若者たちは自らの本能と想像力に頼らなければならなかった。そして、自らの意見を表現するのに、しばしば比喩という手段を用いた。

—「機動的な抗議行動は占拠よりも優れている」と言う代わりに、「水のようになれ」と言う。

—「われわれには、指導者、代表者、公開討論、会議、民主的意思決定は必要ない」と言う代わりに、「ステージはいらない!」と言う。

—店主が北京政府を支持している店を破壊することが、なぜ香港の民主主義をかちとるのに役立つのかを説明する代わりに、「われわれは攬炒派だ、われわれを燃やす炎はお前たちも燃やす!」ということばで答える。

—非暴力支持者と勇武派、あるいは勇武派と他の抗議行動参加者との間で意見の相違が生じたときに寛容である必要があるという観点から、一部の者が「兄弟爬山各自努力」(字義通りでは「兄弟よ、山に登ろう　それぞれの努力で」だが、「われわれはそれぞれが自分のやり方で闘い続ける」という意味)という比喩を使いはじめた。

—さまざまなレベルでの協力(単発的な同盟、短期的な同盟、統一戦線、異なる勢力の融合)やさまざまな分裂の源(個人的な問題、戦術的な違い、原則の違い)を確認する代わりに、運動内の議論は常に「私と一緒に来るか、それとも『割席』(分裂)か」の二者択一だった。(原注3)

この比喩的アプローチの良いところは、民衆が政治や抗議活動に参加しやすくなることだった。否定的な面は、行動をめぐる大衆的議論を明確にするよりはむしろ、多くの場合それをあいまいにしてしまうことだった。それゆえに、大衆的議論の有用性を徐々に使い果たしたのである。「山に登る」の比喩はその一例である。抗議行動が激しくなればなるほど、一人の行動がグループ全体にますます影響を与えるようになる。たとえば、群衆の真ん中から一人の参加者が警察にレンガを投げつけたとすると、真ん中にいる人たちではなく、前列にいる人たちが逮捕されることになる。この筋書きは何度も繰り返された。それぞれが自分のやり方で山を登っても、普通は関係者全員に影響を及ぼすことはない。しかし、抗議行動が公共の場所で起こった場合、これは必然的に行動の発案者以外の人々にも影響を与えることになる。

また、デモ隊が単一のデモ行進をおこなうべきなのか、それとも別々のデモ行進に分散させるべきなのかについても議論があった。言うまでもなく、「単一デモ対複数デモ」という問題は、「この行動には指導者が必要か？」という問題とは別のものである。しかし、単一デモを呼びかけた人々は、しばしば「指導者になりたいのか？」「ステージを再構築したいのか？」といった質問に直面することになった。しかし、この文脈での「ステージ」が何を意味するのかは明確ではなかった。それは、「選ばれたリーダー」、または「選ばれていないリーダー」のことかもしれないし、あるいは思いつくものを何でも意味しているのかもしれない。真剣な政治討論や民主的議論を通じて違いを解決することができなかったために、結果としてしばしば、ささいなことへのこだわりや分断が生じた。たとえば一〇月一日のデモ行進では、結局は土壇場で、単一のデモ行進ではなく複数のデモ行進となって、多くの人々を戸惑わせた。こうした筋書きは何度も繰り返された。もう一つの例は、二つの大学での闘いである。この運動が「水のように」なるはずだったとすれば、なぜ二つのキャンパスでの闘いが突然「機動戦」から「陣地戦」に変わってしまったのだろうか？　どちらの選択肢の方がよりうまくいったかには議論の余地があるが、残念ながら議論が始まったのは〔中文大学での〕二号橋の防衛行動がとられた後のことであり、その時にはすでに一〇〇人の学生が負傷していた。

いわゆる「分裂しない」という原則も、非常に問題のあるものだった。運動が始まった当初は、非暴力支持者と勇武派という二つの流れが協力し合うための良いアドバイスだったかもしれない。しかしまもなく、たとえそれが悪気のない批判だったとしても、批判することを何でもタブーにするようになってしまった。ある抗議行動参加者はこう書いた。

> われわれ全員が、自分たちが払った犠牲の・・・目的は何なのかを真剣に考えることを私は望んでいる。地球を焼き尽くすためなのか？　あるいは、民主的で進歩的な香港のためなのか？　警察を叩きのめすためか、それとも正義のためか？・・・「分裂するな」という原則は、どんな悪いことをしても許されるということではないし、批判をしてはいけないということでもないし、もっと良くしてはいけないということでもない。〔原注4〕

「自然発生性」対「ステージ」

この七ヶ月間の闘争の中で、人々が演説をする集会はあったが、民主的な討議や決定に関係する行動を見ることはめったになかった。七月一日に立法会ビルに侵入したとき、デモ隊は民衆集会や自分たちの目的を説明するきちんとした記者会見を開くのに最適な場所を占拠した。しかし、デモ隊は、侵入した後になって、そして多くのデモ隊が建物を破壊した後になってからようやく、どのようにして自分たちの目的を大衆に説明するのかを心配し始めたのだった。そして、民衆議会を招集するとか、自分たちの革命を実行する方法を議論するためにデモ隊の会議を開催するといった努力は一切なかった。なぜなら、多くのデモ隊が破壊行為を通じて怒りを発散することに取りつかれていたからだった。

この運動の良いところは、多くの直接行動に力点を置いている点にあった。しかし、これは常に民主的議論、公開討論、集団的責任、組織それ自体に対置されていた。しかし、抗議行動参加者の中には、こうした完全に自然発生的な軌道に沿って運動を維持するのは困難であることに気づいた者もいた。

公平のために言うと、小グループの形をとった何種類かの組織は存在していた。こうした小グループが、新しい通信技術の助けを借りて、必要に応じてお互いに調整し合うこともあった。一種の超分散型組織と言えるかもしれない。われわれは皆、こうした新しい経験から物事を学び、それに応じて民主主義と社会運動についての概念を見直すことができた。しかし、この大反乱はまた、何かしらこの種の超分散型組織の限界を示している。組織された力という点では、この運動からは一般大衆が姿を現したが、それがより強化されることはなかった。というのは、参加者が運動前と同じようにアトム化されたままだったためである（新しい労働組合運動があるとはいえ、その基盤は比較的小さい）。社区レベルでは、黄色陣営の方がずっと数的に多数であるにもかかわらず、青色陣営の少数の強硬派がレノン・ウォールの活動を阻止することができた。反対派政党もまた非常に小さいままだった。これは勇武派により一層あてはまることだった。というのは、勇武派はみんな顔を隠していて、お互いの名前すら知らないことが多かったからである。

香港中文大学の学生「C．N．」は、一一月の大学での戦闘を振り返り、二〇一九年の反乱における民主的議論の欠如について、以下のような結論を導き出した。

二号橋の闘いについて言えば、調整の不在はもっとも過激な者が状況をコントロールすることを意味していた。それを止めることはできなかった。つまり、闘いから離れるか、彼らについていくか、どちらかしかできなかった。調整があれば避けられた損害を被ることになるかもしれない・・・この運動の中では、人々はマスクをつけ、非常にアトム化されていた。その闘いは小細胞的な組織によって主導されていた。そこには調整は不在だった。これは結果として、大小を問わずに多くの災厄をもたらした。われわれは勇武派と彼らの犠牲的行為に敬意を払うべきだが、この運動では勇武派を批判することはできなかった。私は原則的に暴力に反対しているわけではない。それは暴力の使い方による。しかし、もし銃を使うとしたら、私は賛成しない。なぜなら、君が銃を持っていて、私が持っていないのに、二人で突撃すれば、結局私が死ぬか、それとも二人とも死ぬか、になるのだから。しかし、〔勇武派のやり方は〕われわれに相談することなく、銃を取るというものだった。（しかし、もし勇武派を批判するとなれば）、「分裂したいのか？」という質問で反論されるだろう・・・こうした過激化は、戦術の合理的な議論を不可能にした・・・もし人々が、自分たちは武装革命の準備ができていると考えているのなら、その戦術を議論することができるはずだが、この運動ではそのような議論のための空間は存在しなかった。（原注5）

集会もなく、公開討論のための適切な手続きもないことから、誰がもっとも利益を得るのだろうか？　雨傘運動の苦い経験によれば、いつも自己主張が一番強かったのは、まさに「反権威主義」や「反指導者」の立場をもっとも声高に叫んだ人々、すなわち右翼本土派だったのである。二〇一九年の反乱では、特定の勇武派が「ステージに反対」〔＝指導部は必要ない〕という名のもとで実際上の指導者となったが、彼らは誰に対しても責任を負わなかった。ある抗議行動参加者は、これについて次のように述べた。

最前線にいる人々は、闘いの中で自分たちの命を犠牲にする準備ができていた・・・したがって、われわれ全員が彼らにとても敬意を払っている。しかし、彼らが自分たちよりもものを知らない人々を臆病者であるとして批判するときには・・・明らかにある種の「道徳的強要」

があった・・・。われわれは最前線にいる人々をとても尊敬しているが・・・だからといって、彼らを神格化したり、彼らの決定を神聖視したりすべきだという意味ではない。後方にいた人々もまた、仲間であり・・・〔闘争に〕貢献し、役割を果たしていた。そういう人々を〔勇武派は〕責めたり，怒って怒鳴ったりしないでほしい。(原注6)

ほとんどの偉大な抵抗運動は、自然発生性という要素を持っている。それは、下からの反乱の本質であり、多くの画期的な出来事の本質である。これによって指導者への不信感が生まれるかもしれない。しかし、これは肯定的にもなりえることである。社会運動において大衆はしばしば指導者に裏切られるということをわれわれ全員が知っている。それゆえに、指導者についての懐疑心は、デマゴーグや簒奪者への健全な不信感に向けて人々を導くことができる。しかし、指導者に責任を負わせたり、不法な指導者を排除したりすることでは十分ではない。問題の核心は、〔意思決定のための〕集会を開催し、合意によるものであれ、多数決によるものであれ、民主的な意思決定を実施することによって、多くの人々の集団的意志を強化することである。自分たちの集会と民主的な意思決定メカニズムがなければ、一般大衆は力と権力を持たない人々だからである。フランスの「黄色いベスト」運動は非常に自然発生的な行動から始まったが、週末に自分たちのコミュニティで交通を遮断したいのであれば、準備や調整について話し合うために集まる必要があることにすぐに気がついた。したがって、運動参加者はコミュニティ・レベルで集会を開催した。抗議行動が全国に広がったことで、これらのコミュニティ集会はすぐに二〇一九年一月に、七五の地方集会を代表する「集会の集会」を招集した。自律性が高いとされていた二〇一一年の「ウォール街占拠」運動でさえも集会を開催していた。対照的に、雨傘運動と二〇一九年の反乱の両方では、今後とるべき行動について人々が意見を交換したり、民主的な決定を下したりする集会に関する行動を目にすることはめったになかった。たとえ集会を開いても、集会は結局のところ始まってすぐに口論になったり、分裂したりすることが多かった。その理由は、経験不足というよりも、急進的な若者たちの間で主流となっていたのが、集会や組織化、投票のような民主的な意思決定の考え方に反対し、それらがすべて民主主義をめざす運動を危険にさらすものだという考えだったからである。しかし、誰もこうした自己矛盾を説明しようとはしなかった。

その一方で、八月初旬には、一部の中道右派リベラル派は「ステージ」、つまり北京による攻撃に反撃するための同盟を再確立することに同意するよう運動を説得しようとした。しかし、これは冷ややかに受けとめられた。これまでに経験した泛民による「ステージ」〔指導〕があまりにも官僚的なものであったために、泛民は信用に値するとは見られていなかったからである。[原注7] たとえば、中国民主化運動との連帯のために、一九八九年に設立された二〇〇〇の加盟組織による連合体である香港市民愛国民主運動支援連合会[7]は、事実上民主党指導者によって統制されており、急進的な若者たちによって常にこうした官僚的な「ステージ」の例として見られてきた。しかし、急進的な若者はもう一方の極端へと走った。それは、たとえもっとも民主的な種類のものであっても、いかなる形式であっても、適切な手続きに対する敵対心だった。これは次第に運動の力を削いでいった。基本的な調整と民主的議論が欠如していたために、大きな代償が支払われたのである。右翼ポピュリストがもっとも声高に発言していたので、このことは彼らに利益をもたらした。「第三の道」は、下からのイニシアチブと民衆の力の組織形態を同時に表現する民主主義的な視点を含むものである。しかし、それは全くと言っていいほど存在していなかった。

したがって、特定の右翼本土派や香港本土派が、抗議活動に参加することで名声を得たあと、運動の後半になってから適切な演台や演説を用いて、より積極的に集会を主導し始めたのはそんなに驚くべきことではなかったが、運動の自然発生的な性格のゆえに、自分たちが運動の指導者であると主張することはできないままだった。

幸いなことに、この反乱は最終的には、多くの多様な傾向を持つ真の大衆運動となった。もともとは組織や指導者に敵対的だった運動から、民主的な方法で組織化しているという点でこれとは正反対の新しい組合運動が誕生したのである。『ネーション』紙は、新しく結成された香港言語治療士総工會がいかにすばやく〔民主的な組織化を〕学んでいるかについて、興味深いレポートを掲載していた。

> 組合組織化は民主主義の実践でもある。黎雯齡は、全組合員の投票が平等に数えられるという公正かつ適切な手続きを経て、彼女と執行委員会が臨時総会において投票で選ばれて就任し、組合の合法的な代表者となることがいかにして可能となったかを述べている。(原注8)

暴力対非暴力

六月一二日のデモ隊に対する警察の弾圧によって、運動は暴力を初めて経験した。それは両者の間で暴力がエスカレートするサイクルを引き起こした。先に論じたように、最初に暴力を始めたのは常に警察であり、警察はしばしば残忍な暴力を行使した。その後警察は組織犯罪と結託するようになった。デモ隊の側では、勇武派が、警察との闘いから組織犯罪者への反撃、地下鉄や信号機の破壊、青色陣営の有名店の焼き討ちにまで進んでしまった。そして最終的には、個々の勇武派が、黄色陣営に嫌がらせをした青色陣営の支持者〔武装していたり、非武装だったりした〕をリンチする段階にまで達していた。一一月一一日〔通勤交通の妨害行動の呼びかけがされた日〕には、その行動の参加者が青色陣営の支持者に火をつけた。被害者はＭＴＲの〔馬鞍山〕駅の中で、何人かの行動参加者と少しもめていたが、妨害行動が始まるまでにはその場を離れ、他の非武装の抗議者らと路上で言い争いをしていた。彼が火をつけられたのは、まさにこのときだった。彼は命をとりとめたが、重傷を負った(8)。

当初から、多くの人が、行き過ぎた暴力的行為の少なくとも一部には、抗議者に変装した警官が関与しているのではないかと疑っていた。実際のところ、変装した警官が現行犯逮捕されたことも何度となくあった。もし北京政府と香港の傀儡政権がこのような手段を使わなければ、秘密警察はその任務を果たせなかっただろう。しかし、勇武派の行き過ぎた行為の多くが変装した警官によっておこなわれていたとしても、個々の勇武派も同じように関与していたと考えるのが妥当であろう。もっと重要なことは、こうした勇武派による行き過ぎを、より大局的に解釈する必要があるということである。

八月一六日におこなわれたある調査では、回答者の六八％が、警察が過剰な暴力を行使したと考えているのに対し、四〇％が抗議行動参加者も同じことをしたと考えていた。[原注9] 三ヶ月後には、警察に対する数字は八三％に上昇したが、抗議行動参加者に対する数字は同じままだった。[原注10] 一〇月下旬におこなわれた第三回調査が、上記の調査結果を説明することができた。それによれば、回答者の六六％が七月二一日（元朗事件のあった日）に警察と組織犯罪の間に共謀があったと考えており、六三％は本土警察が香港警察に潜入していると考えていた。[原注11] 泛民政党は勇武派に対する大衆的支持が逆転することを願っていたが、それは最初から間違っていた。というのは、香港において何か根本的なことが変わったということを認識していなかったからだった。いま一般大衆は、若者によって啓発され自分の目で何が起こったのかを見たあと、自分たちが知っていた香港は死んでしまったこと、そして、たとえ自らは勇武派に参加する準備ができていないとしても、この腐敗した体制に対する反乱は必要であることを十分に理解するようになっていた。

別の調査では、回答者の九三％が自分たちを「和理非」（平和的・理性的・非暴力）だと考えていたが、八七％が自分たちは勇武派とは分裂するつもりはないとも考えていた。[原注12] 双方の間には緊張があったが、その理由は、「和理非」派のほとんどが平和的なままだったことに加えて、多くの（四〇％の）「和理非」派が勇武派に一定の行き過ぎがあるのを認めていたことにあった。この大反乱は、われわれに「反対派の統一」のよい実例を与えたようである。

この「反対派の統一」は理論的なレベルでは存在していなかった。それは街頭や闘いの中に存在していた。多くの場合、行き過ぎた暴力が起ころうとしたとき、暴力を止めようとする人々が現れたが、それがいつも成功したというわけではなかった。権哥（第二章参照）のような人々は、行き過ぎた暴力を止めることを自らの任務の一つと考えていた。その翌日には、抗議行動参加者たちはインターネット上で、行き過ぎに責任がある者たちを激しく批判することがよくあった。一〇月に一部の勇武派が地下鉄の駅や青色陣営の店を破壊し始めたときには、反論する人たちもいた。

きみたちはいつも、抗議行動参加者がいかに傷ついたか、（自分たちの暴力が）いかに正義のためのものかを繰り返し言うことで、自分たちを正当化しているのではないのか？　傷つき殺されたのは、黒警によってなのに、きみたちはその黒警に対してではなく、青色陣営の店に対して破壊行為をおこなったのだ。(原注13)

MTRの施設に放火したのは、どんな目的のためだったのか？　それによってもっとも影響を受けるのは、行動に参加した人々自身を含めた一般大衆だった。最終的にMTR社の利益は減少したが、乗客に負担を転嫁することで、いつでも利益を回復させることができるのだ。一部のネット勇武派によって提起された可能な範囲での最善の説明は、それはMTRに対する怒りを発散させたに過ぎないというものであり、その理由として挙げられたのは（たとえば八月三一日の事件での）ＭＴＲの警察への協力やこうした「攬炒」心理だった。

一一月一一日の青色陣営支持者に対する放火は、ＬＩＨＫＧ上での激しい議論を引き起こした。ＢＢＣの記事によれば、ネットへの投稿者のうち、五千人以上がこれを行き過ぎた暴力だとは考えなかったが、暴力だと考える人も三〇〇人はいた。（原注14）

二〇一四年以降、一部の右翼本土派はある種の急進主義を提唱してきたが、それは行き過ぎた暴力に容易につながる可能性のあるものだった。その主張を以下のようなものだった。

――「われわれの敵が悪であるということだけで、「無底綫抗争」（いかなる最低限の制約もない抵抗＝徹底抗戦）というわれわれの原則を正当化するには十分だ。われわれの敵には何をしてもいいのだ」。もう少し穏健な言い方をすれば、「警察の暴力とわれわれの暴力を一致させる」（等価報復）ということになる。

――敵と友の間に線を引く際に、右翼本土派は「敵」の定義を非常に広げる傾向がある。その哲学は、「われわれに反対していない人たちは潜在的な友人の可能性がある」というのではなく、むしろ「われわれと一緒にいない人たちは明らかにわれわれに反対している」、あるいはもっと悪いことに「われわれと同じように見えない人たち、あるいは同じことばを話さない人たちはすべてわれわれの敵である」というものである。それゆえに、警察の家族も警察の暴力に責任があると考えた。北京政府について何か評価するようなことを言った人は誰でもリンチの対象とすることができた。広東語を話せない人は誰でも、自分たちのレストランで食事をすることを拒否することができた。これが本質的に、右翼本土派の「攪炒（死なばもろとも）」哲学である。

—誰かが彼らのやっていることの理由を説明してほしいと要求したり、「この件について話し合うべきだ」と言ったりすると、彼らの答えはいつも「勘弁してくれ、われわれは北京に対して抵抗戦争をしているんだぞ！」「おしゃべりしている暇はない。役に立たないおしゃべりをするのは『左翼のバカ者』だけだ！」というものだった。

—上記の原則はすべて無条件で自明のことであり、それゆえに絶対的な真理だというのだ。

暴力の正当性についての議論は、必然的に暴力がどこまでなら許容できるのかという最低ラインの議論をともなう。われわれの五大要求実現に関連して、ＭＴＲを壊すことや非武装の反対者に火をつけることは、どれくらい効果的なのか？　その政治的・人的コストはどれくらいなのか？われわれが焦土戦術を選択するときはいつでも、「相手が燃えないで、われわれだけが燃えたらどうするのか？」という問いを投げかけるべきではないだろうか？　だが残念なことに、きちんとした公開討論を完全に拒否する傾向が強かったのである。

確かに、暴力に関する右翼本土派たちの言説には、民主主義、人権、道具的理性、慈悲、寛容の要素は見当たらない。それどころか、「暴力のための暴力」、「集団的懲罰」、意見の違いに対する不寛容、合理的思考と議論の否定、極端な主観主義、権威主義だけが見られる。そのどれもが、彼らが憎む敵の姿をそのまま反映したものなのである。

これは目新しいことではない。それは、私が「義和団の乱の心理」と呼んでいるものの一例である。中国共産党はしばしば、一九〇〇年に起こったこの暴力的な外国人排斥の中国人反乱を「下からの運動」として、そして「愛国的」「反帝国主義的」とまで言って称賛したものだった。しかし、その運動が非常に反動的な要素も含んでいたことに言及するのを忘れていた。その反動的要素とは、迷信（自分たちの呪文が銃弾や爆弾に打ち勝つと信じている）、無実の人々に対する無制限の暴力、集団的懲罰（外国人宣教師のために働いていた中国人を殺すことさえあった）、清朝への支持などである。私はこれまでも、義和団の乱の負の遺産が現代中国に絶えずつきまとってきたと論じてきた。そのことはいわゆる文化大革命と二〇一四年以降の右翼本土派を見るだけでわかるだろう。中国人のアイデンティティを香港人のアイデンティティに置き換えても、そのような恐ろしい遺産の影響から免れることはできない。

一九七〇年代後半以降、「革命」ということばが中国でも香港でも忘れ去られてしまっていたあと、今回の偉大な運動が「革命」ということばを再び公開討論の場に引き戻した。多くの人々にとって、「革命」とは徹底的な体制変革を意味する。そして、右翼本土派のような一部の者にとっては、これは一定のレベルの暴力をともなうものでなければならない。議論に勝ったとまでは言えないにしても、この見解は影響力を持っている。

階級問題

二〇一九年の反乱は確かに民衆運動だった。金持ちも貧乏人も、中国人も南アジア人も、全員が一丸となって逃亡犯中国送還条例案に反対した。しかし、この壮大なイメージの背後では、貧困の亡霊が多くの若者を苦しめていた。中産階級や上層階級の若者はフルタイムで運動に参加できるが、貧しい大学生は生活のためにパートタイムで働かなければならないことが多かった。前者は、一級品のマスクから防刃ベストまで高価な装備を購入することができ、警察から逃げるときにそれらを捨てても気にしなかった（カバンの中にこれらの装備が見つかれば「暴動に加わっていたこと」の証拠となりうる）。貧しい若者たちは高価な装備品を買うお金がなく、それをあっさりと投げ捨てる余裕がなかったため、あるいはそれをどこか他のところに隠しに行かなければならなかったため、抗議用の装備品をカバンに入れていたという容疑で逮捕される姿がよく見られた。また、〔抗議行動のため、あるいは親とけんかして家を出たため〕外食しなければならないことが多くなり、適切な食事をとることが困難になった者も多くいた。保守的な親が反乱に参加した子どもを家から追い出すのもよく見られた。中産階級の若者は、貯金で一時的になんとかしのぐことができたかもしれない。しかし、貧しい若者にはそのような選択肢はなかった。彼らは、ホームレスになって飢えてしまうかもしれなかった。若者の貧困は、闘争に参加する能力や、闘いの中で安全を確保し、十分な食事をとれるようにする能力を大きく損なっていた。「運がいいことにわれわれ香港人はいまや一つのコミュニティになっているので、お互いの面倒を見るのだ」と信じる黄色陣営の人々に出会える可能性もあった。抗議行動参加者にとって「親」代わりとなるような、あらゆる方法で援助してくれる大人もいたのだ。そうした大人たちの中には、貧しい若者にもプライドがあることを知っているので、提供する支援の方法を絶えず変えてくれるほど親切な人たちもいた。たとえば、現金の代わりにスーパーのクーポン券を配ったり、恩着せがましいと見られないように、クーポン券の間に激励のメッセージのメモを入れたりした。

これはすべて良いことだった。しかし、不都合な真実は、貧困問題が反乱の中ではほとんど議論されなかったということだ。慈善活動は素晴らしいことだが、貧困についてのきちんとした公開討論の代わりにはできない。香港では、一四〇万人が貧困ラインの下で生活している。貧しい若者の数は膨大である。香港青年協會青年研究中心は、二〇一四年に若者の貧困に関する報告書を発表した。それによると、学士号所持者のうち二九・八％が「ワーキングプア」に分類され、大学卒の学歴を持っていない若者ではその数字は三五・六％だった。(原注15)

二〇一四年の雨傘運動と二〇一九年の反乱の両方で、貧富の格差や貧困に対する不満の声があがっていた。二〇一九年には黄大仙に「独房のような部屋に七千香港ドル〔日本円で約九万三千円〕もの家賃、そんなオレたちが刑務所を恐れているとでも？」という英語の落書きがあった〔黄大仙区は高齢化、高密度人口、低学歴、低収入などの指標がトップの地区〕。抗議行動の中で一般大衆と話をした人たちは、多くの人が超富裕層に不満を持っていることがわかるだろう。しかし繰り返しにはなるが、これが変化を求める意識的な願望に発展することはなく、リベラル派が貧困層の声を反映させるためにあえて介入することもなかった。いくつかの左翼の小グループがこの声を届けようと尽力した。八月下旬には、香港の大資本家たちが北京を支持する声明を発表し、いくつかの大手ホテルチェーンは景気後退の負担を労働者に転嫁するために賃下げを始めた。そのときには、小さな左翼グループがＬＩＨＫＧに「裏切り者の大資本家たちに反撃しよう。今こそ第六の要求を掲げるときだ」という短い文章を掲載した。その文章では、政府出資の年金基金の設立を求め、そのために大資本家に対する累進税の導入という六つ目の要求を提案した。この文章に対する「いいね！」はわずか一一件しか記録されなかった。(原注16) 資本家階級全体を対象にするのではなく、大資本家だけを対象としたものだったにもかかわらず、この呼びかけはほとんど無視された。香港での強い親企業感情のために、この反乱の中で公正な再分配を求める左翼の扇動は不評だった。このような状況の中で、香港職工會聯盟（工盟）が政府に反対する政治ストライキを支持する際に、ストライキの標的は雇用主ではなく、北京政府だと繰り返し述べたのは驚くべきことではなかった。

二〇一九年の反乱は階級をまたがった運動だったが、まったく指導者がいなかったわけではない。運動の根本的な方向性という点では、それはいかなる個人や政党によっても指導されていなかったが、ある大タブロイド紙〔『蘋果日報』のこと〕に支援された上層中産階級の文化的ヘゲモニーによって主導されていたのだ。彼らが運動の方向性を支配できたのは、この地に深く根付いた保守主義があったからに他ならない。このことは、運動期間中に流布された「毅進ジョーク」の中に見てとれる。「毅進」〔政府がおこなう学力試験の一つ〕は、高校卒業者が受験する香港中學文憑〔香港の大学入試共通試験〕よりも水準が低いと考えられている。抗議活動が始まった当初、一部の大学生の抗議者たちは、警官を「毅進仔」〔毅進の坊や〕とあざ笑い始めた。(10) というのは、階級の低い警官は、せいぜいのところ毅進コースを卒業しただけだと考えたからである。これは事実ではないが、ここでの問題の核心は、その冗談が人々を学歴で判断するという風潮を反映しているということだった。すなわち、警察が悪いことをする理由は、（大学生に比べて）学歴が低いからだというのだ。中流階級の学生たちは、こうした「毅進仔」をからかうために歌やジョークを作った。中文大學基層關注組（中文大学草の根問題グループ）は、学歴の高くない多数の若者たちが熱心に運動に参加していて、多くの逮捕者を出したことを大学生たちに思い出させた。つまり、「不十分な」学歴を持つ人々は、依然としてわれわれの仲間たりうることを示したのだ。(原注17) 残念なことに、この正しいコメントは砂漠の中での独り言となった。

第二章で、香港の学者たちがロナルド・イングルハートの「静かな革命」理論を用いて、台頭する若者の運動を分析していると述べた。ここでは、私は運動における階級問題との関連で、そのテーマをさらに追求する。物質主義と脱物質主義の二分法、つまり二つの段階へと硬直的に分けることは、私には少し恣意的だと思える。明らかに、環境保護〔ここでは伝統的な街並みなど文化的環境を保護することを指す〕は単なる美学（あるいは「脱物質主義的価値観」）のためだけのものではない。それは、人間の存在そのものに関するものであり、それ以上でもそれ以下でもない。それゆえ、環境保護は非常に物質主義的な問題でもある。同様に、労使関係は「物質主義的」と見られているが、それは上昇し続ける生産性の果実の分配に関するものであるからだ。本当のところは、労使関係には非常に強い精神的・文化的な要素も含まれている。というのは、労働組合は、労働者が自らの自由を追求できるように、労働時間の短縮を求めて闘っているからである。物質的な向上と精神的な向上の両者を統一することについて、労働運動のモットーである「パンとバラ」〔生活のシンボルである「パン」と文化と尊厳の象徴である「バラ」〕から何かを学べないだろうか？

若者に関して言えば、階級、ジェンダー、民族によっても区分されている。つまり、若者たちは若いという共通の基盤があるにもかかわらず、非常に多様な経験をしてきているので、さまざまな若者が「個人の自由」について非常に多様な考えを持っている可能性があるのだ。中産階級の大学生がジャズ、絵画、海外旅行で自由を追求していたのに対し、貧しい同級生は授業料を払うために、授業後にアルバイトをしなければならなかった。他方では、貧しい学生たちは確かに経済的保障のような物質的問題に関心を持っていたが、だからといって「脱物質主義的」な価値観に関心が薄いわけではなかった。むしろ、そうした若者たちがこの不公正な社会に対して立ち上がったとき、物質主義と脱物質主義という二分法の概念を無効にする可能性、つまりこの二つの価値観を二つの別々の段階へと分離するのではなく、二つの戦線で同時的かつ一気に社会変革を推し進める可能性があるのだ。一九六八年の世界的な若者の反乱はそのような一例だった。

運動家である周諾恆（Jaco Chow）は、イングルハートを引用して、この運動を物質的な利益とは無関係であり、純粋に民主主義と自由のためだけのものだと解釈する人々について、短いが興味深いコメントを残した。彼は皮肉を込めて人々に思い出させた。

最前線にいた若者の多くはクソ貧乏だった。しかし、彼らが受け取ってきたメッセージとは、そうした物質的な問題、たとえばアパートの部屋など一生買えないとか、アパートの家賃も払えないとか、年を取っても年金がないとか・・・のすべては、民主主義や自由ほどに

は、高尚で甘い香りがするきらびやかなものでは決してない、というものだった。(原注18)

リベラル派と香港本土派の両方が、若い反乱者は「脱物質主義的価値観」にしか関心がないと言うことで、富の分配、長時間労働、低賃金、まともな年金基金の欠如といった非常に物質主義的な問題が問われないようなところに公開討論を向けようとしていたのである。彼らは成功した。石禮謙が林鄭月娥に「抗議運動が求めているのは五大要求であり、家を持っていないことについてではない。だから廉価な住宅を貧しい人々に提供する必要はない」と傲慢にも話すことができたのはこのためである（第二章の「香港の大物たち」の項を参照のこと）。

イングルハート理論の妥当性がどうであれ、(原注19)香港のリベラル派と香港本土派が同じように若者の反乱を説明するためにこの理論を利用したとき、それは客観的には、上層中産階級にとって、下層階級が自分たちを搾取するものの根源を理解できないようにするのに役立ったのである。たとえ下層階級もこの抵抗運動に利害関係を持っているとしても、このようにして上層中産階級は下層階級を手先として使い、北京政府による香港の現状への侵害に抵抗し続けることができた。

中道右派のリベラル派は、普通選挙権を望んでいたが、公正な分配の問題を気にかけることはなかった。彼らの考える「普通選挙権」は、本質的には自由主義的な自由市場と一体となっている自由民主主義だったためである。労働者階級とその子どもたちは、貧困に苦しみ、自由市場の洗脳によって心が鈍らされている。そして、「金持ちどもは毎日どんどん豊かになっていくのに、圧倒的多数の人々がますます貧しくなっていく香港社会とは一体何なのか？」という疑問をこの偏狭な立場に突きつけるには、経済的、政治的、文化的資源が不足しているのである。人々が過去も現在もこの疑問を発しなかったのは、この放任主義的な資本主義を信じていたからである。上述の若者の貧困についての調査によれば、若い回答者は、出世するかどうかは政府の政策ではなく個人の努力にかかっていると考えている。中道右派のリベラル派と右翼本土派は、北京との闘いではあまり成功しなかったが、下層階級の人々をだまして、彼らのモットーである「人は皆自分自身のために、神は万人のために！」（自分の身を守れるのは自分だけ）ということわざを信じさせることにはかなり成功している。

しかし、下層階級に対する彼らの力を過大評価してはならない。結局のところ、物質的幸福は、少なくともイデオロギー操作と同じくらい重要な要素である。香港の自由市場資本主義が、多くの最下層階級の「暗黙の了解」を得ているとすれば、それは何よりもその〔物質的〕成功のおかげである。何十年にもわたる完全雇用、そして人口の半分に公営住宅を供給し、すべての人に多額の補助金を受ける医療を提供し、それがどんなにみじめなものであっても最貧層のためのセーフティネットを備えた準福祉国家。唯一の問題は、この状況がこれからも続くかどうかだ。新型コロナウイルスのパンデミックが世界中を席巻している中、いまや香港経済も大打撃を受けており、大企業はその負担を労働者階級にすみやかに転嫁しようとしている。

戦術と戦略

二〇一九年の反乱は、戦術における高度の柔軟性を発揮した。一部の急進的な若者は、雨傘運動が失敗したのは、香港の戦略的な地点を長期的に占拠するという戦術のためだと考えた。したがって、若者たちは「水のようになれ」という戦術を提唱した。抗議者たちは、まもなく大阪でG20が開催されることを知ると、国際的な存在感を示す好機をただちに利用した。いかなる戦術もすぐには結果を出せないようだと、彼らは別の戦術に切り替えたり、行動をエスカレートさせたりした。その根拠は単純なものだった。つまり、あるレベルの行動がうまくいかなければ、もっと急進的なことを試さなければならないというのだ。これが政府に五大要求を飲ませるのにどれだけ効果があるかは、真剣に議論されなかった。「このやり方もうまくいかなければ、むしろわれわれに責任を負わせられるのではないか?」という質問については、答えはいつも「われわれを燃やす炎は敵をも燃やす!」だった。ついには七千人以上の人々が逮捕され、何百人もの人々が負傷し、さらに多くの人々が刑務所に送られることになった。しかし、警察はわれわれと一緒に燃やされたり、殴られたり、刑務所に入れられたりはしなかった。こうした行動がどんなに過激であったとしても、北京政府やその傀儡である香港政府を屈服させることはできなかった。次は何か? 銃とダイナマイトを手に入れるのか? 手に入れた者は何人かいたが、その多くは同じように刑務所送りとなった。

若者の間では革命の話が出ていたが、香港と中国共産党政権の間ではあまりにも力が違いすぎていることを考えると、「一都市での革命」はどうやって可能なのだろうか? 一部の右翼本土派は、「香港の独立」というスローガンを支持していたが、これがどのように現実となるのか、真剣にとりくまれたことはなかった。それが「革命」であれ「独立」であれ、どれも空虚なスローガンに過ぎなかった。いかなる戦略も提示されることはなかった。

右翼本土派には、もっと人気のあるスローガンがあり、ある意味ではそれが右翼本土派の「戦略」である。そのスローガンとは、「中港區隔、本土優先」というもので、「香港と中国との分離、香港ファースト」という意味になる。それは、中国本土からの香港への訪問や移住をすべて止めるという意味なのか？　必ずしもそうとは限らない。

陳雲のような右翼本土派は、階級にもとづく排外主義についてはあからさまだった。彼の著書『香港城邦論』〔「城邦」とはポリス＝ギリシャの都市国家のことを指す〕の中で、陳雲は一方では次のように説明した。

香港人が中国本土の移民が香港に来ることに反対しなければならない理由は、移民たちが病院のベッドのようなわれわれの公共施設や生活保護を利用するからというだけでなく、共産主義や共産党が・・・香港に潜入しようとする試みに反対するからということでもある。

もう一方で、陳雲は言う。

中国本土のエリートや成金が香港の自由、民主主義、習慣を受け入れる限り、われわれは彼らが香港に移民することには反対しない・・・香港の人々よ、弱者や貧者に共感を寄せ、金持ちや権力者を憎む愚かな左翼思想にゆめゆめ影響されことなかれ・・・香港は中国のカネ持ちが香港へ財産や資金を移転してくれるのを歓迎すべきである。（原注20）

陳雲は、中国本土の富裕層や権力者を歓迎しているので、「香港都市国家」建設についてのおしゃべり〔『香港城邦論』出版のこと〕のあとで、二〇一六年の立法会選挙に立候補したときには、現行基本法に中国本土との緊密な経済統合を促進する条項および香港問題の最終的決定権を北京に与える条項を加えた上で、（五〇年を超える）「基本法の無期限延長」という公約を掲げて選挙運動を展開した。(11) しかし、このあとでも、右翼本土派は「香港と中国との分離」というスローガンの下で、中国本土の一般中国人訪問客や貧しい中国本土からの移民をスケープゴートにし続けたし、「クソ左翼」を「大中華膠」（大中国主義のゲス野郎）であると非難し続けた。

「本土優先」（香港ファースト）というスローガンも、トランプの「アメリカ・ファースト」と同様に空虚なものでしかない。政治家であり運動家である梁国雄(Leung Kwok-hung)―「長毛（ロングヘアー）」」の別名で知られる―の「誰のことを第一に考えるのかという話になれば、求められるのは『貧困者ファースト』ではないのか？」ということばがこれに対する良い答えとなる。右翼本土派が中国人を繰り返し非難したことによって、重大な結果がもたらされている。若者たちは、香港が脆弱であると気付いたときに、そうした中国人への非難にだまされて右翼との同盟へと向かっているのだ。私はたびたび、若者たちに戦略について尋ねたが、その答えは「国際的な支援が必要」だった。私が「中国本土の民主化運動についてはどうなのか？　われわれも支援すべきではないのか？」と聞くと、次のような答えが返ってきた。

「三〇年も前に鎮圧されたのではないのか？」

「いや、中国本土はどうにもならない」

「中国の民主化運動？　私が生きている間にはありえない」

「香港本土派がわれわれに教えてくれたように、中国本土が民主主義を手にすれば、奴らはわれわれを奴隷にするために投票するだろう」

「中国で何が起きるかわからない」


私は、中国の民主化運動がいつまでも死んだままでいるとは信じていない。その上で、中国の民主化運動と結びつく戦略がなければ、香港の民主化運動は長期的には永久に全滅してしまうと信じている。こうした中国の状況での「一都市革命」は、まったくばかげたものである。もし民主主義を求める香港の運動が、ますます中国へイト路線に固執していけば、それは政治的な自殺行為となるだろう。

香港的な特徴を備えた政治的スペクトル

香港では、政治的なスペクトルはいつも「民主主義対専制政治」（あるいは「北京対香港」）であり、決して「左対右」ではない。戴耀廷は、二〇一四年に次のように説明した。

われわれを支持する労働団体もある。弁護士や専門家の中には、おそらく自分たちを右派寄りに分類する弁護士や専門家もいるが、彼らもまたわれわれを支持してくれている。だから、左か右かという単純なやり方で物事を見ることはできない。中国との関係がどうかということだ。香港には、非常にユニークな状況がある。われわれが境界線を引く方法は、伝統的な左か右かではなく、中国との関係性の中にある。(原注21)

泛民と香港本土派は同じ意見を共有しているが、過去においては、両者には以下のような相違点があった。第一に、泛民は基本法の制約を受け入れたが、香港本土派は基本法の制約を超えることに躊躇がないようだった。第二に、泛民は非暴力的なリベラルであり続けることを願っていたが、香港本土派はそうではなかった。北京の香港に対するたくらみがいまや完全に明らかになったため、両者の間にあった最初の二つの相違点は、時代遅れになるか、重要性が低くなっていた。これが二〇一九年の反乱開始時に両者が連携した基本的な理由だった。

しかし、この「北京対香港」の二分法は、その人気にもかかわらず弱点がある。というのは、それが単に香港の権力構造や実際の出来事に対応していないからである。このビジョンによれば、香港の自治権の敵は一つだけ、つまり外部からの敵である北京政府だけだ。しかし、これは間違っている。北京が香港の自治権を弱体化させるのを手助けした香港人、あるいは香港の民主主義への熱望を抹殺するのを手伝った香港人が大勢いるのだ。その中には李嘉誠をはじめとする香港の有力者も含まれている。彼らは一九八〇年代から四〇年間にわたって、香港の民主的変化を阻止するために、北京と協力してきた。（天安門広場での学生の抗議行動を終わらせた）一九八九年六月四日の大虐殺のあとでさえ、中国本土に多額の投資をおこない、中国の国有企業が世界的な大企業へと発展するのを支援してきた。第二章で見てきたように、その四分の一が実際には民主主義を支持しているという中国本土からの貧しい移民なんかよりも、彼らの方が香港の人々にずっと多くの被害を与えてきたのだ。にもかかわらず、右翼本土派は中国からの移民を攻撃し続け、その有力者たちの犯罪行為を喜んで忘れてしまっている。さらに皮肉なことに、李嘉誠の会社が、抗議活動参加者を攻撃した親北京派の声明を支持したあとでさえ、香港本土派の中には、李嘉誠を「われわれの仲間の黄色陣営の人々」の一人と考える者がいたのである。

こうしたことすべて、すなわち「北京対香港」の二分法だろうが、いわゆる自由市場体制をそのまま維持しながら普通選挙権を要求する政治的プロジェクトだろうが、階級や「物質主義」の問題、それにともなう「資本主義」や「搾取」ということばを見えないようにする努力だろうが、それらが「自然に」起こったのではないことがわかるだろう。これは、上層中産階級の政治家が意識的に選択したものであり、いまでは北京の寵愛を失った大物たちによって梃子として利用されている。

香港の自治権に対する北京政府の巻き返しが憂慮すべき段階に達したことで、保守的な香港のエリートでさえも、より「過激な」解決策に目を向け始めた。二〇一七年には、日刊ビジネス紙

『信報財經新聞』(李嘉誠の息子がオーナー)の元編集長である練乙錚(Joseph Lian Yi-zheng)―香港実業界と幅広いコネクションを持ち、右翼本土派の言説の支持者であると考えられていた―は、中国本土の「赤い資本」の侵食に対抗するために、「階級を超えた香港本土派の統一戦線」を提案した。(12) 彼によれば、「赤い資本は民主主義の最大の敵となった」のであり、この赤い資本との闘いは、今や普通選挙権を要求するための前提条件となっているというのだ。(原注22) したがって、泛民が労働者の権利よりも普通選挙権を優先させたあとで、練乙錚はさらに一歩進んで普通選挙権よりも「赤い資本との闘い」を優先させた。

それゆえに、右翼本土派版の「香港国家」とは本質的に階級的矛盾に満ちた国家であり、たとえそれが「普通選挙権」や「労働者の権利」さえも労働者に約束するとしても、上層階級が労働者の大多数を支配し続けるのである。七ヶ月間の抗議行動の中で、航空会社、フード・デリバリー業界、ホテル・観光業界の大企業は、ビジネスに影響が出るときには、すでに従業員に無給休暇の取得を強制し始めていた。パンデミックによって、この状況はさらに悪化している。

四〇〇万人の香港労働者にとって重要なのは、自らの闘い―それが香港の自治権や自己決定権のための闘い、つまり「香港国家」を解放するための闘いだとしても―の中で、上層階級が労働者を支配するのをこれ以上許してはならないということである。これを実現するためには、労働者は小商店主、下層中産階級、貧しい本土からの移民、そして忘れてはならないが中国本土の労働者といった真の同盟者を意識的に探す必要がある。しかし、これは労働者が「民主主義対独裁」という政治的なスペクトルを「右か左か」というビジョンに置き換えなければならないことを意味する。根本的なことを言うと、もし北京政府を敵として考えなければならないとすれば、その体制が資本主義体制だからである。

これは、ある最後の問題へとわれわれを導くことになる。つまり、二〇一九年の反乱を、それが持つ政治的弱点をふまえてどのように特徴づけるのか、それはそもそも進歩的だったのか、という問いである。私は進歩的だったと信じている。五大要求は確かに進歩的である。そして、普通選挙権の要求は、常に労働運動が要求したものだったことを忘れてはならない。世界の多くの地域で、自由民主主義が何十年にもわたって失敗してきたからといって、〔普通選挙権の要求が有効だという〕この結論が無効になるわけではない。いままでの失敗によって、自由民主主義の限界は明らかにされているが、支配階級がいまだに普通選挙権を拒否しているところでは、そのために闘うことは正当であるとともに政治的には急進的でもある。実のところ、労働者が階級的路線を擁護することを通じて、自らの政治的独立を維持しながら、普通選挙権と公正な分配のための闘いにとりくめばとりくむほど、労働者の民主化闘争は真の革命的潜在力を獲得する。その反乱自体が新たな組合運動を生み出した。その組合運動はおそらくそう簡単には統制されないだろう。

香港の有力者や上層中産階級は依然として支配的であるが、政治的には無力である。しかし、中・下層階級は、北京政府が香港に押し付けたすべての不正に反抗する勇気と能力を示してきた。その人々に欠けているのは、真の同盟者を見つけることができるような新しい方向性に加えて、闘争を通じたさらなる政治的訓練である。これが、中・下層階級が直面している最大の戦略的課題である。

外国勢力

一部の国際的なコメンテーターは、外国が逃亡犯中国送還条例案反対運動に関与したと主張してきた。（原注23） 関与があったかと言えば、答えは「イエス」である。しかし、問題は、この関与がどの程度まで運動を操ったのかということである。外国が運動を支配し、外国が望む方向へと運動を導いたのか？　答えは「ノー」である。運動はほとんどが自然発生的なものだった。特定の外国勢力が香港の抗議者に資金を提供したと伝えた北京のプロパガンダはばかげたものであり、欧米諸国の強さがどこにあるのかについて深刻な誤解を招くものである。

真実は、当初から北京政府が「外国勢力」を香港の利害関係者に含めることを認めていたということである。今回の抗議行動の発生以来、イギリス生まれの警視正ルパート・ドーヴァーは、抗議行動参加者に対する数々の猛烈な攻撃を指揮したことで有名になった（彼のことは昨年末、自宅が公有地を違法に占有していたことが発覚して記事になった）。（原注24） 実際のところ、香港では外国のパスポートを持つ何百人もの白人警官がいて、抗議行動参加者を取り締まっている。香港は（ロシアと西側の代理戦争となった）ウクライナと同じように考えることはできない。いわゆる「一国二制度」の原則は、最初に中英共同宣言で、その後一九九七年に制定された基本法に明記されたものであるが、当初から北京と欧米の歴史的な妥協の産物だった。基本法の厳粛な約束である「従来の資本主義体制と生活様式は、五〇年間は変わらない」というのは、何よりもまず、欧米とその企業利益に譲歩する試みだった。このために、基本法は英語を香港の公用語として認め、香港人がイギリスのパスポートを保持することを認め、香港がイギリスの植民地法を保持することを認め、最終判決の権限を香港終審法院（香港特別行政区最高裁判所）に与え、この裁判所が「その他の普通法適用地区の裁判官を招聘して裁判に参加させることができる」ことを認め（八二条）、すべての地方裁判所に「他の普通法適用地から裁判官」を採用することを認めているのである（九二条）。これが、終審法院の二三人の裁判官のうち一五人が外国人である理由である。また、外国人は、行政長官と各行政部門のトップを除き、公務員として採用されることが認められている（一〇一条）。ルパート・ドーヴァーが〔警棒で〕われわれの頭蓋骨を叩きつぶすことができるのは、この条項のためである。

基本法八条はまた、「香港で以前に施行された法律は・・・維持される」と規定していて、これは事実上、抑圧的な植民地法のほとんどをそのまま維持することである。たとえば、香港政府が二〇一九年一〇月四日に、マスクを完全に禁止するために発動した一九二二年制定の緊急状況規則条例もその一つである。皮肉なことに、この条例は、結成されたばかりの中国共産党の指導の下で中国船員組合が主導したゼネストを弾圧するために、イギリス植民地政府が一九二二年に制定したものだったのである（弾圧は失敗したが）。今日、香港にいる北京の代理人たちは「脱植民地化」についてたくさんの話をしているが、これは「香港人が欧米支持をやめるべきだ」「香港の道路に植民地時代の名前を残すべきではない」などを意味するだけである。しかし、抑圧的な植民地法に関しては、北京政府はそれを維持するのに非常に熱心なのである。まさにこうした理由で、実際には、北京政府は香港人に対して国内植民地化を実行してきていると言える。

アメリカとイギリスを筆頭とする欧米諸国は、確かに北京政府が作った基本法に自分たちの利益が認められたことを喜んでいたし、香港が不安定になるのを望んでいないのは間違いない。それどころか、基本法が二〇四七年まで有効であることを支持している。あるアメリカの中国問題専門家によれば、アメリカとイギリスの長期的な香港政策は次のようなものである。すなわち、「中国が自らの支配権を覆そうとしない人々の手に香港の権力の大部分を帰属させるように基本法を設計し」、「アメリカ政府が〔基本法のような〕基本的かつ長期的な決定を破棄するように強い圧力をかけられたに違いない」ときでさえ、両国は基本法に規定されている合意事項に「配慮した」のである。実際のところ、雨傘運動が始まったとき、ホワイトハウスは声明を発表し、「基本法のもとで一定の選挙制限を設定する北京の権利と香港の人々の政治的欲求の両方を尊重する」ことを再確認したことをこの研究者は付け加えている。(原注25)

アメリカ議会は、一九八九年に天安門広場の民主化運動が弾圧されたあと、一九九二年に香港政策法を可決した。それは、中国に対するより厳格な政策とは異なり、香港が「一国二制度」の下で自治権を維持することを前提に、アメリカは香港に優遇措置を適用すると規定する。その中でもっとも重要なのは、次の三点である。

（1）合衆国は、香港の独立関税領域としての地位を尊重すべきである・・・

（2）合衆国は、引き続きアメリカドルを香港ドルと自由に交換できるようにするべきである・・・

（3）合衆国は、機密技術が不適切な使用や輸出から保護されていると合衆国が満足している限りにおいて・・・引き続き香港による機密技術へのアクセスを支援するべきである。(原注26)

つまり、香港の現状維持「一九九七年の香港の主権移譲時における状況を維持すること」は常にアメリカの利益にとって不可欠なのである。

二〇年以上にわたり、アメリカ国務省は常に香港の現状について好意的な報告をおこなってきた。つい二〇一八年五月までは、国務省は議会に提出した香港に関する年次報告書の中で、香港は「一般的にはほとんどの分野で『一国二制度』の枠組みの下で高度な自治を維持している。同法に基づく二国間協定やプログラムについて、アメリカによる継続的な優遇措置を正当化するには十分以上のものである」と述べていた。(原注27)

二〇一五年六月、立法会が政府の選挙制度改革法案の採決を控えていたとき、泛民の湯家驊(Ronny Tong Ka-wah)立法会議員は、イギリス・アメリカ領事館と面会したあと、彼らの助言は北京の包括的改革を受け入れることだったことを明らかにした。(原注28)二〇一五年五月、香港を訪問したアメリカ議会代表団の団長だったマット・サーモンは、同様の立場をほのめかした。(原注29)アメリカ政府とアメリカの政治家たちが態度を変え始めたのは、まさに二〇一九年に林鄭月娥が逃亡犯中国送還条例案を提出したことによってだった。

北京政府はこれに対してますます不快感を募らせてきた。北京政府は、たとえ香港の裁判所が多くの民主化運動家を刑務所に送り込んだとしても、香港の裁判所、とりわけ外国人裁判官を嫌っている。特に汚職防止の番犬である香港廉政公署を嫌っている。(原注30) 親北京派メディアは、廉政公署内外でのイギリスの影響力を繰り返し非難している。これは事実かもしれないが、イギリスの影響力はスパイ行為という域をはるかに超えたものだ。香港人の中に、イギリス植民地政府を懐かしみ、その旗を振る人がいるとすれば、それは北京の高級幹部や香港の下級官僚とかつての植民地政府を比べているだけに過ぎない。私は植民地政府を懐かしむ気にはならないし、生涯を通じて植民地主義に反対してきた。しかし、反植民地主義であるからといって、一般的にイギリスや欧米の真の強さを正しく理解しようとする努力をやめてはならない。香港におけるその強さは、抗議者に資金を提供したり、多くのスパイを派遣したりすることにあるのではない。それは、文化的へゲモニー、政治的説得における現代的手法、ガバナンスにおける比較的優れた実践などの「ソフトパワー」にあるのだ。廉政公署やそれ以外の政府部門の公務員のかなりの部分が、イギリスを最善の実践モデルとして考え続けているとしても、われわれにはそれほど驚くべきことではない。

北京は基本法で定義されている香港の現状を一方的に変更したがっている。香港は一九九七年以降、自由放任主義的資本主義を維持してきたため、その現状は〔国家資本主義を推進する北京政府にとっては〕反動的なのである。香港の現状は二〇四七年までそのまま続くことになっている。しかし、基本法によって、香港市民には、社会運動の推進に役立つ一定の政治的自由、つまり中国本土では決して認められてこなかったものが認められている。北京をますます心配させているのは、この香港の特徴なのである。二一世紀が始まってから、中国本土のますます多くの人々が、香港の社会運動をまねし始め、非公式にあるいはNGOを通じて組織化を始めた。これは、北京が中国の新しい資本主義の構築を助けるために、香港を利用したことの代償だった。北京は、その代償があまりに高くつく可能性があると徐々にわかってきた。二〇一二年に習近平が権力を握って以来、北京政府は香港の自治権と社会運動を引き裂くのに十分なほど強くなったと考えたに違いない。しかし、この香港の自治権に対する侵食は、必然的に欧米の利益を損ねることにもなる。欧米は香港に既得権益を持っているし、香港を通じて中国本土にも既得権益を有しているからである。たとえば、香港の報道の自由は、欧米の利益を守るためにも決定的に重要である。北京が逃亡犯中国送還条例案を提出したとき、イギリスとアメリカは、中国における自分たちの基本的な利益が危機に瀕していることを知った。この条例案は、その期限が二〇四七年に切れる前に、基本法（および中英共同宣言）を破棄することに相当する。したがって、それは欧米の利益についての約束を尊重することを北京が拒否したことだった。欧米と北京の衝突はいまや避けられない。最終的には、北京が自らの力を過大評価していたことが再び証明されることになるだろう。

アメリカも香港を利用して北京を標的にしている。アメリカは二〇一二年以降、中国を封じ込める道を歩んでいる。二〇一九年一一月に成立した香港人権・民主主義法（ＨＫＨＲＤ法）は、香港では、香港の自由を守るための手段として歓迎されている。実のところ、その名称はむしろ誤解を招くものだ。まず、同法第3項には、その目的について「香港が重要なのはアメリカの国益の維持のためである」と非常に明確に述べられている。第5・a・6項では、香港が特定の国や個人に対して、アメリカの制裁を十分におこなっているかどうかの評価を求めている。制裁の理由には、「国際テロ、国際麻薬密売、大量破壊兵器の拡散、またはアメリカの国家安全保障、外交政策、経済に脅威を与える」国や個人を処罰することが含まれている。これは明らかにアメリカの国益を守ることを目的としたものであり、香港人の人権や民主主義を守ることを目的としたものではない。このように香港人の人権をアメリカの外交政策に結びつけることは、人権に対する侮辱である。何がアメリカの国益を構成するのかを定義するのは、常にアメリカ政府である。したがって、その法律は香港政府に北朝鮮とイランへの制裁も義務付けている。欧州の多くの国でさえ、イランとの核合意を放棄するアメリカの挑発的な動きに従うことを拒否しているのに。香港人権・民主主義法の成立に先立ち、香港、アジア、アメリカの二〇の団体が、法案の欠陥を指摘する声明を発表した。彼らは、この法案を一九八六年の「包括的反アパルトヘイト法」と対比させた。

アメリカ議会は、これらの問題（人権とアメリカの外交政策）を切り離すことが、このような法制化の中で実行可能であることを以前に実証していた。一九八六年の包括的反アパルトヘイト法は、国際社会とともに南アフリカのアパルトヘイト体制に反対するために、アメリカ自身の国益や経済的利益には一切言及せずに立場を表明したものである。(原注31)

アメリカの外交政策の防衛も、アメリカによる中国との貿易戦争も、アメリカの世界戦略も、どれもわれわれの闘いではない。一般的には、世界支配をめぐる米中間の大争闘は、利権の分捕り合戦である。しかし、一般的に言えば現在の香港の自治権の擁護、とりわけ逃亡犯中国送還条例案に関しては、香港がそのような国際都市であり、欧米の利益は基本法の下ではある程度まで制度化されていることを考えると、香港人と欧米諸国の間には狭義の共通利益が存在することは否定すべきではない。アメリカやイギリスが同じようなことを美辞麗句で言っているからといって、われわれは自分たちの自治権を守り拡張すること、あるいは北京に普通選挙権の約束を守らせることを恐れるべきではない。しかし、香港の運動は独立した立場で、その闘いを進める必要があることを付け加えなければならない。

左翼はまた、香港労働者の歴史的な利益は、基本法で定義された現状全体を守ることにあるのではないことを認識すべきである。結局のところ、香港の資本主義は、中国本土の資本主義と実質的には同じものである。アメリカと中国本土の両方の覇権下にある香港の〔両方の論理が〕合わさった資本主義論理を表現するために、「分断された神」というフレーズを新たに作った人もいた。(原注32) しかし、この二つの資本主義の間には、政治的自由の保護という点で程度の差があり、今の香港の労働者は守るべきもの――資本主義それ自体ではない――を持っていることも認識しなければならない。この防衛的闘争を通してのみ、将来における社会主義のための攻勢的闘争への転換を語ることができる。

最後に、二〇一九年の反乱が、これまでほとんど休眠状態にあった香港のもう一つの勢力をどのように解き放ったのかを簡単に論じたい。世界の多くの地域に多数の香港からの移民がいるが、彼らは一般的に政治に無関心でいた。しかし、この政治的無関心は、二〇一九年の反乱をめぐる活動にとって代わられた。香港華僑は各地で、ときには自らが住んでいる国の地元組織との関係をもちながら、香港のデモ隊との連帯キャンペーンを開始した。その結果、ときには香港華僑が、たとえばアメリカのトランプ支持潮流と連携するという状況になることもあった。しかし興味深いことに、このことが他の香港華僑の中に一つの反応を引き起こしたのである。この人々はトランプ支持を快く思わなかったのだ。そして、彼らは進歩的言説に沿って活動する国際的連帯運動について論議するために「流傘（Lausan Collective）」を結成したのである。(原注33) 孫文はかつて、「華僑は革命の母である」と指摘した。二〇一九年、われわれは新しいタイプの華僑―香港人という強いアイデンティティを持った香港華僑―が登場するのを目の当たりにした。世界各地の華僑社会は決して以前とは同じではないだろう。

（原注1）「大專學界及『我要攬炒』團隊新聞稿全文」LIHKG、https://lihkg.com/thread/1427184/page/1

（原注2）'How Pepe the Frog Became the Face of the Hong Kong Protests - Despite Cartoon Being a Symbol of Hate in US', South China Morning Post, www.scmp.com/lifestyle/arts-culture/article/3023060/how-pepe-frog-became-face-hong-kong-protests-despite-cartoon

（原注3）初期の段階では、全文は「不篤灰、不割蓆、不指責」（密告しない、分裂しない、批判しない）だった。

（原注4）「當大家聲音愈黎愈亂既時候，大家係時候反思下」LIHKG、https://lihkg.com/thread/1465463/page/1

（原注5）二〇一九年一月二九日におこなわれた「C．N．」とのインタビューによる。

（原注6）「呢場抗爭運動出現咗一個好大嘅裂口，不吐不快」LIHKG、https://lihkg.com/thread/1373488/page/1「道徳的強要」という概念については以下のサイトを参照のこと。https://en.everybodywiki.com/Moral_Abduction.

〔訳注〕上記のサイトによれば、「道徳的強要」とは、人が慈善の名の下に、あるいは世論の力によって、他人に道徳を強制的に実行させたり、道徳に反する行動を止めさせたりすることを指す。近年中国でよく使われるようになってきた用語で、最初はインターネット上に登場して拡散していった。この本文中では、「あれだけ犠牲を伴った直接行動をしているのだから、少々間違っていても逆らえない、逆らうと悪い」という後ろめたい意識を持つことという意味で使われている。

（原注7）たとえば、劉細良（Simon Lau Sai-leung）の次の動画を参照のこと。劉細良は、曾蔭權（Donald Tsang）が行政長官だったとき〔二〇〇五～七年と〇七～一二年の二期〕の行政長官直属の諮問機関である香港政府中央政策組の常任ノルタイム顧問を務めた。www.youtube.com/watch?v=az5RaUZ7nnY

（原注8）Jun Pang and Nickolas Tang,'I Am Willing to Take a Bullet for You. Are You Willing to Go on Strike for Me?', The Nation, 12 March 2020, www. thenation.com/article/world/hong-kong-unions-strike

〔訳注〕二〇一九年一一月二九日に登記した香港言語治療師總工會（The General Union of Hong Kong Speech Therapists）は同年一二月一二日に臨時大会を開催して黎雯齡ら六人の第一期執行部を選出。香港には一二〇〇人ほどの言語療法士がおり、三〜四割ほどを組織化することを目標としているが、現在は一〇〇名余りを組織化している。二〇年二月に医管局員工陣線がおこなった五日間のストライキにも連帯してストに入った。同労組のウェブサイトなどは、https://www.guhkst.org/、https://www.facebook.com/TheGUHKST/

（原注9）「68％人稱警過分用武」明報、二〇一九年八月一六日。

（原注10）'Survey on "We HongKongers"

（原注11）「民調：66％人信7・21涉『警黑合作』」明報、二〇一九年一〇月二三日。

（原注12）「和理非網上調查：95％指設獨立調查委員會為底線　87％不割席」HK01、二〇一九年八月一七日。

（原注13）「打爛商鋪好爽　實際上瀨晒野」LIHKG、https://lihkg.com/thread/1624117

（原注14）「警方開槍與示威者燒人縱火、各方反應突顯的不同極端」BBC News (Chinese Edition)、www.bbc.com/zhongwen/trad/chinese-news-50387234

（原注15）「青年窮忙族能脱離困境嗎？」香港青年協會青年研究中心、二〇一四年一一月一八日。https://tinyurl.com/y9stdtc8

（原注16）「反擊賣港財團，要有第六訴求！」LIHKG、https://lihkg.com/thread/1498391/page/1

（原注17）「不笑毅進，不與底層手足割席」Facebook、二〇二〇年一月一四日。www.facebook.com/

grassrootconcern/photos/a.628651940513607/303466460657898З

（原注18）周諾恆のフェイスブックへの投稿を参照のこと。
www.facebook.com/jaco.hendrix/posts/10206514743103691

（原注19）「イングルハートの理論はその後、異議を唱えられ、討論されていた」。Musa の 'Was There a Silent Revolution? A Comparative Analysis of Party Manifestos in Ten European Countries' を参照のこと。

〔訳注〕前記論文は以下のサイトで読むことができる。hrcak.srce.hr/file/31480

（原注20）陳雲『香港城邦論』香港：天窗出版社、二〇一一年。

（原注21）'Interview: Occupy Central Founder Benny Tai Yiu-ting', Red Pepper, 11 September 2014, www.redpepper.org.uk/the-spirit-of-civil-disobedience

（原注22）練乙錚「論本土資本和『抗紅保港聯合陣線』」壹週刊、二〇一七年四月二六日。

（原注23）'"No doubt" UK meddling in Hong Kong – Galloway', www.youtube.com/watch?v=zF10WX3C8X4

この項の内容の一部は、もともとはドイツのサイト「LUXEMBURG」のために書かれたものである。
www.zeitschrift-luxemburg.de/weder-washington-noch-peking-selbstbestimmung-fuer-die-menschen-in-hongkong

（原注24）「陶輝知法犯法」蘋果日報、二〇二〇年四月三〇日。

（原注25）Richard C. Bush, 'Political reform: Implications for U.S. policy', Brookings Institute, www.brookings.edu/research/hong-kong-political-reform-implications-for-u-s-policy

（原注26）'United States-Hong Kong Policy Act of 1992', www.govtrack.us/congress/bills/102/s1731/summary

（原注27）'Hong Kong Policy Act Report', US Department of State, https://www.state.gov/2018-hong-kong-policy-act-report/

（原注28）「政改放風：可列明２０２２年修改　消息指提委候選人數可傾　泛民促公開承諾」明報、二〇一五年一月二八日。

（原注29）「美議員：政制行一步是好事」明報、二〇一五年五月九日。

（原注30）'ICAC "a secret service",' South China Morning Post, 26 April 1994, www. scmp.com/article/71813/icac-secret-service.「殖民地幽靈纏繞今日香港」（陳立諾）も参照のこと。
https://www.yzzk.com/article/details/特稿/2013-21/1369280457919/殖民地幽靈纏繞今日香港

（原注31）'Hong Kong Human Rights and Democracy Act (HKHRDA): A Progressive Critique', The Owl, 21 November 2019,
https://tinyurl.com/yaj4keys〔日本語訳は http://attaction.seesaa.net/archives/201911-1.html〕

（原注32）'The Divided God: A Letter to Hong Kong' http://chuangcn.org/2020/01/the-divided-god/

（原注33）「流傘」のサイト参照。https://lausan.hk

第五章　ドラゴンとガチョウとコロナウイルス

二〇一九年に起こった二つの出来事、つまり二〇一九年反乱と新型コロナウイルスは、中国本土と香港の双方にとって転換点となった。それは「改革開放」期間中に蓄積されてきた「大中華圏」の根本的矛盾を白日のもとにさらけ出した。その二つの出来事はまた、現状を変え始め、中国の一党独裁体制をさらなる大きな試練にさらした。

ドラゴンとガチョウ

一見したところ、二〇一九年反乱は二つの香港ビジョンをめぐる対立だった。(原注1)一つ目は北京政府のビジョンである。北京にいるドラゴンは、これまで常に香港を金の卵を産むガチョウとして扱ってきたが、ガチョウをうまく扱ってきたと信じてもいた。しかし、ガチョウはそんな風にはドラゴンを見ていなかったのだ。ガチョウがより自己主張するようになると、ドラゴンはそれに次第に悩まされるようになった。そして、とうとうガチョウは、二〇一九年になってドラゴンに対して反乱を起こすようになったのである。「しかし、ガチョウは自分自身の主人になれるはずがない」とドラゴンは考えていた。それゆえ、ガチョウは「外国の主人」と共謀して、ドラゴンの「動物農場」から離れようとしたのに違いないのである。

香港民衆は香港についての独自のビジョンを持っていた。彼らは最初のうち、自分たちの地位、つまりある程度までの自治権を享受する特権的なガチョウとしての地位にかなり満足していたのである。北京がイギリス流のソフトな専制主義を続けていたとすれば、香港の物語はまったく違ったものになっていただろうし、反乱は起こらなかっただろう。ガチョウは広東語を話し続けられれば、それだけでよかったのだが、北京の「動物農場」に強制的に収容される心配をする必要がないように、もっと自由を求めてもいた。しかし、香港のガチョウをあまりに長い間放し飼いにし続けると、北京の「動物農場」の動物たち〔中国本土の民衆のこと〕がガチョウの真似をし始めるかもしれないことをドラゴンは恐れた。したがって、北京のドラゴンは、香港のガチョウを檻に入れることで、終わりにすることを決めた。しかし、ガチョウはドラゴンに公然と反抗した。このようにして二〇一九年反乱は始まった。

反乱の原因についての〔外国勢力が関与したからという〕北京の言説は本質的に誤っている。それが誤っているのは、香港の諸事件に「外国勢力」が関与していないからではない。反乱の原因が「外国勢力」と香港民衆の両方に対する自らの約束〔一国二制度〕を反古にするほどに、中国政府が強硬な態度をとったことにあるからだ。そのため、この両者とも自らを防衛せざるを得ないのである。二番目の言説は、民主派陣営からのものだが、上述のガチョウの比喩のように、反乱を北京の独裁政治から香港を解放することを目標とする民主化運動であるとしている。どう見てもこの二番目の言説の方が正しい。しかし、前章までで、この「北京対香港」という二分法で説明するには限界があることを見てきた。はっきりしていることは、香港人のすべてが民主主義を支持しているわけではないということである。香港でもっとも力を持つ社会集団である有力大資本家と上層階級（のほとんど）は、民主主義を支持していない。それにもかかわらず、反乱は内部分裂と欠点を抱えてはいたが、北京政府とその傀儡である香港政府に対する大衆的な民主化運動だったのである。五大要求に加えて、香港アイデンティティが統合的役割を果たしているとすれば、それは正当なものである。中国本土の左派や国際的左翼の中には、階級問題が明らかに欠けているという理由で、反乱を支持するのをためらった者もいた。しかし、二百万人の人々が普通選挙権を闘いとるために街頭に出た。その多くは労働者だった。そして、新たな労働組合運動の誕生がそれに続いた。このことは労働者階級の政治のある側面を物語るものだった。第二に、われわれが議論してきたように、香港人が自らのアイデンティティを取り戻すことは完全に正当なことである。われわれは常に発言権を否定されてきたし、われわれの運命は常に香港の外側で決められてきたからである。

雨傘運動の数年前、香港アイデンティティの高まりは、中国本土の人々や本土からの移民を標的とする中国へイトの言説と次第に混じり合い始めた。このため、非常に孤立していた左翼は、香港アイデンティティという言説を支持することをますます躊躇するようになった。しかし、香港本土主義は右翼本土派とは同じではないし、右派の排他的な専売事項でもない。左翼的視点もありうるし、右翼的視点もありうる。二〇世紀において、旧植民地諸国の多くで、社会主義者が民族解放運動の最前線に立っていたことを忘れてはならない。今日においてアメリカが香港民主主義を支持しているように見えることは、香港民主化運動の進歩的性格を損なうものではない。香港では、より声高に主張する右翼本土派が孤立した左翼を攻撃し、左翼の活動を麻痺させることに成功した。左翼が反撃する能力を持っていないのは、部分的には左翼の分析が弱点を持っていることで説明可能である。左翼の多くは、階級的言説は香港アイデンティティとどうしても相容れないし、「アイデンティティ・ポリティックス」〔ジェンダー、人種、民族、先住民、性的指向、障がいなど、特定のアイデンティティにもとづく集団の社会的承認を求める運動〕についてのすべての言説とも相容れないと考えていた。しかし、「アイデンティティ・ポリティックス」を支持しなくても、香港アイデンティティに敏感であることは可能だ。(原注2) さらにその上、二〇〇七年以降の新たな社会運動の参加者の中には、右翼本土主義ではないある種の香港本土主義を提唱した進歩的な人々がいた。そうした人々の香港本土主義は一種の内向的な視点を表したものだった。自らの内向的視点のゆえに、香港という枠を超えて中国本土および国際的闘争の場での同盟者に目を配ることができなかったのである。「グローバルに考え、ローカルに行動する」のではなく、彼らはその後半だけ、つまり「ローカルに行動する」ことだけをおこなった。それゆえ、彼らの競争相手である右翼の中国ヘイトと闘うことができなかった。大きな不安を助長する危機の時代にあって、オープンで包摂的な香港アイデンティティを議論することができる左翼がいないために、青年たちの一部は中国ヘイトの香港本土主義の中に、既存の支配階級に対する怒りの共通の基盤を見つけた。これは中国ヘイトの香港本土派の基盤だった。前章までで述べてきたように、これもまた固まっていない基盤であり、将来の出来事と孤立した左翼からの適切な介入の両方によって、この基盤を無力化させることができるかもしれない。

二〇一九年反乱はこの香港アイデンティティが大きな力を持つことを示した。私はそれが正当なものだと主張し続けている。一九四九年以降、香港の中国人の運命は、中国本土の中国人、あるいは台湾の中国人とは非常に異なったものだった。一方では、香港の中国人の方が幸運だった。

ほとんどの人々が本土からの難民だったが、本土での国共内戦や飢餓のさなかに、この植民地の中に安定した避難場所を見つけたのだった。香港の中国人が幸運だと感じ続けたのは、すぐ目の前で、中国本土指導部内での激烈な派閥抗争や「文化大革命」の巨大な愚行を目撃したからである。もう一方では、ほとんどの人々はイギリス政府の植民地支配の対象でしかなく、そういうものとして抑圧されていた。もちろんのこと、香港の中国人はまた、自らの内部でも分裂していた。国民党支持者と中国共産党支持者は激しく対立し、サイレント・マジョリティは政治に無関心だった。一九七〇年代以降ずっと、この分裂は新たな世代には次第に時代遅れだと感じられるようになっていた。国民党も共産党も自分たちを見捨てて、イギリス支配のもとで朽ちるに任せているという強い感情があったのだ。新たな世代は、この「借り物の場所で、借り物の時間を過ごす」単なる難民、あるいは単なる訪問者という感情を強く持っていた。この世代は自分たちのことを「根無し草の世代」と呼んだ。第二章では、香港生まれのインド人であるジェフリー・アンドリュースの次のようなことばを引用した。「自分は何者なのかわからない。インド人でもなく、国際市民でもなく、香港人でもなく、中国人でもない。私は誰なのか？」(原注3) この腹立ちは、どこか私にもなじみがあるものである。一九七四年、私は一八歳になったとき、成人用IDカードを発行してもらうために入管事務所に行った。私は「国籍」と記された空欄に記入する必要があった。私はなんと書けばよいかわからなかった。係員はしびれを切らして私に言った。「全然大したことじゃない。『中国』と書くか、『イギリス』と書くかだ。どっちにしても大したことではない」。私は「中国」と記入したことを覚えている。この係員のことばを完全に理解したのは、もう少し歳を重ねたときだった。つまり、「イギリス人」と書いても、イギリス市民の権利を与えられるわけではなかったし、「中国人」と書いたところで、イギリスが自分に何をしてきても二つの中国政府〔中華人民共和国政府と中華民国政府〕は関心を持たないことに気づかざるを得なかったからである。そのときから、私はいつも同じ問い、つまり「私は何者なのか？」を自らに問うてきた。私はイギリス国民ではあるが、イギリス人ではない。私は中国人だが、中国政府は私のことなんか気にかけていない。私は祖国を持たない人間なのだ。

私のアイデンティティ危機は、世界市民と社会主義という考え方を受け入れたときについに解決された。私の世代の人々のほとんどは、アイデンティティについて完全に忘れ去ることで、あるいは社会の階梯を登っていくことで、その問題を解決した。香港の歴史上初めて、「香港の」アイデンティティがゆっくりと、静かに発展し始めた。その主な感情は「中国のことは忘れて、われわれはここで一生懸命に働いて生活し、可能ならば欧米に移住する」ということだった。

香港現代史をこのように語ることによって、われわれは右翼本土派のスローガンである「來生不做中國人」＝「来世ではもう中国人に生まれたくない」や「港中区隔」＝「香港の中国からの分離」をもっとよく理解できるだろう。私は前章まででこうしたスローガンには反対だと論じてきた。しかし、これらのスローガンと闘うためには、われわれは、それが香港で民衆の心を掴んでいる理由を理解しようとする努力をさらに強める必要がある。一九四九年から一九九七年までの間、実質的に「中国本土から分離」されていたおかげで、香港は「大躍進」や「文化大革命」の恐るべき混乱をまぬがれ、その一方で戦後の世界金融市場の好況から恩恵を受けた。鄧小平は一九七九年に復活したあとすぐに、香港から学ぶように呼びかけた。これによってさらに香港人の誇りが高まった。一九九七年以降の不幸な経験のあと、人々が自分たちの歴史から教訓を引き出し、「中国本土からの分離」が香港民衆にとって最善のものであると考えたのは自然なことだった。「われわれを放っといてくれ！」が一番の関心事だった。

再三再四、現実が香港人に中国を思い出させた。彼らはそれと折り合いをつけなければならなかった。ときには否定的に、ときには肯定的に。香港がどちらの方向に向かうかは、常に本土で起こったこと次第だった。物事が肯定的に進行していったとき、香港人は自分たちの中国人らしさを好ましく思い出すかもしれない。もし否定的に進めば、香港人は自分たちの中国人らしさを忘れ去りたいと思うだろう。浮き沈みはあったが、それにかかわらず、過去四〇年間の一般的傾向はより否定的なものだった。香港本土主義は二〇一〇年代以前にも長い間存在していた。そして、ある意味、それもまた正当なものだった。「中国は何回もわれわれを見捨てた。だから放っといてほしい。われわれはこれ以上金の卵を産む中国のガチョウにはなりたくない。われわれは人間でありたい！」

北京の香港政策は、当初から一種の国内植民地化だった。それは本土から移民を送り出すというよりは、中国の国家資本が香港を圧倒するという問題であり、北京がイギリスの抑圧的な植民地法をそのままにしながら、香港人の公民権を剥奪し続けている問題だった。一九九七年の中国への香港の主権移譲にあたって、香港人との協議は一度もなかった。同様に、基本法の起草と公布は香港人の同意を得たものではなかった。

香港人は一定の特権を享受している。しかし同時に、本土民衆が（憲法や選挙法を通じて）名目的であっても普通選挙権を享受している〔下級レベルの人民代表大会の代表は普通選挙で選ばれる。しかし、立候補者は選挙委員会を中心とした協議によって確定される〕のに、香港人は香港に関してだけでなく、中国に関しても同じようにこの権利を拒否されている。すなわち、香港人は、基本法によって投票の権利を与えられているにもかかわらず、中国人民代表大会の香港代表団を選ぶための投票用紙を見たことがない（香港代表団は北京によって選ばれる）。北京政府は、「香港の代議員選挙に関する法律の制定」という基本法の条文を履行することを拒否することによって、香港人から権利を奪った。香港人はイギリス支配のもとと同じように、北京の支配のもとでも権利を奪われている。

しかし、香港人は穏健だった。長期にわたって、彼らは自らの権利について北京政府と最終決着をつけるつもりはなかった。けれども、北京の歴代支配者は、来る日も来る日も香港人を見下し続けた。習近平は「大漢民族主義」をさらに強化して、香港人が貴重なガチョウであり続けるだけでなく、伝統的な中国服を着て、標準中国語を話す舌を持って、檻の中に閉じ込められることをも望んでいた。両者の間の衝突は不可避だったし、今も不可避である。香港で人気のあることば「在街邊拉屎的人、統治唔會這樣做的人[1]」（街中で平気で小便をする人間が、そんなことをしない人間を統治する）は、多少誇張されてはいるが、北京による支配に対する香港人の軽蔑の気持ちを示している。それには一粒の真実が含まれている。つまり、中国共産党は、香港人が部分的には前近代的で中世的な政治思考だと考えているものによって国を統治してきたからである。その一方で、ほとんどの香港人は自分自身のことを西洋由来の民主主義的価値観によってすでに啓発されていると考えている。これは二〇一四年の雨傘運動でついに最高潮に達した。それはまた、民主派の中の急進的翼が自己決定を要求し始めたときだった。

香港は中国から分離した国家を構成していないという理由で、香港人は自己決定権を持っていないと主張する人々もいる。しかし、香港が「国家」であるかどうかは、香港人が自己決定権を持っているかどうかとはまったく関係がない。ある場所の人民が自分たちの政府を選んだり、罷免したりする権利を拒否されているとき、そして彼らの請願が同一の独裁者によって繰り返し踏みにじられているとき、その人民は一つの政治的コミュニティを構成し、自己決定権を持つ資格がある。カナダ最高裁判所は、ケベックのカナダからの分離独立に関する一九九八年の判決で、人民が自己決定権を享受する条件の概略を述べた。

まとめると、国際法上の自決権が外的自決権を認めるのは、せいぜいのところ、かつての植民地状態にある場合、人民がたとえば外国によって軍事的に占領されているといった抑圧状況にある場合、明定可能な集団が、政治的・経済的・社会的・文化的発展を追求するために政府を利用しようとしても意味をなさない状況にある場合のみである。三つの条件すべてにおいて、内的自決権を行使することが否定されてきたがゆえに、問題となっている人民は外的自決権の権利を有する。(原注4)

ケベック独立の提唱者にとって、これはあまりにも狭い解釈かもしれない（裁判所はケベック独立に反対する判決を出した）が、香港はこの穏健な判決によって認められている第一と第三の条件をまさに満たしている。

香港国家？

それでは、香港は国家なのか？　右翼本土派のほとんどは「そうだ」と言って、それを香港独立という彼らの要求と結びつけるかもしれない。私はどちらの立場にも賛成しない。「国家」ということばが、問題となっているコミュニティが「国家」であるという主な特徴のすべてを満足させるかどうかについて、回答欄にチェックを入れて同一であることを確認できるような客観的実在を意味するという考えは、いまや大いに時代遅れである。国家としての地位の形成には常に主観的要素がある。私は香港が国家であると主張する人々に反対しないし、ある程度まではナショナリズムにも反対しない。香港が「ナショナリズム」をもって北京に応じるとすれば、これは被抑圧人民のナショナリズムであり、それゆえ、それが抑圧に対する闘いを構成する限りにおいて進歩的になりうる。それには明白な限界があるにしても、左翼はそれを批判的に支持することができる。しかし、いままでずっと、「香港国家」という主張の支持者の数は非常に小さいものだった。「ナショナリズム」に至ってはその支持者はさらに少ない。香港アイデンティティに対する支持は強いものがあるが、これは「香港国家」とは異なっている。そして、独立を求める声は人口の十分の一にすぎない。さらに、第二章で述べたように、香港住民の三分の一はいまだに、自分のことを香港人であり、中国人でもあると考えている。そして、彼らが「香港ナショナリズム」あるいは「独立」という考え方を支持しているかどうかは疑問である。この数字の背後にはまた、香港では多くの住民が中国本土との強い家族的結びつきを持っているという事実がある。これは、台湾の「土着中国人」が何百年もの間、中国本土にいる一族の人々とのつながりを断ち切って、（一九四九年に国民党が台湾に逃げてきた例を除いて）両岸の間で移民の流入はほとんどなかったのとは対照的である。「返郷下」（故郷の村に帰る）ということばを香港人だけが持っていて、台湾人は持っていないのは、そういう理由による。「香港国家」のために強固な境界線を引くことは、強い対立を生み、一触即発の状態になる可能性があるだろう。それゆえに、それはまた政治的自殺行為である。それは中国からの移民を敵に回し、中国共産党の宣伝を受け入れやすい状態に追い込んでしまうだろう。香港民衆を解放することを目指すいかなる政治的解決策であっても、いまだに自分たちを「中国人」だと考えていて、完全な独立など望んでもいない人々を除外することは、民主的ではないし、実行可能でもないだろう。

私は香港人にとって最善の道はナショナリズムでもなく、独立でもないと考える。われわれは自分たちのアイデンティティと香港の自己決定を求めるビジョンを自己主張する必要があるだけなのだ。これら二つの価値観は、（「独立を求める香港国家」という考え方と比べると）本物の自由を求めるわれわれの闘いの道しるべとなるのに十分である。そうであるがゆえに、香港独立という考え方は、たとえ結局は多くの支持者を集めたとしても、ただちに香港人の真二つの分裂を招くことになり、その違いを和解させる空間と時間がないまま、北京によって粉砕されるだろう。北京の「大漢民族主義」に香港ナショナリズムで対抗することは、戦略的に間違っているし、戦術的にも非現実的である。それとは逆に、われわれが香港アイデンティティと自己決定を提唱することは、わずかだがより穏健で、より柔軟性に富んだものであり、それゆえに、圧倒的な力を持つ中央政府に立ち向かう小さな自治都市にふさわしいものである。まず何よりも、それが政治的選択肢としての独立を否定していないので、生まれながらにして柔軟なのである。それゆえ、独立を求める人々も同じように、自分たちの立場を表明する機会が与えられる。独立のスローガンは、中国本土とただちに決別することを意味しており、そのことによって重大な結果をもたらすことになる一方で、自己決定のスローガンは、われわれがこのスローガンを香港以外にも拡散し、中国本土の民衆が自分たち自身の自己決定権を同じように追求するのを励ますならば、本土民衆と結びつくという利点がある。国家としての中国と決別することはアメリカ帝国を手助けすることになるという非難に対しては、われわれは一党独裁と決別するだけだと反論することができよう。中国と決別する代わりに、われわれは民衆の自己決定を通じて、新たな、民主主義的で、お互いに敬意を払うような中国本土との再統一を追求する。この対応はまた、第四章で述べたように、中国本土の草の根民衆との民主的同盟を追求するという香港人の戦略に沿ったものもある。

その上、香港独立はもう一つの覇権国家の助けによってのみ構想できるものである。一部の右翼香港本土派は、すでにモーゼのような指導者、すなわちアメリカ帝国を念頭に置いている。しかしながら、いくら控えめに言っても、ワシントンが中国の港一つのために北京と闘うという危険を冒そうと考えることはありそうにもない。シンガポールや台湾の例は香港では繰り返されないだろう。というのは、シンガポールや台湾の例を可能にした力関係は中国本土と香港の間では存在しないからである。言うまでもなく、このシナリオの中では、香港独立はまったく「独立」したものではないのだ。

香港独立は望ましいものでもない。読者は第二章で引用した劉顗匡の答えを思い出すだけで十分だ。

香港独立二日目には、香港の人々の生活様式や習慣は何も変わらないだろう。

独立後に何もかもが変わらないままなら、労働者民衆はどのようにして利益を得るのだろうか？　この種の「独立」のために血を流す価値があるだろうか？　香港民衆のほとんどは、北京に対して自分たちの自治を守りたいのだ。そのことは「香港ビジョン」の第二のバージョンとは何か、ということである。しかしながら、「香港の人々の生活様式や習慣は何も変わらないだろう」という考えは、労働者階級の利益にはまったく合致していないだけである。労働者の物質的・精神的利益は、現状を転覆し、もっと公正な社会で置き換えることを求める。香港の下層階級と上層階級が北京に対する共通の闘いの中で団結するとしても、両陣営は基本的な利益において分裂し続ける。新型コロナウイルスのパンデミックはそのことを明らかにした。われわれは、大企業が労働者を解雇したり、労働者の賃金を削減したり、労働者に何ヶ月も無給の休暇を取らせたりして、パンデミックの社会的コストを下層階級に転嫁しているのを目撃している。右翼本土派のバージョンは、「自由市場」という現状を維持しながら、冷戦期のいわゆる「自由世界」に香港を戻そうとする単なる夢物語である。労働者人民は新しい香港の自分自身のバージョンを必要としている。つまり、「アイデンティティ」と「自己決定」という価値観だけではなく、さらに「民主主義」と「分配における公正」という価値観でも主導される香港というバージョンを必要としているのである。それゆえに、長期的には香港のビジョンは二つあるだけではなく、少なくとも三つあるのかもしれない。

中国共産党のアキレス腱

第一章では、北京政府が香港人に対して、中国にとって香港の重要性が低下してきたと語っていると書いた。北京政府は、中国の台頭にともなって、香港の域内総生産が中国の国内総生産のほんの一部でしかなくなってきているという事実を指摘したのである。しかしながら、これは一方的な観点である。香港には依然として有利な点があり、中国がいまだに香港に依存している側面もたくさんある。

この節では、次のような議論をおこなう。

(1) 中国の台頭は、国内市場と世界市場の両方を十分に利用することができるという政策に基礎を置いている。中国の歴史において、直接投資の流入・流出、国境を超えた金融取引、輸入・

輸出などの点で、今日ほど中国が世界市場に大きく依存していることはなかった。
（2）逆の見方をすれば、この高度に専制主義的な体制は、国内的にはあらゆるものを効果的に支配しているが、国際的な結びつきに対するコントロールはほとんどできていない。それゆえ中国のもっとも弱い環になっている。
（3）国内市場と国際市場の間で、中国は常に仲介者―つまり香港―を必要としている。香港に対する支配をますます強めているにもかかわらず、「外国勢力」と香港民衆がまだある程度の影響力を持つことができているのは、香港が自由港としての特徴を持っているからである。そのことが北京にとって事態を困難にしている。

こうした三つの要因が北京のアキレス腱を構成している。

香港の多くの学者が、今も継続している中国の香港への経済的依存という問題を取り扱ってきた。最近では、イギリスのNGOである香港ウオッチが「なぜ香港が重要なのか?」というレポートを公表した。その中では、この依存関係を簡潔に次のようにまとめている。(原注5)

＊中国の直接投資フローの三分の二近くは香港を経由している。
＊二〇一〇年から二〇一八年にかけての、中国本土企業の新規株式公開の七三%が香港を拠点としていた。一九九七年以降、中国企業は香港で三三五〇億ドルの資金を調達した。
＊香港ストックコネクト(2)〔香港・中国間の証券取引システム〕は、欧米投資家が中国本土市場にアクセスしようとするための、ますますお気に入りのルートになっている。二〇一六年か

ら二〇一九年九月までの間に、九五〇億ドルが香港経由で中国本土の資本市場に流れ込んだ。

＊香港は、中国企業による債権売却のための最大のオフショア・センター(3)であり、中国からの海外直接投資の最大の受領者である。香港は貿易金融において重要な役割を果たしている。香港は人民元国際化にとっての中心地なのである。

＊香港は多くの中国共産党員を含む中国本土の富裕層にとっての個人資産管理センターとして決定的役割を果たしている。

これらは直接的依存をカバーしているに過ぎない。間接的要因や国際協定もあって、それらは直接的依存に劣らず重要である。一九九二年にアメリカ議会で香港政策法が成立したとき、中国は国内政治に介入したとしてアメリカを非難した。しかし、その法律の三つの要素（第四章の「外国勢力」の節を参照すること）はまさしく北京にとって利益になることだった。北京の利益と欧米エリート階級の利益が一つになるのは、まさにここにおいてである。香港は海外投資の重要な中継基地であり続けている。二〇一七年には、中国の海外向け直接投資の五八％が香港を経由していた。(原注6)この海外直接投資の一定部分は、ときには中国それ自体への再投資（「往復投資」）を含めて、さらに世界の他の部分へ再投資されるだろう。香港を通じて、多くの中国大企業が、休眠会社の購入、あるいは新会社の設立によって、親会社が世界の他の部分でさらなる投資や貿易をおこなえるようにする子会社を作り出してきた。

中国企業が世界市場にあふれさせているその大量の資金は一体どこからもたらされているるの

か？　かなり多くの部分が香港からである。すでに見てきたように、中国企業は、国有企業を筆頭に、ここで大量の香港ドルを調達してきた。そして、（一九九二年の法律のもとで、アメリカの暗黙の合意によって）通貨が固定レートで米ドルと連動しているために、香港で投資や上場をしている中国企業は、米ドルに容易にアクセスできる。香港で投資や上場をしていない中国本土企業はこうした取引に参加することを禁止されている。自由港である香港とは違って、中国本土がいまだに資本規制を実行していて、中国通貨がほとんどの場合交換可能ではないという単純な理由からである。香港はまさに北京にとって米ドルを産み出すガチョウであり続けているのだ。

香港企業を中国企業の隠れ蓑として用いることは、中国企業にとって利益がある。外国人は香港企業に対してそれほど疑いの目を向けないからである。二〇一八年一二月の孟晩舟／ファーウェイ事件は、中国を世界と結びつける上での香港の役割を示す好例である。ファーウェイ（華為）の最高財務責任者で、創業者の任正非の娘である孟晩舟（Cathy Meng）は、香港に本拠を置く星通技術（スカイコム・テック）役員会のメンバーだったが、カナダの裁判所によって、アメリカのイラン制裁に違反した容疑で訴追された。早くも二〇一三年一月には、ロイターが「スカイコムのテヘラン事務所が、アメリカの貿易制裁にもかかわらず、少なくとも一三〇万ユーロの価値があるヒューレット・パッカード製の機器をイランのモバイル・テレコミュニケーションに売却する申し出をした」と報じていた。(原注7)その報道によれば、スカイコムはファーウェイの子会社であるという。もっともファーウェイはスカイコムが単なる「重要な香港でのパートナー」の一つに過ぎないと常に主張してきた。ファーウェイのような中国企業がそのような短期間で世界的な拡大を達成することができたのは、香港を利用することによってのみ可能だったのである。

鄧小平以来、二〇一三年の上海を皮切りに、全部で一八の自由貿易地域（ＦＴＺｓ）を展開することによって、北京は常に「中国本土にいくつかの香港」を作ろうと一生懸命試みてきた。これらすべては成功しなかった。（原注8）北京は、「自由貿易」体制だけで、もう一つの香港を作るのには十分だと考えていた。香港のより良い法システムや中国自身の官僚的資本主義という障害物を考慮しなかったのである。こうした自由貿易地域における自由貿易について、当局者がどんな約束をしようとも、結局はその約束はほとんど尊重されなかった。たとえば、人民元の自由交換もそうである。中国ではたった一つのことを除いて、予測可能なものは何もない。それは国家官僚による予測不能な、気まぐれな支配である。彼らは意のままに政策を変更する。国際貿易に真剣に携わっている企業で、そのような場所に投資したいと考える企業はいないだろう。香港が一九九七年以降、自由港として成功できたのは、ひとえに香港の植民地的遺産のおかげである。つまり、イギリスの法律と裁判所、「外国勢力」への寛容さ、反汚職の番人である廉政公署、部分的な直接選挙、報道の相対的自由、反対政党、行動的な社会運動などである。こうしたものは政府（香港政府あるいは北京）の専制的な統治に対する対抗勢力として機能している。中国には、「帳簿をごまかせ」という地方政府当局者の圧力をあえて拒否できる会計事務所は存在しないが、香港では、上述した対抗勢力（お好みなら「市民社会」と言ってもいいが）のおかげで、同じことをする誘惑に駆られた会計事務所は、マスメディアで報道される、あるいは廉政公署によって調査されるという危険を冒していることを認識している。外国資本は、こうした対抗勢力がなければ、自分たちが北京のバックアップを受ける中国企業によって容易に粉砕されるだろうということをよく知っている。

中国が香港の自治に対する攻撃を続けるとすれば、中国は欧米の利益をも攻撃することになり、アメリカが香港に対する従来の政策を一変させる地点を踏み超えてしまうかもしれない。もしこうなれば、中国企業はただちに現金不足に陥り、習近平の「一帯一路」という巨大プロジェクトもおしまいになってしまうだろう。香港は中国にとってありがたい存在だが、もし北京が香港の特別な地位を消滅させようとするならば、アキレス腱にもなりうるのである。北京がアメリカとの貸し借りを清算するのをもっと後に延ばせば、つまり中国が香港を完全に支配し、中国が十分に力を付け、一帯一路がほぼ完成し、中国のハイテクがより自立するときまで待ちさえすれば、事態はまったく違った発展を遂げるだろう。しかしながら、習近平はアメリカとの対立を加速させることを選択してきた。これが中国の柔らかなお腹〔弱点〕をさらしていることには気がついていない。二〇一二年以降、習近平体制は繰り返し自らを過大評価し、相手を過小評価してきた。その結果、アメリカとの貿易戦争と香港に対する戦争の両方で急いで撤退するという結果を招いた。中国共産党内部では、北京の政策決定者が賢明に行動しているのかどうかについての憂慮が広がっている。強硬派の環球時報でさえ、最高指導者たちを説得しようとしたことがあるのだ。

香港の高度な自治は守られなければならない・・・中国本土は香港を直接統治する政治的・法的資源を持ってはいない。われわれが香港の高度な自治を破棄するならば、これは社会全体の活動論理を書き直すことを意味する。これは巨大な統治リスクを意味する。その中には香港が国際金融センターとしての地位を失うことが含まれる。この種のリスクは中国の国家利益と合致していない。(原注9)

続いて起こった事象は、中国の最高指導者たちが環球時報のアドバイスに耳を傾けなかったことを証明しているように思えた。したがって、彼らは挫折することになった。その後すぐに、彼らはもう一つの、より大きな難問に直面することになった。

ドラゴンがウイルスに感染するとき

中国の一枚岩的な党支配国家は、いかなる反体制勢力をも容易に粉砕できるだろう。しかし皮肉なことに、それは次第に自らの機能障害に対処できなくなっている。前章までで述べてきたように、長年にわたって、香港に対する支配をさらに強める際には、非常に洗練された計画を遂行してきたにもかかわらず、北京の派閥抗争―部門内の対立、官僚的な機能障害など―は、結果として「銅鑼湾書店失踪事件」、香港行政長官選出、逃亡犯中国送還条例上程の試みの失敗をもたらし、世界の目の前で面目を失わせることになった。逃亡犯条例反対の抗議運動が二〇一九年末に弱体化し始めたまさにそのときに、北京のドラゴンはのちにCovid-19（新型コロナウイルス）と呼ばれることになったウイルスによって苦しみ始めた。再びドラゴンは「中国的な特徴を持つ危機管理」における内的弱さをさらけ出したのだった。

パンデミックはそのまさに最初から回避可能だった。「春運」—春節の際の大移動のことで、二〇一八年には約三〇億人の旅行者がいた—の前に全国に拡散するのを防ぐのに数週間あった。しかし、武漢市政府がウイルスの拡散について早くから知っていたにもかかわらず、北京が行動したのは遅すぎた。われわれは同じような遅れをイギリスやアメリカでも目にした。多くの場合、トランプと習近平は、傲慢さ、無知、専門家軽視といった点で、お互いに鏡のような存在である。だが、二〇一九年一二月から翌年一月までの決定的な数週間に事態がいかに展開したかをより注意深く見れば、中国の場合は欧米とはまったく違った特質を示している。

のちに新型コロナウイルスと特定された「未知の要因による肺炎」が最初に確認された事例は、二〇一九年一二月一日に報告されたと考えられている（しかし、『サウス・チャイナ・モーニング・ポスト』の記事によれば、当局筋からの情報として、最初の事例は一一月一七日に報告されたという）。一二月三一日までには、確認された事例の数は二六六例にまで増加した。一月一日には三八一例に跳ね上がった。（原注10）一二月中旬にはすでに「濃厚接触を通じての・・・人と人の間での感染の証拠」があった。（原注11）武漢の病院は検査のために広州微遠基因科技（Vision Medical）にサンプルを送った。一二月二七日、『財新』によって報じられたように、ゲノム配列解析の結果は「致死的なSARSコロナウイルスとの危険な一致を示した」。（原注12）広州微遠基因科技は、ただちに湖北省衛生健康委員会に発見結果を報告した。しかし、二〇二〇年一月一日から三日までの間に、湖北省衛生健康委員会と国家衛生健康委員会は、サンプルを破棄し、これ以上の検査を中止し、その発見結果を大衆に報告することを差し控えなければならないと広州微遠基因科技に通知した。

ほぼ同じ頃、サンプルは北京博奥医学検験所にも送られていた。武漢市中心病院救急科主任の艾芬にリークされたのはこの発見結果だった（そのウイルスをSARSと誤認したのだが）。彼女は古くからの友人八名に知らせた。その中には、医師であり内部告発者となった李文亮がいた。李文亮はその知らせを一二月三〇日に他の医師とも共有した。しかし、彼は地方政府当局者によってフェイクニュースを広げたと告白することを強要させられた。彼は一カ月後、新型コロナウイルス感染症で死亡した。

李文亮がその情報を友人らと共有したのと同じ日に、武漢市衛生健康委員会の「未知の要因による肺炎」について述べた二つの文書がネット上に投稿され、武漢市衛生健康委員会は「ウイルス性肺炎」の症例が二七件あると初めて発表せざるをえなくなった。しかし、委員会は人から人への感染の証拠はないと言って、ウイルスについてトーンダウンさせた。上述の『サウス・チャイナ・モーニング・ポスト』の記事によれば、両方とも真実ではなかった。

全国レベルでは、より大きなことが進行中だった。一月一〇日には、春節大移動が始まろうとしていた。このままいけば、春節大移動によって、ウイルスは驚くべき速さで国中に拡散するだろう。時計はカチカチと時を刻んでいた。

国家衛生健康委員会に代わって、一月六日に二級緊急対応の内部警報を鳴らしたのは中国疾病予防管理センターだった。党の最高指導者たちは新たに発見されたウイルスについて知らされたのだ（原注13）。翌日になって政治局常務委員会が召集され、新たなコロナウイルスについて初めての議論がおこなわれた。一カ月後、権力者に対する不満が高まったため、習近平は彼の内部講話を公表して、彼がずっとウイルスに対する党の闘いを指導してきたことを示した。ウイルスに関する記事で最初に書かれているのは、一月七日の政治局常務委員会会議での彼の発言だった。その会議で、彼は「新型コロナウイルス肺炎の疾病予防活動に関して要求を出した」と報じられた。彼がこうした要求について詳細を説明しなかったという事実は、その要求が実在していなかったことを示唆している。彼の行動――あるいは、もっと正確に言えば、何も行動しなかったこと――もまた、この結論を示しているように思えた。というのは、掲載された記事の中には、七日から二〇日までの間、つまりウイルスが火のように広がっていた時期に習近平がおこなったことについての記述がなかったからである。見たところ、習近平はこの決定的に重要だった二週間に何もしていなかった。春節大移動と主要な公的イベント（後述）が予定通りに進行していたのを傍観していただけだった。彼は結局、二〇日になってから、「われわれは感染拡大を重要視しなければならず、全力で防がなければならない」という公式の指示を出した。(原注14) 二〇日の「指示」は、少しは価値があるものだったが、すでに遅すぎた。その時までに、数千万人の乗客がすでに故郷への帰途にあった。もし習近平がそのときにウイルスには人から人へと感染する能力があり、すでに何百人もが感染しているということを十分に知っていたとすれば、七日にこのことを公表すべきではなかったのだろうか？　彼の内部報告をその後すぐに公にすることによって、習近平は早くからパンデミックにとりくんでいたことを示したかったのだ。実は、その講話は反対のことを示していた。

七日の政治局会議についての『明報』の記事によれば、習近平や他の最高指導者たちはもっと破滅的なことを言ったのかもしれないというのだ。記事によれば、会議の「指導者」は、感染流行を防止する措置を講じるべきであるとする一方で、そうした措置は「パニックを起こすものであってはならないし、きたるべき旧正月の祭りの雰囲気に影響を及ぼしてはならない」ことを決めたとのことだ。(原注15) すべての党高級官僚は、どちらのメッセージが優先されているかをただちに理解したことだろう。それゆえに、彼らは来るべき感染流行についての情報を抑え込みながら、祝典を催し続けたのだった。

何もかもがいつも通りと確実に見せかけるために、武漢市当局と湖北省当局は、予定されていた二つの会議、つまり人民代表大会と人民政治協商会議を一月六日〜一七日に開催することを決めた。これに続いて、〔武漢市では〕四万家族が参加する大宴会の「万家宴」が一月一八日に開かれた。その宴会は、〔大型集合住宅団地の〕百歩亭社区によって開かれたものだが、二〇年の歴史を有し、地方政府の後援を受けていた。(原注16) これらの公的行事のおかげで、そのウイルスはいまやさらにスピードを上げて拡散した。三日後の二〇日に、習近平は「指示」を出した。高級官僚が動き始めたのは最高指導者が語ってからのことだった。武漢は二三日に封鎖された。しかし、五百万人の武漢住民がすでに市外に出て、大移動中の数億人の乗客に加わっていた。

何人かの専門家によれば、旅行禁止と接触削減が一週間、二週間、あるいは三週間前に中国で実行されていたとすれば、感染例はそれぞれ六六%、八六%、九五%減少していたとされ、感染地域の数も顕著に減っていただろう。(原注17)

武漢当局者はなぜあのような行動をとったのだろうか？　これを考察することで、われわれは中国共産党官僚体制のある特徴に関して議論することになる。その特徴の一つは、幹部が何を考えているかということの方が、法律の条文より重要だということである。本土の中国人は誰でも、もし自由に話すことができるなら、仕事する際には同時に二つのルールがあると言うだろう。一つは法律であり、もう一つは「潜規則」、つまり「隠されたルール」である。(原注18) 後者は常により重要である。われわれはこのことをすでに、香港に対する北京の政策についての物語の中で目撃した。そのときには、北京は突然、基本法と香港の諸法律を廃棄して、中国がやりたいことを何でもおこなった。「幹部」の「面目」を保たせることがもっとも重要な隠されたルールだと考えられている。しかしながら、問題は幹部がいつもあまりに傲慢なので、彼／彼女が何を考えているのかを言わないことである。幹部が何を考えているかを推測することは、それゆえ、隠されたルールのもっとも重要な要素だと見なされる。われわれは、パンデミックの期間中に、官僚主義の論理がいかに役に立たなかったのかを目撃した。

感染症の予防及び治療に関する法律第三八条では、「感染症に関する情報の公表は、正確かつ遅滞なくおこなわなければならない」とされている。第六五条では、これを怠った政府部門は、行政処分や刑事訴追の対象となることが規定されている。いまや情報革命にともなって、民衆の健康を守るための法律の施行はより容易になっている。SARSが二〇〇三年に発生したことを契機として、中国疾病予防管理センター（CDC）は、自動化されたウェブベースの感染症警戒・対応システム―中国疾病管理予防情報システム（CISDCP）―を開発し、二〇〇八年四月に中国全土に導入した。(原注19) 以前は、「地方CDCは、月に一度、上位機関を通じて国家CDCに報告書を提出していた。ＣＩＳＤＣＰによって、病院や診療所は、インターネットを通じて、ただちに直接報告するようになった」のである。(原注20) しかし、一二月二九日、武漢のいくつかの病院が原因不明の肺炎症例を区や市の衛生健康委員会に報告したとき、衛生健康委員会は病院に「ＣＩＳＤＣＰを通じて直接報告するよう」伝えるのではなく、「上位機関の指示を待つよう」に伝えたのだった。一月五日、武漢市衛生健康委員会は報告マニュアルを改訂して、直接の報告をおこなう権限を病院から実質的に奪った。そして、その改訂マニュアルを省衛生健康委員会に渡した。この変更に加えて、省衛生健康委員会もまた、報告の一つ一つについて二重にチェックをおこなうという理由で、病院に対して地区・市・省衛生委員会という序列に沿って報告を上げるように要求した。(原注21) 衛生健康当局は、一気に法律とＣＩＳＤＣＰの両方を無意味にしてしまったのである。

パンデミックが世界中に広がる中で、中国共産党は、危機管理に失敗したとしてトランプや他の欧米諸国をあざ笑うことで、大規模な自己宣伝キャンペーンを画策した。トランプ政権の対応は確かによくなかった。しかし、アメリカと中国の間には違いが一つある。国立アレルギー感染症研究所（ＮＩＡＩＤ）のアンソニー・ファウチ博士は、公然とトランプを批判することができるが、中国の専門家が政府を批判したりすれば、解雇されるだけでなく、刑務所に入れられる、あるいは単に「消される」という危険を冒すことにもなるのだ。中国の科学者がどんなに優秀であっても、最終的な決定権を持っているのは官僚であり、真実を語った科学者を刑務所に送る力を持っているのも官僚なのである。一月二五日に、政治局が九人からなる特別対策チーム（「中央新型コロナウイルス感染肺炎疫病対策領導小組」のこと）を設けたとき、パンデミックの専門家を入れる必要はないと考えたのも不思議ではない。

習近平はただちに武漢市の幹部を解任して、部下に責任を転嫁した。しかし、これだけでは不十分であった。感染症法によれば、解任された武漢市幹部は法廷に引き出されるべきだったのだが、そうはならなかった。しかし、武漢市幹部に全責任を押し付けないようにしよう。習近平は一月七日に、党がコロナウイルスについて何かする必要があるときでも、春節に影響を与えてはならないと目立たないように党に念押ししたのだから。どうして彼は春節のことをそんなに心配したのだろうか？　春節期間中に国民を喜ばせることは国家的プロジェクトであり、それは指導部それ自身を賞賛するために企画されるものだからである。このことは『中国中央電視台春節聯歓晩会』というテレビ番組[4]の中で示されている。この番組は四〇年間にわたって続いてきた。このような盛大なショーを見ればすぐに、中国国民はもう一度党に感謝するというわけだ。

われわれが心に留めておかなければならないのは、二〇一九年のパンデミックの前編が二〇〇三年のＳＡＲＳ流行にあったことである。両方のドラマの主役は中国共産党だった。中国共産党は二〇一九年において、二〇〇三年と同じように行動したのだ。違っているのはウイルスだけだった。つまり、二〇一九年のウイルスの方が、伝染力が強く致死性も高かったのである。一六年が経過したが、党はさらに高度な技術で武装しているにもかかわらず、その官僚的硬直化を克服するのには何の進歩もしていなかっただけでなく、むしろより悪くなっていたのだ。

私の主張では、中国は官僚資本主義国として、前近代的な要素と近代的な要素の両方を示している。すなわち、中国は一方ではグローバル資本主義と深く結びついているが、他方では独特の論理を持っているのである。しかし、その前近代的特徴は、ますます中国の機能そのものを身動きできないようにさせている。習近平の個人独裁は、二〇一八年に国家主席の任期制限が撤廃されたことによってだけ強化されたのではない。(5) 二〇一七年の第一九回党大会で、習近平はすでに党に対して「われわれは『革命の遺伝子を受け継ぎ、軍隊強化の重責を担う』ことをテーマとする活動を開始する」と語っていた。(原注22) 彼が「われわれの革命遺伝子」と「軍隊」とを結びつけたことには、いわゆる「紅二代」〔一九四九年以前に共産党に加わった最高幹部の子ども世代〕が軍隊を支配することを正当化する意図が込められていた。中国の自由主義的オピニオンリーダーたちは、こうした二〇一七年および二〇一八年の動きを独裁政治の完全な復権と見ており、彼に「習皇帝」というあだ名をつけた。すぐに、野心的な習近平は香港に対する新たな攻撃を開始した。すなわち逃亡犯中国送還条例である。しかし、彼は〔条例案撤回に追い込まれ〕敗北を喫してしまった。(6) そのときまで、彼はまもなくもう一つの敵に打ち負かされるとは夢にも考えていなかった。今度はコロナウイルスである。彼の党の官僚機構は、危機に対処する上での重大な弱点を繰り返し露呈してしまったのだ。

それらを克服するためには、真の「近代化改革」に着手する必要がある。すなわち、官僚制の外部勢力から指導部を選出すること、国家から党を分離し、権力継承を平和的でより効率的におこなう方法を生み出すこと、絶対的な個人的忠誠・個人に特化された統治・隠されたルール・恩顧主義・自らを新たな上流階級へと変える傾向を立憲主義的でウェーバー流の現代官僚制によるエリート層と取り替えて、官僚制を改革すること、規則にもとづく階級制度、非人格化、合理化、能力主義などを取り入れる必要がある。これは自由主義的な「西洋化」プログラムである。しかし、この非常に穏健なプログラムを実施することさえ、巨大な政治危機と政治闘争なしには不可能である。なぜならば、闘争がなければ、もっとも権力を持つ官僚は特権を手放そうとはしないからである。それゆえに、たとえそれが政治制度に限定されたものであるとしても、「西洋化」という考えに対する継続的な敵意があるからである。しかし、旧来の「中国」のやり方にしがみつくことは、老朽化した党支配国家の害悪すべてを必然的に生じさせる。絶え間ない危機や派閥抗争・分派抗争の激化は、そのような闘争をゼロサム・ゲームにするがゆえに、すべてのゲーム参加者は生死をかけた闘争に巻き込まれるのである。逃亡犯条例とコロナウイルスのパンデミックへの対応は両方とも、国家官僚機構の劣化を示しており、その結果、中国全土で社会構造がますます解体され、巨大な遠心力が出現している。序文で引用した武漢住民の発言は、すでにこのことを示した。

香港人はどれくらい「西洋化」されているのか?

コロナウイルス感染症はすぐに香港にも広がった。二〇〇三年のSARS流行がまだ記憶に残っていたので、人々はすぐにマスクを着用した。そして、香港政府に国境の一時的閉鎖とマスクの十分な供給を要求したが、政府はこれを拒否した。新たに設立された医管局員工陣線は、要求を通すために五日間のストライキをおこない、ストライキが最高潮だったときには、七千人の看護師や医師が行動に参加した。ストライキ参加者は部分的な成功を収めただけだったが、かなり後になって、新しい組合はその力を発揮した。

コロナウイルスのパンデミックは、香港民衆を中国からさらに遠ざけ、「香港を本土から分離せよ」というスローガンをさらに大衆的なものにした。また、コロナウイルスのパンデミックは、非中国的であると同時に親欧米的であると見なされる香港のアイデンティティをさらに強めている。香港人が香港は「国際都市」であると強調するのは、香港は世界的な「近代化・西洋化された」都市の一つとして扱われるべきであるという意味なのである。これはまさに中国民族主義者がもっとも嫌っていることでもある。

民主派陣営の多くの人々の目には、西洋的ライフスタイルとは自由・民主主義という価値の尊重を意味している。三〇年間におよぶ選挙を通じた政治と（穏健な）民主化運動によって、香港人はある種の市民意識を発展させ、政治に関心を持ち始め、投票したりデモに参加したりするようになった。香港人は自分たちのことをほとんどの本土中国人よりも「文明的」であると考えている。香港人は、まさに本土中国人よりは体制順応的でない態度を示している。しかし、香港人は、これがごく最近の変化であることを忘れてはならない。香港人はいくらかは進歩したが、多くの点でまだまだ不十分である。たとえば、階級や年齢を超えて、市民精神が同じように不十分であることを指摘できる。つまり、民主的な会議を運営したり、違いを平和的に解決したり、同じような考えを持つ人々と手を取り合って一緒に仕事をしたりする能力が欠けているのである。これは「中国人」であること、あるいは「香港人」であることの内因的な特徴であるからではない。「国民性研究」や「文化的・知的アプローチ」（これは香港や中国本土では人気があり、民主的反対派の間でさえ人気がある）なら、そういう主張をするかもしれないが。（原注23）民主化闘争にとりくむ人々にとっては、このような一般的な話題に首を突っ込むよりも、中国／香港と世界のそれ以外の部分との間で、政治的文化を比較することに議論を絞り、最良の実践を学ぶ方が有益である。政治システムの改革だけに焦点を当てるのではまったく不十分である。理由はどうあれ、中国本土の社会には寛容さ、多元主義、公の場での議論などの政治的価値観がはなはだしく欠けており、香港の方がほんの少しましなだけである。第三章では、台湾の「ひまわり運動」での立法府占拠と二〇一九年の香港の反乱での同様の行動とを手短に比較した。そして、前者の方が、秩序があり、建設的で民主的であると評価したが、自らの不十分さを自覚することから始めて、そのことを学習できるという理由だけで、民主的な行動が中国人（この場合は台湾華人）であることと両立できると証明されている。たとえば、中華民国の創始者である孫文が民主主義革命を求めて世に訴えたとき、まず同志や同胞に会議の議事進行教本である「ロバート議事規則」を紹介する必要があることに気付いたのは偶然ではなかった。中国人が議論を通じて違いを解決することに精通していなかったからである。

それから一世紀後、中国人学生の袁天鵬は、アメリカ留学中にカルチャーショックを受けた。好奇心から、彼は大学の学生組合選挙に参加した。彼は同じ本を手渡された。それが、彼が民主主義メカニズムや会議の進行手順に出会った最初のときでもあった。中国に帰国してから、彼は中国の農民に会議の進行手順の技能やこつを教えるプロジェクトに着手した。彼は自分の経験をまとめた本を執筆した。

何百年間、何千年間にわたって、われわれは（意思決定メカニズムの）二つの様式にしか慣れ親しんでこなかった。一つは、独裁者のいる社会であり、そこでは誰もが独裁者に踏みつけにされた。もう一つは、独裁者のいない社会であり、誰もが相争っていた。・・・他人を踏みつけにするのも、踏みつけにされるのも望まない、私のような人間もいるに違いない。・・・これは、われわれが「自主管理」と呼ぶものである。これを達成するためには、われわれは孫文によって提唱された問題に立ち戻る必要がある。民衆が自らの主人であることを望むならば、集団的決定をおこなう方法や・・・会議を運営する方法を学ぶ必要があるし、学ばなければならない。（原注24）

偶然にも、私も一〇年前に香港で仲間の活動家に会議進行手順を紹介しようとして、それがかなり難しいことに気づいた。それは規則についてだけではない。それはもっと政治的な価値観・習慣・行動についてのものである。二〇一四年の運動と二〇一九年の運動の両方で、同じような弱さを目撃した人もいる。第二章で紹介した高校生のダグラスが、自らの経験をシェアした。

六月には、五月に発足した「中學生反送中關注組」という高校生団体にも参加した。八月の終わり頃になると、私たちの中で意見が分かれてきた。デモシストと一緒に活動したい人もいれば、そうでない人もいた。それに加えて、リーダーになりたい人もいれば、単純にルールをくつがえして自分たちの手で物事を進めたい人もいた。

(「民主的な意思決定はあったのではないか?」)それはそうだが、そういったリーダーは取り巻きと共謀して、自分たちの思い通りにしてしまう。この段階では、残された規則はただ一つだけであったと言える。つまり、「誰大誰悪誰正確」(「強くて悪いほど正しい」)、あるいはもっと単純に、運動の期間中によく言われたことばだが「勝てば官軍」ということだ。寄付金の不正使用も頻繁におこなわれていた。この組織はすぐに分裂した。(原注25)

「中国人」から「香港人」にアイデンティティを変えるのが簡単なのは明らかだが、それだけでは、自分の内面と外面を変えたことを必ずしも意味しないし、民主的に行動するための知識と習慣を完全に身につけたことを意味するわけでもない。自主管理能力を身につけようとすれば、香港人も中国人も、民主主義的文化・行動に関連して、自分たちの不十分さを反省する必要がある。不幸なことに、本土では、中国人はひどく抑圧され、巧みに操られているため、じっくりと考えて行動することが二重に困難である。香港人に関して言えば、長年にわたる優越感とプライドによって、多くの人々が自分の弱点を深く反省することができないでいる。

若い香港人は、自分たちが本土の中国人よりも文明的だと思っているので、プライドが高い傾向があり、非常に多くの若者は、この点についてイギリス植民地主義に感謝している。いくつかの点で、ロンドンは現在の北京よりもほんの少しだけ良い扱いをしてくれた。少なくとも植民地政府は、われわれにイギリス国歌を無理やり歌わせたり、歌わない者に懲罰を与えたりしなかった。しかし、今日の中国政府はまさにこれをおこなっているのだ。しかし、これは植民地政府がこれまでわれわれに真の民主主義と人権を教えてくれたという意味ではない。まさにその逆である。イギリス支配の最後の一〇年間になってようやく、人権保護の法律が制定されたのだが、それすら、香港人のためではなく、次の支配者である北京のために特別に用意された苦い飲み物として制定されたものだった。今日の若い世代は、植民地政府が自分たちに現代的なものをもたらしたと考えている。これは半分だけ真実である。ロンドンが香港に「現代的なもの」をもたらしたとすれば、それは植民地主義と保守主義がたっぷりと混ぜられて変形したものだった。ロンドンは、イギリスの急進的思想や運動を香港に輸入することを支持しようとはしなかった。タリク・アリは有名なイギリスのジャーナリストだが、一九七〇年代には青年左翼活動家だった。一九七〇年代半ば、彼は香港を訪問したが、現地の若手左翼との面会を敢行したところ、すぐに追放され、ロンドンに送り返された。西洋における政治思想や政治文化の多様性は、このいわゆる「文化の砂漠」においては成長する機会をもたなかった。香港の根強い権威主義は問題にされないままだった。一九八二年に香港の将来をめぐって北京との交渉が始まると、イギリス政府は香港により優しくし始めた。植民地政府の後押しを受けて成長する中産階級は、自由主義的価値観を推進し始めた。しかし、それは右翼的なものであり、保守性が強く、西洋由来であるか東洋由来であるかにかかわりなく、同じような権威主義を受け継いでいた。香港は高度な単一文化植民地であり続けた。われわれはすでに「西洋化」されていると思っていた。しかし、われわれは植民地的に変形されたもので甘やかされていただけだったのである。まさに民主主義に対する誤った見方をしていたために、われわれの大部分は、基本法は支持するに値するものであり、基本法が定めた政治体制は何とはなしに相当リベラルであり、香港の政治体制が権力分立とチェック&バランスを支持していると考えていたが、これらはすべて間違っていた。しかし、このような誤った見方によって、香港の民主化運動は、より良い取引を求めて闘う絶好のチャンスを逃してしまった。香港の自治がすごい速さで侵食されていることに突然気づいたのはその後だったのである。すでに遅すぎた。われわれが最初は二〇一四年に、続いて二〇一九年に真剣に反撃を始めたときでさえ、われわれ自身の中には首尾一貫して、権威主義的特徴が見出された。

二〇一四年の運動では、右翼香港本土派が、指導的学生団体である香港專上學生聯會を正当な理由もなく何度も攻撃していたが、ほとんどの学生デモ参加者は沈黙していた。二〇一九年の反乱では、参加者は賞賛すべき下からの素晴らしいイニシアチブを発揮した。しかし、運動の主流派は、「拆大台」(ステージを解体せよ)という名のもとで、自発性はいかなる種類の組織、投票行為、集会の開催とも相容れないという考えを支持し続けていた。なぜ「ステージ」が必然的に悪となるのか? そもそも「ステージ」とは何なのか? それよりも重要なのは、なぜそんなにも多くの若者が「ステージを解体」することを支持したのかということである。一部の若者だけがそうだったと言う人もいるかもしれないが、なぜ、それと同じだけの強さで、民主的集会を擁護し、下から人々を組織するために登場する民主的な若者がいなかったのだろうか? その結果として、二〇一九年の反乱の後、ほとんどの抗議行動参加者は、以前と同じようにばらばらにされたままであることが明らかとなった。物語のこの側面とバランスを取るためには、反乱が新たな労働組合運動も誕生させたことを想起しなければならない。高度に組織化され完全武装した党支配国家に直面して、党支配国家自身でないとすれば、他に誰がこのような民衆のばらばらになった状態から利益を得たのだろうか？　なぜこれほどまでに多くの人々が組織するという考え方に敵意を持っていたのだろうか？　元来、香港および中国の民衆が同じように、民主主義と公の場での議論について、必要な知識と習慣をまだ十分に身につけていなかったからである。われわれが内省的な考察をしなければ、政治的惰性という歴史的軌跡をたどり続けることになるだろう。

短期的には、民主派陣営は制度上の手段および社会運動を通じて継続的に北京に抵抗することができる。制度上の手段については、選挙運動、控えめにだが独立した司法、人権法、反体制派の公務員などがある。社会運動については、二〇一四年に比べてはるかに強い社会的支持を得ている。しかし、中期的には北京に対抗するのは難しい。香港は規模が小さすぎて、長期的には単独で闘うことができない。反対派が分裂している中では、北京は、香港政府と香港の経済的ライフラインを掌握することで、今後五年から一〇年の間に香港の自治を容易に侵食することができる。香港の水道供給でさえ、北京の手の中にある。出口を求めて、リベラル派と右翼本土派は、アメリカの介入を求めている。これまで見てきたように、アメリカは、香港を自らの「国益」を追求する際の交渉の切り札として扱っている。もし香港が米中の争いの戦場になれば、香港はつぶされてしまうだろう。ことわざにもあるように、二頭の象が争えば、その下の草が真っ先に被害にあう。その一方で、香港の活動家の多くは、本土民衆を潜在的な同盟者と考えることを拒否している。そのことによって、北京との対決では、自分たちはさらに孤立することになるかもしれない。香港は七〇年ぶりに岐路に立たされ、大きな脅威に直面している。その一方で、コロナウイルスの大流行は、党支配国家もまた、大きな不確実性を抱えた濁流に入りつつあることを私たちに見せてくれた。したがって、香港の未来が現状から直線的に発展していくと想像すべきではない。われわれは思いがけない事件や衝撃に備えなければならない。闘いは依然としてわれわれの先にある。将来の好機をつかむためには、二〇一四年と二〇一九年の両方の経験を通して考え、正しい教訓を引き出すことが必要である。だから、議論しよう。

香港に対する北京の新たな攻撃

二〇二〇年五月二八日、中国の全国人民代表大会は「香港特別行政区が国家の安全を保障する法制および法執行機構を確立・改善することについての決定草案」を可決した。それは、「外国または外国勢力による香港特別行政区の問題へのいかなる形態の介入にも反対」し、香港政府に「国家の主権、統一、領土の完全性の保護」に対する責任を念押しするものである。また、「国家の安全保障を危険にさらす」可能性のある行為も対象としている。この法律を香港に課すだけでなく、北京は香港に対応する法執行機関を設立しようとしている。一方、香港の親北京派は、この法案は、香港で「外国勢力」と関係のある者、香港の独立や自決を求めたり「一党独裁の崩壊」を求めたりする者が起訴される可能性があることを意味すると警告している。

専制的支配対法の支配

翌日には「一国二制度の終焉」といった見出しがマスコミの紙面を埋め尽くした。香港の弁護士会は、基本法一八条では、北京が香港に課す法律は国防と外務に関連する問題に限定されていると北京に注意を喚起した。また、基本法二三条では、国家安全保障法の制定は香港政府の責任であると規定されていることから、香港に法執行機関を設置することは言うまでもなく、北京が国家安全保障法を課すことは基本法違反であり、それゆえに香港の自治を侵害していることになる(原注26)。

ここでも北京は基本法に明記されている香港の自治の約束を破った。コロナウイルスのパンデミック期間中にも、北京の当局者は中国自らの法律に同じことをおこなった。党支配国家は自らの憲法にも同じことをおこなった。本当の意味での民主主義ではないにしても、憲法は独裁政治について規定していない。繰り返しになるが、重要なのは憲法や法律ではなく、中国共産党の隠されたルール――法律に縛られない絶対的な権力を党指導者に与えること――なのである。

皮肉なことに、中国共産党は自ら、中国がまだ完全には法の支配を達成していないことを認めていた。二〇一七年の第一九回党大会において、習近平は二〇三五年までに法の支配を達成するためのタイムテーブルを提示した。この年には、中国は「基本的に現代化」されることになっていた。党が「彭真の謎」と私が呼んでいるものを解決しない限り、習近平は彼の目標を達成することはできないと私は論じている。彭真は一九八〇年代の人民代表大会常務委員会の元委員長である。「党と法律のどちらが上位にあるのか?」と問われたとき、彼の答えは「わからない」だった。党の宣伝担当者によれば、この謎は結局、習近平によって解決されたという。習近平は最初からこれを虚偽命題だと結論づけた。その代わりに、「(官僚の)権力と法律のどちらが上にあるのか?」という質問だけが有効な命題であると確認された。(原注27) しかし、なぜ彼が彭鎮の謎を「虚偽命題」だと考えたのかはまったく明らかになっていない。彼は結論を出したが、何の証明を与えていないのである。「権力と法」についての追加の命題を提起しても、何の役にも立たなかった。結局、彼は彭真と同じように、その問題を避けたのである。彭真とは異なり、習近平は非常に独断的で傲慢な態度で質問を避けた。これは、党が憲法と法律の上に立ち続けるためのゴーサインである。習近平と共産党が感染症管理を決定する上で法律を軽視したことは、現実―コロナウイルスのパンデミック―によって厳しく罰せられた。しかし、このことによっても、わが指導者は自らの専制的支配を継続的に擁護するのをためらわなかった。

北京は、この決定案の背景には、香港における「外国勢力」の脅威に対する懸念があることを何度も強調している。私の考えでは、北京の最大の関心事は「外国勢力」ではなく、国内の不満である。香港の自由―北京が嫌う本の出版や六月四日の追悼集会を三〇年間休みなく開催してきたこと―が存在することで、北京は、香港がいつか本土の民主化運動の再生を促すのに成功するかもしれないと危惧しているのである。ジョージ・オーウェル流の体制は、香港の自治と共存することができないだけなのだ。

パンデミック期間中の本土における市民の不満の兆候は、おそらく北京が今回の攻勢に出た要因の一つであろう。中央政府がパンデミックを調査するために武漢に代表団を派遣したとき、地元住民は代表団に「嘘だ！嘘だ！」と叫び、地元当局が発表した情報はすべて偽物であると伝えた。「外国勢力」についての話はすべて、何よりもまず国内の問題から注意をそらすための試みである。

北京の国内的な懸念

先に、私は中国共産党の前近代的な政治文化について述べた。中国のこのような帝国的な政治的伝統への回帰について、王飛凌は『中華秩序：中原、世界帝國、與中國力量的本質』の中で、今日の中国は「秦や漢の政治の生まれ変わり」であり、世界的な拡張を目指しているがゆえに、必然的にアメリカとの対立にいたると論じた。(原注28)「秦」とは、紀元前二二一年に秦の始皇帝によって建国された中国の最初の統一王朝のことである。「漢」とは、秦の後を継いだ漢王朝を指す。王飛凌が用いた用語の利点は、北京政権の前近代的な政治文化を把握している点にあるが、北京政権のもう一つの側面、すなわち中国の工業化と現代化のために人民を動員することに熱心にとりくんできたという点を見逃している。その現代的な特徴は、その前近代的な特徴と隣り合わせである。

党官僚はまた、農業余剰生産物を直接横領するという古い帝国主義的な方法ではなく、現代的な方法、つまり資本主義的な方法で蓄財している。彼らは世界中の官僚連中よりもはるかに早く財産を貯め込むことができる。というのは、彼らが、新しい資本主義的搾取手段（私が「官僚資本主義」と呼んでいるもの）を発明したからである。それを使って、彼らは威圧的な国家権力と資本の両方を自分の手の中で結びつけることができるがゆえに、民衆の犠牲の上で、社会的剰余のより大きな取り分をむさぼることができるのである。不都合な真実とは、民衆が現代化の産物である携帯電話やインターネットを通じて、このことに気づいてしまっていることである。

党の工業化推進は、もう一つの意図しない結果をもたらした。党は、中国を高学歴の国民、都市化された社会、巨大な労働者階級と中産階級―政治学者の中には、これらを民主的階級と考える人もいる―を持つ国に変えてしまったのである。(原注29) 中国共産党はこのことを誰よりもよく知っている。それが、党が反対や不安のほんのわずかな兆候に対しても常に被害妄想を抱いている主な理由の一つでもある。

中国共産党でさえ、偉大な指導者たる習近平を一方的に称賛してはこなかった。二〇一二年に習近平が権力を掌握して以降、習近平の外交（今日、中国では「戦狼外交」として知られている）をめぐる反対派の意見は、今でもときおり聞こえてくることがある。学術的な議論を装いながら、「ハト」派的な傾向が存在したこともあった。最近、この声が再び聞かれるようになった。何年も前から、現在の中国がいかに偉大であるかについて習近平に助言してきたのは、清華大学経済学教授の胡鞍鋼であると広く信じられてきた。胡鞍鋼は「経済力と技術力の面で、中国はすでに米国を抜いて世界のリーダーになったと主張している」ことで知られている。(原注30) われわれは中国共産党の最高機密については知らない。しかし、多くの手がかりが内部の不一致を示唆している。二〇一八年二月、フェニックス・テレビ系列のオンライン報道機関とのインタビューで、中国の世界貿易機関（WTO）加盟で重要な役割を果たした元貿易交渉官の龍永図は、胡鞍剛の見解は見当違いであり、中国の対外関係を害するだけでなく、国民をも誤解させるものであると述べた。(原注31) これは一度限りのことのようには思えない。二〇一八年八月には、大学に彼の解雇を求める清華大学卒業生が書いた公開書簡で、胡鞍剛はさらに批判された。この書簡は、胡鞍剛が中国の偉大さの主張を誇張するために、彼の研究において「利己的な基準」を用いていると非難している。(7)

中国・アメリカの世界的抗争

北京の決定案に対し、トランプはアメリカによる香港の特別待遇の終わりの始まりを宣言して、非常に重要な一歩を踏み出した。これに続く数日間、香港では米ドル買いのパニックの波が押し寄せた。トランプが、香港ドルを米ドルに固定させている連動為替レートシステムを弱体化させるために、いつ何時でも行動するかもしれないと人々は恐れていた。香港政府は、トランプが中国との貿易戦争を香港にまで拡大したとしても、香港の対米貿易の規模は非常に小さいので香港に影響を与えることはないと言って人々を落ち着かせようとした。これは真実の半分でしかない。問題の核心は香港の金融市場であり、香港はアメリカからハイテク製品を輸入できなくなった。

また、アメリカは香港に確固たる利害を持っている。香港のアメリカ商工会議所が決定案に懸念を表明した際、香港政府は、香港はアメリカがもっとも多くの貿易黒字―二〇〇九年から二〇一八年までに二九七〇億米ドル―を享受している場所であること、そして香港・アメリカ間の貿易はアメリカ労働者に二一万人以上の雇用を提供していることをアメリカに思い起こさせた。(原注32)

このことに加えて、中国・アメリカ間の貿易の相互依存がある。両国は互いのトップ三の貿易相手国の一つである。米国の貿易依存度は中国よりも低いため、痛みは非対称的だろうが、デカップリング（分離）は双方にとって痛みをともなうことになるだろう。(原注33)

しかし今、両国は自国の経済的な痛みよりも、両者のグローバルな争いの方が重要だと考えているようだ。

皮肉なことに、「特色ある」中国「社会主義」の台頭は、欧米の助けがあって初めて可能となったものだった。ハンガリー出身の著名な経済学者ヤノス・コルナイは、昨年七月、『フィナンシャル・タイムズ』に「経済学者は中国の『怪獣のような』変化に対する非難を共有する」と題した記事を書いた。彼は、一九八五年に中国共産党幹部に「市場化と私有財産という電気ショックによって」、中国に市場改革を導入するよう助言したことを告白した。しかし、最終的には「メアリー・シェリーの『フランケンシュタイン』の現代版」にしかならなかったと認めた。(原注34)

中国政策に関して、一九八〇年代の欧米支配層にあった雰囲気は「貿易を通じた変革」ドクトリンだった。ビル・クリントンは二〇〇〇年の演説で、北京のＷＴＯ加盟がなぜ重要なのかを説明しようとした際に、次のように述べている。

ＷＴＯに加盟することで、中国はわれわれの製品をもっと多く輸入することに同意しているだけではない。民主主義の価値観の一つである経済的自由の輸入に同意しているのである。(原注35)

その時点から、ＥＵも「貿易を通じた変革」政策を共有することになった。(原注36)しかし、その後の歴史が証明したのは、中国共産党が「経済的自由」を認めることによっては、いかなる民主主義的変化も起こらなかったということである。利益を上げること（その時点で欧米が北京を支持した背後にあった、もっとも重要な動機だった）と市場競争は、資本の「定言的命令」であるが、民主主義はそうではない。

なぜ中国とアメリカとの蜜月は突然終わったのか？　あえて単純化しすぎるリスクを冒すとすれば、現在の両国の対抗関係は次のようなものである。北京が一九八四年に英中共同宣言に署名したとき、鄧小平の言葉を借りれば、中国を現代化して中所得国にするには少なくとも五〇年はかかるだろうと予想されていた。しかし、結局のところ、その半分の時間で済むとは知らなかったのである。台頭する中国はより積極的になるとともに、香港が北京に付き従うのが遅れていることに次第に焦りを感じるようになってきた。それに加えて、世界での中国の立場を心配している。ワシントンは覇権を手放すつもりはないが、北京も二等国の地位をいつまでも受け入れるつもりはない。この争いの第一段階では、主に三つの闘いが特徴的だった。つまり、南シナ海紛争、貿易戦争、香港問題の三つである。

北京の現在のグローバルな視点は、多くの点において、二つの歴史的教訓によって形成されたものである。それらの教訓を北京は完全に学習したと考えているのだ。第一の教訓は、ソ連崩壊から導き出されている。一九八九年の民主化運動に対する残忍な弾圧が、ソ連と同じ運命をたどることから党支配国家を救い出したのだと北京は深く信じている。「政治改革はダメだ！」というのが、この「歴史的教訓」の理解の核心である。アメリカが自由主義的資本主義の優位性について北京に説教すればするほど、北京は、アメリカが北京の政権交代を狙っていると考えるようになった。そのことは、「和平演変」（「社会主義から資本主義への平和的な進化」）という言葉によって象徴されている。

第二の「教訓」は、一九八〇年代のアメリカの対日貿易戦争から得られたものである。その頃までには、日本は世界第二の経済大国になっていた。そして、エリート層の一部はより野心的になり、アメリカからの自立拡大を求めた（ソニー共同創業者で会長の盛田昭夫と当時の石原慎太郎運輸大臣が書いた『「Ｎｏ」と言える日本』を参照のこと）。アメリカがプラザ合意の締結を成功させた後で、彼らの野望は大きく打ち砕かれた。プラザ合意によって、日本円は急速な円高となり、続いて日本からの輸入品〔コンピュータ、カラーテレビ、電動工具の三品目〕に一〇〇％の報復関税がかけられた。日本経済は大打撃を受けた。そして今もアメリカは何よりも軍事的に日本を支配し続けている。一九八〇年代後半から、日本の例は中国の経済学者、戦略家、ナショナリストの間で常に議論の対象となっていた。そして、ナショナリストの主張が常に一番強力だった。つまり、発展途上国としての中国は、アメリカの手によって日本のような敗北を喫するわけにはいかないので、アメリカが牙を剥き始めたら中国は抵抗しなければならないというのである。

これに加えて、北京政府の強硬派が理解している第三の「歴史的教訓」も存在する。すなわち、前進する唯一の道は、かつての半植民地国家―一八四〇年から一九四五年までの間に繰り返し侵略されてきた―が一流覇権国家になろうと懸命に努力することであるというのだ。かつての半植民地国家がかつての帝国主義侵略者から身を守ることにはわずかな正当性がある。その一方で、中国共産党が拡張主義を追求するために、中国の悲劇的な植民地時代の遺産を利用し始めたときには、やりすぎてしまったのだ。日本と違って、習近平率いる中国共産党は二等国の地位を受け入れるつもりはない。日本の支配者とは異なり、習近平は「西洋」版グローバリゼーションを「中国」版グローバリゼーションに置き換えたいと考えている。

太平洋の反対側では、自己主張する中国と対抗することもまた、民主党と共和党の両方でコンセンサスとなっている。オバマ政権が中国を「戦略的パートナー」と表現したのに対して、二〇一八年の米国防戦略報告書は中国に「戦略的競争相手」というレッテルを貼った。昨年一〇月、二〇一九年の反乱が最高潮に達していたとき、マイク・ペンスは北京を標的にした演説をおこなった。この演説を新冷戦の宣告であると考える人もいる。近い将来、トランプはもっと戦術的な紆余曲折を経るかもしれないが、米中対立の一般的な傾向は容易には変わらないだろう。

しかしながら、私は「新冷戦」という用語を用いることにためらいがある。「旧」冷戦の期間中、国民党政権下の台湾は、北京との激しい対決の中でアメリカと同盟関係を結んだ。その一方では、イギリス植民地政府は香港民衆を抑圧し続けていた。彼らのいわゆる「自由世界」は、結局のところ、それほど自由ではなかった。他方で、中国共産党は、一九四九年には真の社会主義勢力ではなかったし、基本的な民主主義的権利に対する軽蔑がすでに存在していた。しかし、中国共産党は、かつての半植民地国を国家独立の達成へと導いた政権でもあった。それは、土地改革やその他の改革、たとえば女性を半封建的抑圧から解放した新婚姻法のような改革に着手した政権でもあった。つまり、この政権は進歩的要素とその逆の要素の両方を持ち合わせており、アメリカと同じくらい反動的であると論じることはできなかった。

対照的に、現在の新たな米中間対立は非常に違ったものである。それが違っているのは、アメリカ帝国主義および北京政権の両方ともが大きく変化したからである。もっとも北京政権の方が変化の度合いは大きかったのだが。今日の中国共産党は、政治力と経済力の融合、そのような権力を掌握することを通じた国家財産の略奪、結社・言論の自由という基本的権利を享受している人々への敵意、外国人嫌悪、ナショナリズム、社会ダーウィニズム、全体主義国家というカルト、思想「統合」など、あまりにも反動的なので、政治的に進歩的なものを見つけるのは困難である。社会的に言えば、中国の労働法はかなり進歩的ではある。しかし、国家はいかなる形態でも労働者の自己組織化を禁止してきたし、党官僚に法律を遵守させる動機がほとんどないため、法的保護はほとんど実体がないものとなっている。これは徹頭徹尾、オーウェル的な政権である。他方では、かつてのライバルである台湾は、民衆による国民党との数十年にわたる民主化闘争のおかげで、自由民主主義、多元的な政党政治、成長する労働運動のためのスペースを持っている。香港もまた、幅広い政治的自由を享受している。アメリカに関しては、確かに進歩的体制に発展してはいないが、「大中華圏」（中国本土、台湾、香港）におけるアメリカの力は今ではずっと弱くなっている。アメリカは台湾に軍隊を駐留させていないし、香港の中国への主権移譲は一九九七年に完了した。われわれは、香港と台湾の民主主義を支持するというアメリカとイギリスの言辞を一定の懐疑的態度を持って論じなければならないし、そして彼らの政策についても疑念を持って扱わなければならない。しかし、彼らは私たちの直接の抑圧者ではない。

現在の中国共産党政権について言えば、それはいまや本土民衆と香港民衆の直接の抑圧者である。それは台湾を武力で征服する意図を公然と述べている。それゆえ、現在の争いでは、アメリカ帝国がより弱くて、より防衛的である一方で、北京はより攻勢的に覇権的野心を追求している。そのことは、人民の福祉を犠牲にすることによってのみ満たすことができる。したがって、二つの大国間の力関係およびこの新たな世界的対抗関係の性質は、「旧」冷戦とは大きく異なっている。

国際的左翼は何に立脚すべきか？

国際的左翼は二〇一九年反乱をめぐって分裂している。二〇二〇年に「新冷戦」という用語が現れ始めたとき、そのことによって、左翼活動家の中に、香港の抗議運動を「外国勢力」の道具であるとして全面的に非難するように煽ることまではしないとしても、香港の抗議運動を支持することにさらに消極的になった者が出たのは間違いない。

過去一〇年間、国際会議において、私は北京を擁護したいと考える左翼活動家に出会うことがよくあったが、そうした人々は自らの中国擁護論がますます力を失っており、理屈に合わなくなっていることにほとんど気がついていない。当初、こうした左翼活動家の擁護論は、中国は社会主義で、アメリカは帝国主義だというものだった。中国の台頭が労働者人民を犠牲にしてのものだということがあまりにも明らかになってきたので、こうした国際的左翼の中には、今ではこっそりと「中国は社会主義だ」という主張をやめてしまった者もいる。しかし、彼らは第二の防衛線に後退して、中国の台頭がアメリカに支配された一極的世界を多極的世界に変えたことは良いことであると論じている。なぜこれが必然的に良いことになるのか、私には理解できない。そして、最近になって二〇一九年の反乱が勃発したとき、彼らは香港の右翼あるいはトランプ支持者にのみ焦点を当てたが、これが二〇〇万人の支持者を有する運動であり、「親米」「独立支持」「反中」によって統一されたものではなく、普通選挙権を核とした有名な「五大要求」によって統一されたものであるという事実をほとんど無視していた。このような観点から、こうした人々はこの運動はまったく進歩的ではないという結論に至ったのである。

基本法が香港における「外国勢力」の存在を制度化していることについては、正当な懸念がある。確かにこれは植民地時代の遺産の一つである。北京の支持者はしばしば、香港人が「脱植民地化」の努力に抵抗していると非難している。北京版「脱植民地化」の問題点は、民主化を求める香港人の正当な願望をある種の「植民地時代の過去への郷愁」として扱う一方で、すべての抑圧的な植民地法をそのままにしているのを気にしていないことである。まさにそうした法律こそが、二〇一九年の反乱の際に、林鄭月娥が民衆に対して使った法律なのである。このバージョンの「脱植民地化」は偽物である。脱植民地化が植民地時代の遺産の抑圧的な要素を本当に良くて素敵なものに置き換えることを意味するのなら、香港の労働者人民は気にしないと思う。しかし、これは事実とは異なっている。

左翼活動家の懸念の中には、アメリカ政府と足並みをそろえていると見られたくないということもある。しかし、アメリカ政府が香港の民主化闘争をことばの上で支援していることによって、この正当な理由のために自らが支援するのを放棄する左翼活動家がいるのはどうしてなのだろうか？　トランプ政権から独立して距離を置いて、香港に対する連帯キャンペーンを実行することにどうして考えが及ばないのだろうか？　香港人の自治権防衛および普通選挙権要求との連帯キャンペーンの中で国際的左翼が不在であればあるほど、ますますトランプがこれらの闘争を支持する目に見える唯一の勢力になってしまい、トランプに不当な信用が与えられ、香港の右翼本土派の言説をますます強化してしまうのである。

日本共産党は、左翼の価値観により忠実であることを示している。二〇二〇年五月二八日、日本共産党は国家安全維持法制草案について北京を非難する声明を発表した。その声明は「中国の国内政策に外国勢力が介入することは許さない」という北京の立場には誤りがあることを中国に思い起こさせた。なぜならば、「すべての国は国際条約を締結することで、人権を尊重する義務を負っており、それゆえ人権侵害は国内問題だけでなく、重要な国際問題でもある」からである。さらに、北京が世界人権宣言を支持し、「香港の高度な自治」を守るために国際的な約束をして

いることを北京に思い出させたのである。(原注37)

というか、中国を「社会主義国」だと思っている人がまだいるのだろうか？　日本共産党の最近の立場の進化は、われわれの現在の議論に関連している。北京の動きに対する日本共産党の迅速な反応に先立って、昨年〔二〇一九年〕一一月、日本共産党は、北京に対して、香港の抗議運動参加者への弾圧をやめるように求めていた。(原注38)　二〇二〇年一月の党大会において、日本共産党は、中国について「『市場経済を通じて社会主義へ』という取り組みなど、社会主義をめざす新しい探究が開始され」とした記述を党綱領から削除することを決定した。日本共産党の志位和夫委員長は演説の中で、中国共産党について次のように述べている。

中国の党は、「社会主義」「共産党」を名乗っていますが、その大国主義・覇権主義、人権侵害の行動は、「社会主義」とは無縁であり、「共産党」の名に値しません。(原注39)

香港の二〇二〇年反乱？

香港に国家安全保障法を課すという北京の動きについての報道が流された後、抗議運動参加者は五月二四日と二七日に再び街頭に出た。これらの抗議行動は二〇一九年のものよりもはるかに小規模で、中高年の抗議運動参加者の数も随分と少なかった。香港職工会聯盟（工盟）は五月二七日にストライキを呼びかけたが、何も起こらなかった。今年後半には勢いが増すかもしれないし、そうならないかもしれない。新しい国家安全保障法が施行されるときには、そして施行されるとしたら、多くの人々が悲惨な結果を恐れるだろう。若者たちは勇敢だが、政党政治あるいは組織化するという考え方を拒否してきたので、完全武装している国家機関にどうやって立ち向かうことができるのかを理解するのは難しい。

トランプは、アメリカが香港を特別待遇することの終わりの始まりを宣言した。これにより、香港のアメリカ支持者たちは、自らの「焦土」戦術、つまり「われわれを燃やす炎はお前たちも燃やす」という戦術の勝利を主張するようになった。彼らは、アメリカの動きが香港経済と本土経済の両方に打撃を与え、そのことで中国共産党政権が崩壊するかもしれないと期待している。私の反論はこうだ。民主化運動が中国本土で発展できず、香港の民主化運動がこれほどまでに分断され、混乱したままであれば、外国からの制裁だけでも、自らの経済危機でも、中国共産党政権を崩壊させることはできない。これに加えて、われわれ自身の民主的勢力が成長しなければ、北京であれワシントンであれ、われわれは永遠に大国に依存していることになり、彼らのなすがままになってしまう。互いに対立する二つの大国の間に挟まれることになるため、われわれは「バナナ共和国」(8)〔外国資本によってコントロールされている小国を指す〕よりも悪い状態になるだろう。香港人は、たとえそれが容易ではないとしても、アメリカ政府から独立して北京との闘いを遂行すべきである。

興味深いのは、アメリカの支援を得ようとする声の中に、初めて意見の不一致が出てきたことである。フェイスブックでは、黄之鋒が、主要な親トランプ派タブロイド紙〔『蘋果日報』のこと」が「TrumpSavesHK」というハッシュタグを第一面で使用していることを、超党派主義の原則に違反していると批判した。黄之鋒は「アメリカ民主党の議員はこのことについてどう思うだろうか?」と質問した。彼はさらに続けて「もしナンシー・ペロシの補佐官がメールでこのことについて私に質問してきたら、包括的な説明をするのはそう簡単ではないだろう」とコメントした。(原注40) このことは、その問題についてネット上で議論されるきっかけとなり、より思慮深い人たちは「アメリカ」が均質な存在ではないこと、そして「香港支援」であれば何でもありがたい、というわけではないことにようやく気づくことができた。アメリカは、香港や他のどことも同じように、深刻な階級的分断によって引き裂かれている社会である。超党派的な活動だけでは、香港人が国際的な連帯運動を展開する手助けになるには十分ではない。「民主党はこの件についてどう思うだろうか?」という質問をした後では、論理的には「民主党の左翼はこの件についてどう思うだろうか? アメリカの進歩的な人々はどう思うだろうか? 誰がアメリカの真の民主主義勢力なのか?」というような疑問をたどりつくことになるだろう。結局は、香港人は、答えるのを避けようとしてきた最後の疑問に答える必要があるだろう。つまり、「アメリカでは誰と連携すべきなのか? 右派なのか、左派なのか、それとも中道派なのか? しかし、そもそもわれわれは何者なのか? われわれは右派なのか、左派なのか、それとも中道派なのか?」という疑問である。

ジョージ・フロイドが警察に殺されたあとに何百ものアメリカの都市が炎上している中で、香港における右翼香港本土派とアメリカ帝国の友人たちは、初めて厄介な情勢に直面している。彼らは香港民主主義へのトランプのことばだけの支持を繰り返し唱えてきたが、全国各地で起きている抗議デモに対するトランプの反動的な態度、つまりトランプが抗議デモを鎮圧するために軍隊を送ることを求めていることは、彼の根深い保守主義を露呈しているだけでなく、中国共産党が一九八九年の民主化運動に対しておこなった弾圧および二〇一九年の香港で人々に対しておこなった弾圧を香港民衆に思い起こさせているのだ。ネット上の議論では、人々は右翼香港本土派に「私たち香港人は昨年、同じような警察国家による弾圧を受けたばかりなのに、どうしてジョージ・フロイドと連帯した抗議運動を支持しないなんてことがありえるのだろうか？」という疑問を投げかけている。アメリカでの闘争のおかげで、より多くの香港人が自分たちの政治的視点を見直そうとしている兆しがあるのだ。

（原注1）中国語の「龍」（英語に翻訳すると「dragon」）は、ヨーロッパでの元来の「dragon」とはかなり異なる含みを持っている。ヨーロッパでは、「dragon」は邪悪な獣を意味しているが、中国語の「龍」は肯定的な意味を持っていて、それゆえ、後の時代には皇帝を象徴するようになった。

（原注2）二〇一二年には、青年左翼活動家との討論の中で、著者は左翼が階級連帯や国際主義に基礎を置くと同時に、香港のアイデンティティという言説にも敏感であるべきだと論じた。しかし、このごく少数の青年左翼活動家は公開討論では沈黙することを選んだ、

（原注3）「南亞和勇重慶 connect『我哋流着港人血』」蘋果日報、二〇二〇年一月一三日。

（原注4）'Reference re Secession of Quebec', Supreme Court of Canada, 20 August 1998, https://scc-

csc.lexum.com/scc-csc/scc-csc/en/item/1643/index.do
〔訳注：以下のサイトを参照すること。https://hiro-autmn.hatenablog.com/entry/case-quebec-secession〕
（原注5）香港ウォッチのサイトを参照すること。 www.hongkongwatch.org/spotlight
（原注6）「２０１７年度中国対外直接投資統計公報」中華人民共和国商務部・国家統計局・国家外国為替管理局。
http://img.project.fdi.gov.cn//21/1800000121/File/201810/201810301102234656885.pdf
（原注7）'Exclusive: Huawei CFO Linked to Firm that Offered HP gear to Iran', Reuters, 31 January 2013, https://uk.reuters.com/article/us-huawei-skycom/exclusive-huawei-cfo-linked-to-firm-that-offered-hp-gear-to-iran-idUSBRE90U0CC20130131
（原注8）'Bankers、Exits and Zombie Accounts: China's Shanghai Free Trade Zone Sputters', Reuters, 2 September 2019, www.reuters.com/article/us-china-shanghai-ftz/banker-exits-zombie-accounts-chinas-shanghai-free-trade-zone-sputters-idUSKCN1VN01V
（原注9）「就維持香港高度自治説些大実話」環球時報、二〇一九年八月二七日。https://opinion.huanqiu.com/article/9CaKrnKmtV3
（原注10）'Coronavirus: China、s First Confirmed Covid-19 Case Traced Back to November 17', South China Morning Post, 13 March 2020, www.scmp.com/news/china/society/article/3074991/coronavirus-chinas-first-confirmed-covid-19-case-traced-back

（原注11）Qun Li, Xuhua Guan, et al. 'Early Transmission Dynamics in Wuhan, China, of Novel Coronavirus-Infected Pneumonia', The New England Journal of Medicine 382 (2020): 1199–1207, www.nejm.org/doi/full/10.1056/NEJMoa2001316

（原注12）'How Early Signs of the Coronavirus Were Spotted, Spread and Throttled in China,' The Straits Times, 28 February 2020, www.straitstimes.com/asia/east-asia/how-early-signs-of-the-coronavirus-were-spotted-spread-and-throttled-in-china

（原注13）「疾控早上報　中央為保節日氣氛失良機」明報、二〇二〇年二月一七日。

（原注14）'Highlights: China's Xi Recounts Early Role in Coronavirus Battle,' Reuters, 17 February 2020, www.reuters.com/article/us-china-health-xi-highlights/highlights-chinas-xi-recounts-early-role-in-coronavirus-battle-idUSKBN20B1MC

（原注15）「疾控早上報　中央為保節日氣氛失良機」

（原注16）'Who Says the New Year Has No Flavor? More Than 40,000 Families in Wuhan's Baibuting Community Dine Together,' Australia51.com, 19 January 2020, https://en.australia51.com/article/87FD1ED5-1166-90E8-B8DC-AB55E0DBF2D5

（原注17）Shengjie Lai, Nick W. Ruktanonchai, et al., 'Effect of Non-Pharmaceutical Interventions for Containing the COVID-19 Outbreak in China,' MEDRXIV, no date, www.medrxiv.org/content/10.1101/2020.03.03.20029843v3.full.pdf

（原注18）「潜規則」ということばは、作家の呉思が『潜規則：中國歴史中的真實遊戲』（昆明：雲南人民

出版社、二〇〇一年）で初めて用いた。

（原注19）Zhongjie Li, Shengjie Lai, et al., 'Hand, Foot and Mouth Disease in China: Evaluating an Automated System for the Detection of Outbreaks', Bulletin of the World Health Organization 2014:92 (2014): 656–663, www.who.int/bulletin/volumes/92/9/13-130666.pdf

（原注20）Wang Longde, 'Internet-Based China Information System for Disease Control and Prevention', paper presented at the Twelfth World Congress on Public Health, World Health Organization, www.researchgate.net/publication/268103880_Internet-based_China_information_system_for_disease_control_and_prevention

（原注21）「疫情初直報系統失效　誤預警時機」明報、二〇二〇年三月一六日。

（原注22）習近平による中国共産党第一九回全国代表大会における報告「小康社会の全面的完成の決戦に勝利し、新時代の中国の特色ある社会主義の偉大な勝利をかち取ろう」、二〇一七年一〇月一八日。http://jp.xinhuanet.com/2017-10/28/c_136711568.htm

（原注23）著名な学者の林毓生は、「国民性研究」あるいは「文化的・知的アプローチ」を実行不可能な分析分野だとみなしていた。以下を参照すること。『中国激進思潮的起源与後果』台北：聯経出版事業公司、二〇一九年、一七九ページ。

（原注24）寇延丁・袁天鵬『可操作的民主・羅伯特議事規則下郷全紀録』杭州：浙江大学出版社、二〇一二年、三九ページ。

（原注25）著者によるインタビュー（二〇二〇年一月一一日）

（原注26）Statement of Hong Kong Bar Association on proposal of National People's Congress to enact National Security Law in Hong Kong', Hong Kong Bar Association, 25 May 2020, www.hkba.org/sites/default/files/20200525%20-%20Proposal%20of%20National%20People%27s%20Congress%20to%20enact%20National%20Security%20Law%20in%20Hong%20Kong%20%28E%29.pdf

（原注27）「習近平論法治：〝黨大還是法大〟是偽命題、是政治陷阱」中国共産党新聞网, 11 May 2015, http://cpc.people.com.cn/xuexi/BIG5/n/2015/0511/c385475-26978527.html

（原注28）王飛凌『中華秩序：中原、世界帝國，與中國力量的本質』台北：八旗文化、二〇一八年、一六ページ。

（原注29）Dietrich Rueschemeyer, Evelyne Huber Stephens, and John D. Stephens, Capitalist Development and Democracy, Chicago, University of Chicago Press, 1992.

（原注30）'China's Social Media Users Call for Sacking of〝Triumphalist〟Academic, as Anti-Hype Movement Grows', South China Morning Post, 3 August 2018, www.scmp.com/news/china/policies-politics/article/2158054/chinas-social-media-users-call-sacking-triumphalist.

（原注31）「中美経済実利还有很大差距、要有急迫感危機感」ifeng.com, 22 February 2020.

（原注32）「政府深夜發1900字稿　冀美商會促華府消滅對人大攻擊」眾新聞、二〇二〇年五月二八日。

（原注33）劉遵義『天塌不下来—中美貿易戦及未来経済関係』香港中文大学、二〇一九年、七〇、八五ページ。

（原注34）Janos Kornai, 'Economists Share Blame for China's〝Monstrous〟Turn', Financial Times, 10 July 2019, www.ft.com/content/f10ccb26-a16f-11e9-a282-2df48f3366f7d

（原注35）'Full Text of Clinton's Speech on China Trade Bill', Institute for Agriculture and Trade Policy (US), 9 March 2000, www.iatp.org/sites/default/files/Full_Text_of_Clintons_Speech_on_China_Trade_Bi.htm

（原注36）'Report on Trade and Economic Relations with China', Committee on International Trade, EU Parliament, 27 January 2009, www.europarl.europa.eu/sides/getDoc.do?type=REPORT&reference=A6-2009-0021&language=GA

（原注37）「香港への『国家安全法』導入に強く抗議する」日本共産党、二〇二〇年五月二八日。www.jcp.or.jp/web_policy/2020/05/post-839.html

（原注38）志位和夫「香港での弾圧の即時中止を求める」日本共産党、二〇一九年一一月一四日。www.jcp.or.jp/web_policy/2019/11/post-821.html

（原注39）'Japanese Communist Party's Long Goodbye to its China Comrades', Nikkei Asian Review, 19 February 2020, https://asia.nikkei.com/Politics/Inside-Japanese-politics/Japanese-Communist-Partys-long-goodbye-to-its-China-comrades

（原注40）黄之鋒のフェイスブックへの投稿。www.facebook.com/1023721804/posts/10218804618959572/?d=n

二〇一九年香港反乱関係年表

（日本語版を発行するにあたり、原著のオリジナル年表に訳者が追記した）

一八四二年　第一次アヘン戦争後、中国が香港島をイギリスに割譲
一九四一年　日本の香港占領統治始まる（〜四五年）
一九四九年　中華人民共和国が成立
一九八四年　イギリスと中国が共同宣言に署名。「一国二制度」の原則を返還後五〇年間維持することを条件に、一九九七年に香港は中国に返還されることになった
一九八九年　中国の民主化運動が、六月四日に鎮圧される（「天安門事件」）
二〇〇三年　香港政府が国家安全保障に関する法案を提出。五〇万人の抗議デモによって法案撤回を余儀なくされた
二〇一四年　九月二八日、普通選挙権を要求して、数千人が香港政府庁舎周辺を占拠し、のちに「雨傘運動」と呼ばれる運動の引き金を引いた。この運動はすぐに四ヶ所の主要なショッピング・エリアに広がった。占拠は七九日間にわたって続いた

二〇一九年香港反乱

二月

一二日　香港政府が逃亡犯中国送還条例案を上程する

三月

三一日　民間人権陣線が呼びかけた逃亡犯中国送還条例案に反対する最初のデモに一万二千人が参加

四月

二八日　民間人権陣線が呼びかけた二回目の抗議デモに十三万人が参加

六月

六日　弁護士数千人の街頭デモ行進

九日　一〇〇万人の抗議デモ行進

一二日　最初の市民的不服従行動がおこなわれ、それに続いて立法会ビルの外で警察と衝突

一四日　第一回「母親たちのシットイン」に六千人が参加

一五日　林鄭月娥行政長官が、逃亡犯中国送還条例案の一時延期を発表。梁凌杰が香港政府庁舎近くで「反送中」のバナーを掲げたあと自殺

一六日　二〇〇万人のデモ行進

二一日　抗議行動参加者が香港警察本部を包囲

七月

一日　民間人権陣線の呼びかけに応えて、五五万人がデモ行進。夜、抗議行動参加者が立法会ビルに突入

七日　二三万人が九龍でデモ行進し、本土からの訪問客に支援を求める

九日　林鄭月娥が「逃亡犯中国送還条例案は無効」と発表
一四日　一一万五千人が沙田でデモ行進。機動隊員がショッピングモールでデモ参加者を殴打
二一日　四三万人が香港島でデモ行進。若者の参加者が連絡弁公室までデモをおこない、スプレーで落書き。夜、元朗で組織犯罪グループが地下鉄の乗客を襲撃
二六日　数千人の抗議行動参加者が空港を占拠
二七日　二八万人がデモ禁止令を無視して、二一日の襲撃事件に抗議して元朗でデモ行進。警察が強制解散

八月
一日　中環で金融部門で働く市民らが抗議スタンディング
二日　公務員四万人、医師・看護師一万人が抗議の集会
四日　抗議行動参加者が警察の暴力に抗議するため、市内各地の警察署を包囲
五日　初のゼネストが成功。七つの地区でストライキ集会が開催される。夜には、組織犯罪グループが抗議行動参加者を襲撃
九～一一日　三日間の空港占拠を実施
一二日　前日に警察に撃たれた女性が片目を失明したことに抗議するため、一万人が再び空港に向かう。夜、組織犯罪グループによる襲撃
一八日　民間人権陣線呼びかけの集会に一七〇万人が参加
二三日　数千人の高校生、教員、親たちが中環で座り込み

二三日　香港各地で「人間の鎖」アクション
二六日　「香港に栄光あれ」の歌が誕生
二八日　キャセイパシフィック航空の従業員二千人が、同僚の数十人の解雇に抗議する集会を開催。「Me Too」集会に女性ら数千人が参加し、女性に対する警察の性暴力を非難
三一日　警察が抗議行動参加者を弾圧し、MTRの太子駅に追い込む。警察が参加者を殺害したという噂が広まる

九月

一日　数千人が空港を占拠するが、警察はすぐにすべての交通機関を遮断。市民らの車数千台が参加者救出のため空港へ向かう
二日　大学生と高校生の学校ストライキ
四日　林鄭月娥行政長官が逃亡犯中国送還条例案を正式に撤回
八日　アメリカ議会に香港人権・民主主義法案の可決を請願するために中環で集会
一五日　一〇万人が香港島をデモ行進。その後北京支持者からの攻撃やデモ隊からの反撃
二二日　抗議運動の支持者で一五歳の少女、陳彦霖の死体が発見される
二九日　数十万人が香港島をデモ行進。世界中の六五都市で連帯行進や集会

一〇月

一日　国慶節（中華人民共和国建国記念日）。一〇万人が禁止令を無視して香港島や他の地域をデモ行進。各地で警察と衝突

二日　林鄭月娥行政長官が緊急状況規制条例を発動し、大衆集会でのマスク着用を禁止。すぐさま抗議の声があがり、その後数日間、抗議行動が続く

一〇日　双十節（中華民国建国記念日）。数千人が台湾との連帯を表明するためにデモ行進

一二日　一万人以上がマスク着用禁止に抗議してデモ行進

一四日　一三万人が集まり、香港人権・民主主義法案の成立を米国議会に求める

二〇日　三五万人が禁止令に反して九龍でデモ行進

二四日　カタルーニャ独立運動への連帯を表明する三千人の集会が中環でおこなわれる

一一月

三日　市内各地での集会やデモと警察の弾圧。二二歳の学生、周梓樂が意識不明の状態で発見、八日にこの時の負傷が原因で死亡

一一〜一五日　香港中文大学での闘い

一一〜一二日　学生が中文大学の近くの橋を封鎖し、下を通る鉄道や高速道路の通行を止めることに成功。機動隊がキャンパスで催涙ガスとゴム弾を多数発射し、学生はレンガと火炎瓶で応戦

一三日　衝突は停止され、大学が学期の繰り上げ終了を発表。キャンパスは抗議する学生と市民によって占拠される

一五日　中文大学の段崇智学長は、部外者にキャンパスからの退去を求める

一三〜二八日　香港理工大学での闘い

一三日　学生らがキャンパスを占拠
一六〜一七日　一六日夜、外部の抗議者が学生たちと合流して、キャンパスの外で抗議行動を開始。続いて警察との衝突。翌日、警察はキャンパスを包囲し、学生のバリケードを攻撃
一八日　学生がキャンパス内でバリケードを維持する一方で、学生らを救援するために集まった一万人のデモ隊がキャンパス近くの通りと九龍の繁華街を占拠
一八日　高等裁判所がマスク禁止は憲法違反であるとの判決
一九日　キャンパス内の千人以上の抗議行動参加者が警察に投降。その間に何百人もの抗議者が逃亡
二〇日　アメリカ議会上下院が香港人権・民主主義法を可決
二三日　理工大学キャンパスから人がいなくなる
二四日　区議会議委員選挙で、四五二議席中三八九議席を反対派が獲得
二八日　警察が理工大学のキャンパスを制圧
一二月
一日　三八万人が尖沙咀でデモ行進するが、この合法的なデモはすぐに警察によって強制的に解散させられる
八日　民間人権陣線が呼びかけた人権デーのデモに八〇万人参加
二九日　数千人が中環に集まり、五大要求を再確認

二〇二〇年

一月

一日　一〇〇万人が民間人権陣線の呼びかけに応じてデモ行進。新たに結成された四〇の労働組合が組合員募集のために沿道にブースを設置。警察は行進を途中で解散

二三日　香港で初めての新型コロナウイルス感染者（中国本土からの入境者）を確認

二月

三日　医管局員工陣線が公立病院で五日間のストに突入（～七日）

二八日　黎智英（「蘋果日報」創刊者）、李卓人（支聯会主席）、楊森（元民主党首）が前年八月三一日の違法デモ容疑で逮捕

三月

二九日　コロナ予防のための集合禁止令実施。以降、集会やデモが禁止されるが、みんなで歌を歌うなどの抗議の街頭アクションは継続

四月

一八日　民主党、社民連、工党、公民党など泛民政党のリーダーや黎智英ら一五人が一九年八月と一〇月の三回の違法デモ煽動容疑で逮捕

五月

二七日　香港立法会で「国歌法」案審議。国歌への侮辱罪などに抗議するデモなどで三九六人逮捕

二八日　中国全人代で香港国家安全維持法案の審議始まる

六月

四日　香港立法会で「国歌法」が可決（一二日施行）。天安門事件三一周年集会がコロナを理由に不許可

六日　全一八区議会中、民主派が多数の一七区議会で国家安全維持法反対決議を可決

九日　前年の一〇〇万人デモ一周年の街頭行動で五三人逮捕

一〇日　前年七月一日の立法会突入に関連して一二人が暴動罪で起訴

一二日　六一二立法会包囲一周年で、各地で抗議行動

二〇日　香港で国安法反対のスト投票（労組、学生）がおこなわれるも有効票数が足りず不成立

三〇日　香港国家安全維持法施行

七月

一日　民陣のデモは不許可となったが、自発的な街頭デモがおこなわれ、約三七〇人逮捕。うち一〇人が国家安全維持法違反容疑

一一日　立法会選挙に向けて民主派・本土派らが予備選挙実施。翌日の投票終了日までに六〇万人が参加

二一日　元朗事件一周年で市民が抗議行動。一五九人が集合禁止令違反に問われ、うち七人逮捕

三〇日　本土派の候補者らが国安法を理由に、立法会への立候補資格抹消

三一日　九月六日予定の立法会選挙の一年延期を発表

八月

六日　禁止された六四天安門事件集会で集まったとして二四人の反対派議員らが起訴

一〇日　国安法違反の容疑で周庭、黎智英ら九人を逮捕、日経新聞香港支社にも家宅捜査（一年前の意見広告掲載に関連して）

二三日　国安法違反で起訴され保釈中だった「香港故事」の李宇軒ら一二人が船で台湾に逃亡を図り、中国武装警察海警総隊に拘束され、中国・深圳の塩田刑務所に送還

二六日　民主党の林卓廷議員ら一六人が昨年の元朗事件などの暴動罪容疑で逮捕

三一日　太子駅事件の一周年の追悼デモ。一七四人が集合禁止令違反に問われ、うち一五人逮捕

九月

六日　立法会選挙の延期に抗議する街頭デモで約三〇〇人逮捕

一〇月

一日　国慶節。民陣のデモが不許可。街頭をデモした市民ら一〇〇人近く拘束

二七日　国家分裂扇動などの容疑で起訴されていた本土派学生組織「学生動源」のメンバー四人が亡命のため訪れたアメリカ領事館近くの喫茶店で香港当局に再逮捕

三一日　昨年八月末のデモの暴動罪容疑で逮捕されたソーシャルワーカー組織「陣地社工」メンバー八人に無罪判決

一一月

三日　香港公共放送の硬派ドキュメント『鏗鏘集』（香港コネクション）の蔡玉玲ディレクター

逮捕。公共放送労組などメディア関連の労組が抗議声明。後日、罰金六〇〇〇香港ドルの判決

一一日　全人代は「香港独立を支持した」として泛民の四人の立法会議員の議員資格をはく奪

一二日　一二人の反対派立法会議員が抗議の辞職。議会内反対派は右翼本土派「熱血公民」の鄭松泰と中立派の議員（医療界）だけに

一九日　中文大学の学位授与式で学生ら約二〇〇人が学内デモ（翌日、国安警察が学内捜索）。

一二月

二日　昨年六月の警察本部包囲を煽動したとして起訴された衆志（デモシスト）の三人に禁固刑の判決。黄之鋒（一三ケ月）、周庭（一〇ケ月）、林朗彦（七ケ月）

一一日　黎智英が国安法違反で起訴。同法施行後初の「海外勢力と結託して国家の安全に危害を加えた容疑」

三〇日　台湾逃亡を図り拘束され中国深圳で拘留されていた一〇人に対して罰金および三年から七ケ月の禁固刑（深圳で服役）。未成年二名は不起訴で即日香港に送還

二〇二一年

一月

一日　恒例の元旦デモ中止、宣伝車での巡回

六日　昨年七月の予備選挙が国安法の国家転覆罪に当たるとして、反対派元議員やオピニオン

リーダーら五三人を逮捕（のちに保釈）

七日　服役中の黄之鋒（元デモシスト）、拘留中の譚得志（人民力量）も上記容疑で逮捕

二月

二日　警務処処長（警察制服組トップ）鄧炳強は立法会で、二〇年一二月末までにデモなどで一万二百人を逮捕し、二四五〇人を起訴、九四〇人余りが司法手続きを終え、一九〇人余りが服役中、二〇年七月以降に国安法で逮捕された容疑者は九七名と報告

四日　教育局は各学校に対して、国安法に基づいた教育および指導チームによる報告を二年以内に実施するよう通達

二八日　予備選挙に関わり逮捕された五五人のうち四七人が「結託して国家転覆を画策した」として起訴・拘留（六月末時点で保釈が認められたのは一二人）

三月

一日　予備選挙に関わり起訴された四七人の公判はじまる（〜三日）。初日は日付が変わった二日の午前三時ごろまで保釈の意見陳述が続き、法廷外にも千人規模の支援者らが駆け付けた

一一日　全人代で香港選挙制度改革を進める議案が可決

一四日　海外に亡命中の羅冠聰、許智峯、梁頌恆、張崑陽、黄台仰、梁繼平、鄺頌晴、周永康が「二〇二一香港憲章」を公表

二二日　台湾に亡命しようとして中国に拘束され、深圳に服役していた一〇人のうち、刑期を終

えた八人が香港に戻る。後日、国安法違反、警官襲撃や爆薬製造などの容疑で逮捕・起訴

三〇日　全人代常務委委員会で香港の選挙制度改革案を可決

四月

一六日　前年八月一八日の流水式デモを呼びかけたとして起訴されていた九人の泛民政治家、活動家らに八～一八カ月の実刑判決

二四日　急進的独立派団体「香港民族陣線」のメンバーに、爆薬製造の容疑で一二年の実刑判決

五月

一日　職工盟のメーデーデモが不許可。街頭スタンディングで訴え

六日　前年の無許可の六四集会に参加したとして黄之鋒一〇カ月、岑敖暉六カ月、袁嘉蔚と梁凱晴にそれぞれ四カ月の実刑判決

七日　公立図書館などを所轄する康文署は、国安法違反の疑いがあるとして泛民の政治家や本土派の書籍九冊を禁書に

一〇日　香港警察は昨年一一月に開設した国安法違反通報ホットラインに一〇万件以上の通報があったと公表

一四日　香港保安局が黎智英の資産約五億香港ドルを凍結

二八日　前年一〇月一日の国慶節の抗議デモに関連し、中心的な泛民の政治家や活動家ら一〇名に最高二〇カ月の禁固刑の判決

六月

一一日　映画検査条令を施行。国安法違反の疑いのある表現への検閲が可能に

一二日　元デモシストの周庭、模範囚として刑期を短縮され出所

一七日　「蘋果日報」が捜索を受け、編集長や同社の持ち株会社のネクストデジタル社のCEOら五人が逮捕、グループ企業の資産の一部を凍結

二四日　「蘋果日報」廃刊

二七日　「蘋果日報」英語版編集長の馮偉光、空港で逮捕。ウェブメディア「立場新聞」の理事ら辞任、国安法に抵触する記事などを削除

三〇日　国安法施行一年。これまでに同法で一一七人が逮捕され、六四人が起訴された。

七月

一日　中国共産党一〇〇周年。香港では街頭での集会など禁止。男性が警備中の警官を指して自殺

訳者あとがき

本書は、區龍宇（Au Loong-Yu）による以下の著作の日本語訳である。

Au Loong-Yu *Hong Kong in Revolt*, Pluto Press, London, 2020

日本語版出版にあたっては、原著出版以降の香港の状況を踏まえた日本語版序文を著者に書いていただいた。日本語版序文の訳出、および本書を読み進む上で参考となる訳注については、ATTAC首都圏の稲垣豊さんに大きな尽力をいただいた。ここで感謝を申し上げたい。また、本書に収録されている写真は、訳者が二〇一九年九月中旬に香港を訪問した際に撮影したものを使用した。

本書の訳注は非常に詳細なものであり、量的に膨大になったため、本書に収録することができず、異例ではあるが、柘植書房新社のホームページにアップさせてもらった。この点、読者の皆さんにはご不便をかけることになるが、ご容赦をお願いしたい。なお、読み進める上で最低限必要と思われる訳注については、本文中の［　］内に補った。

著者の區龍宇は、一九五六年生まれの香港在住の労働問題研究者であり、十代のときに釣魚台（尖閣諸島）防衛デモに参加して以来の社会運動活動家でもある。彼は、香港における民主的左派の論客として、イギリス植民地政府、中国政府、そして民主化運動内部に対しても鋭い批判を続けてきた。また、一九九九年、中国に対するグローバリゼーションの影響や労働問題、環境問題についてリサーチと大衆教育をおこなうNGO「全球化監察（グローバリゼーション・モニター)」を創立したメンバーの一人である。二〇〇五年一二月に香港でおこなわれたWTO第六回閣僚会議の際には、閣僚会議に対するアクションの中で「香港民衆連盟」代表の一人となった。現在は、研究と執筆活動に専念しているとのことである。

日本語訳されている彼の著作には、以下のものがある。

『台頭する中国　その強靭性と脆弱性』(柘植書房新社、二〇一四年)

『香港雨傘運動　プロレタリア民主派の政治論評集』(柘植書房新社、二〇一五年)

著者が本書において目指したのは、序章で述べられているように「七ヶ月間続いたこの運動の、非常に多様で多面的な性格をできるだけ映し出すこと」にある。しかし、著者は「中立的な観察者」ではなく、「二〇一四年の雨傘運動のときと同様に、私は運動に参加して、スローガンを叫んだり、市民的不服従に加わったりした」運動の当事者だった。しかし、二〇一九年の香港の反乱の「非常に多様で多面的な性格」を描き出すために、著者は「自分の立場とは関係なく、さまざまなグループや潮流を理解しよう」とした。「このようにしてはじめて運動の真の力学を把握し、運動について正しい疑問を発することができる」と考えたからである。こうした著者の姿勢が、本書を研究者による運動の分析や運動参加者による主張・記録とは異なる稀有な存在にしている。読者は、本書を読むことで、著者とともに香港の反乱のさまざまな場面に参加しているかのような臨場感を味わえるとともに、それぞれの局面での運動の持つ課題や意味について理解することができるだろう。

この点に加えて、本書の内容を特徴づけている以下の三点を指摘しておきたい。第一に、著者は香港の闘いにとって「中国本土の草の根民衆との民主的同盟」が重要だと考えている点である。著者は「中国本土でも大激変の準備ができているときにだけ、香港は勝利することができるだろう」という立場から、「（香港人による）自己決定のスローガンは、われわれがこのスローガンを、香港以外にも拡散し、中国本土の民衆が自分たち自身の自己決定権を同じように追求するのを励ますならば、本土民衆と結びつくという利点がある。（略）中国と決別する代わりに、われわれは民衆の自己決定を通じて、新たな、民主主義的で、お互いに敬意を払うような中国本土との再統一を追求する」という展望を描いているのである。本書で紹介されている高速鉄道の駅や空港での中国本土からの旅行者に対する働きかけのとりくみを著者が高く評価しているのはこのためである。そして、「中国の民主化運動と結びつく戦略がなければ、香港の民主化運動は長期的には永久に全滅してしまうと信じている。こうした中国の状況での『一都市革命』は、まったくばかげたものである。もし民主主義を求める香港の運動が、ますます中国へイト路線に固執していけば、それは政治的な自殺行為となるだろう」と排外主義的香港本土派を強く批判する。それとともに、香港基本法の「一国二制度」の枠内で、香港の状況を追認してきた泛民派へも批判を加えている。

第二に、二〇一四年の雨傘運動と二〇一九年の反乱の間の連続性と相違点を明らかにしながら、運動内部の矛盾や問題点についても客観的な調査結果も駆使しつつ指摘していることである。著者は、雨傘運動や二〇一九年の反乱を主導した「一九九七年世代」への最大限の敬意を払いつつ、その内部に強固に存在した組織や指導部を拒絶する傾向を批判している。その上で、「中・下層階級が直面している最大の戦略的課題」として、「(小商店主、下層中産階級、貧しい本土からの移民、中国本土の労働者といった)真の同盟者を見つけることができるような新しい方向性に加えて、闘争を通じたさらなる政治的訓練」を挙げているのである。

第三に、運動の後半において開始された労働組合の組織化と新しい労働組合の闘いに注目し、アトム化された香港の民衆、とりわけ若者の弱点を克服する契機としてとらえている点である。この部分は、労働運動を重視する著者の面目躍如たるところであろう。

香港においては、本書でも触れられている香港国家安全維持法が、二〇二〇年六月三〇日、中国全国人民代表者大会において可決・施行されたことによって、五十年間続くとされた「一国二制度」「高度な自治」は完全に反故にされてしまった。この法律は、国家分裂罪、国家転覆罪、テロ活動罪、外国または境外勢力と結託し国家安全に危害を及ぼす罪を犯したとされる者に対して、最高で終身刑を言い渡すことができ、しかもその適用対象は、香港人だけでなく、非香港人が香港以外でおこなった行為をも含むとされている。施行以降、国家安全維持法違反容疑で多くの人々が逮捕されたが、特に二〇二一年一月には、前年七月に立法会選挙に向けた民主派の予備選挙を実施したことが「国家転覆罪」にあたるとして五〇人以上が逮捕され、そのうち四七人が三月に起訴された。その中には、本書に登場する活動家も多く含まれている。この他に、海外に活動の場を移さざるを得なくなった活動家も少なくない。まさに、二〇一九年の運動を担った主要な活動家や民主派人士に対して、中国政府および香港政府による激しい弾圧がおこなわれているのである。なぜ中国政府がこれほどまでに香港民衆の闘いを恐れ、それを躍起になって押さえ込もうとしているのか？　本書はこの点についても、明確な回答を示している。

訳者が、著者の區龍宇と初めて会ったのは、香港「返還」の前年にあたる一九九六年のことだった。この年の一二月、ＡＰＷＳＬ（アジア太平洋労働者連帯会議）日本委員会のスタディツアーが実施され、訳者もそのツアーに参加し、初めて香港を訪問した（この香港訪問ですっかり香港という街の魅力にとりつかれ、その後香港を一〇回も訪れることになるのだが）。このスタディツアーでは、ＡＭＣ（アジア移民センター）、ＡＭＲＣ（アジアモニター資料センター）、香港職工会聯盟などとの交流や深圳の繊維工業団地見学などがおこなわれた。その際、九龍公園入り口で開かれていた香港「返還」をめぐる街頭フォーラムに著者がパネラーとして参加していて、終了後に近くのファーストフード店で意見交換したのが著者との最初の出会いだった。その後、香港や日本でたびたび顔を合わせ、日本での著者の講演会を企画・実施したことも数回あった。直近では、二〇一九年一二月におこなわれた著者らのスピーキング・ツアーの際、大阪での講演会の司会を務めさせてもらった。また、二〇一四年には、前述の『台頭する中国　その強靱性と脆弱性』の翻訳にも加わらせていただいた。その意味で、今回本書の日本語版翻訳の機会を得て、改めて著者の二〇一九年香港反乱の分析に触れることができたことには格別の感慨を感じている。

香港における民衆の闘いは、新型コロナウイルスのパンデミックを巧みに利用した中国政府の弾圧によって、中短期的にはなかなか展望を見出しにくい状況にある。しかし、著者は「香港の未来が現状から直線的に発展していくと想像すべきではない。われわれは思いがけない事件や衝撃に備えなければならない。闘いは依然としてわれわれの先にある」と本書の中で指摘し、だからこそ「将来の好機をつかむためには、二〇一四年と二〇一九年の両方の経験を通して考え、正しい教訓を引き出すことが必要である」と強調している。本書が、こうした観点から、香港民衆の闘いに心を寄せ、それと連帯しようと考える多くの人々に読まれることを切望してやまない。

二〇二一年六月

寺本　勉

著者紹介
區龍宇（1956～）
香港出身の労働問題研究者・社会運動活動家。香港のＮＧＯ「全球化監察(グローバリゼーション・モニター)」の創立者の一人。香港における民主的左派の論客として、イギリス植民地政府、中国政府、そして民主化運動内部に対しても鋭い批判を続けてきた。著書の日本語訳既刊としては、『台頭する中国　その強靭性と脆弱性』（柘植書房新社、2014）、『香港雨傘運動　プロレタリア民主派の政治論評集』（柘植書房新社、2015）がある。

訳者紹介
寺本　勉（てらもと　つとむ）
1950年生まれ。元高校教員。ATTAC Japan会員、ATTAC関西グループ事務局員。
翻訳書
「市民蜂起　ウォール街占拠前夜のウィスコンシン2011」ジョン・ニコルス著（かもがわ出版）2012年（共訳)、「台頭する中国　その強靭性と脆弱性」區龍宇など著（柘植書房新社）2014年（共訳)、「アラブ革命の展望を考える　「アラブの春」の後の中東はどこへ?」、ジルベール・アシュカル著（柘植書房新社）2018年（共訳)、「エコロジー社会主義　気候破局へのラディカルな挑戦」ミシェル・レヴィー著（柘植書房新社）2020年

香港の反乱２０１９　抵抗運動と中国のゆくえ

2021年10月10日　第1刷　定価3,000円＋税

著　者　區龍宇
訳　者　寺本勉
装　丁　市村繁和（i-Media）
制　作　有限会社越境社
印　刷　創栄図書印刷株式会社
発　行　柘植《つげ》書房新社
113-0001　東京都文京区白山1-2-10　秋田ハウス102号
TEL.03(3818)9270　FAX.03(3818)9274
https:/www.tsugeshobo.com　郵便振替　00160-4-113372
乱丁・落丁はお取り替えいたします　ISBN978-4-8068-0754-4